中小学教师教育用书

ZHONGXIAOXUE
JIAOXUE PINGJIA

中小学教学评价

龙文祥　查晓虎　主编

时代出版传媒股份有限公司
安徽教育出版社

图书在版编目（CIP）数据

中小学教学评价 / 龙文祥,查晓虎主编. —合肥：
安徽教育出版社,2015
ISBN 978-7-5336-7651-3

Ⅰ.①中… Ⅱ.①龙…②查… Ⅲ.①中小学—教学评估 Ⅳ.①G632.0

中国版本图书馆 CIP 数据核字（2015）第 086036 号

中小学教学评价
ZHONGXIAOXUE JIAOXUE PINGJIA

出 版 人：郑　可
质量总监：张丹飞
责任编辑：殷振群
装帧设计：陈熙颖
责任印制：王　琳

出版发行：时代出版传媒股份有限公司　安徽教育出版社
地　　址：合肥市经开区繁华大道西路 398 号　邮编：230601
网　　址：http://www.ahep.com.cn
营销电话：(0551)63683011,63683013
排　　版：安徽创艺彩色制版有限责任公司
印　　刷：合肥中德印刷培训中心印刷厂

开　　本：720×960　1/16
印　　张：14.25
字　　数：230 千字
版　　次：2015 年 5 月第 1 版　2015 年 5 月第 1 次印刷
定　　价：18.00 元

（如发现印装质量问题,影响阅读,请与本社营销部联系调换）

目 录

第一章 教学评价概述 /001

　　第一节　教学评价的历史与发展 /002
　　第二节　教学评价的基本理念 /009
　　第三节　教学评价的类型 /019
　　第四节　教学评价的功能 /027

第二章 教学评价的基本过程 /032

　　第一节　教学评价的准备 /032
　　第二节　教学评价指标体系的构建 /039
　　第三节　教学评价的实施 /050
　　第四节　教学评价结果的处理与反馈 /053
　　第五节　教学评价中的心理效应与调控 /056

第三章 教学评价的基本方法 /064

　　第一节　评价信息的收集方法 /064
　　第二节　评价信息的处理方法 /096

第四章 纸笔测验评价 /112

　　第一节　纸笔测验题目的类型 /112
　　第二节　纸笔测验的测量目标 /128
　　第三节　纸笔测验的编制 /135
　　第四节　纸笔测验评价的质量分析 /142

第五章 表现性评价 /158

第一节 表现性评价概述 /158
第二节 表现性评价的设计与实施 /167
第三节 表现性评价的典型案例及分析 /180

第六章 成长记录袋评价 /188

第一节 成长记录袋评价概述 /188
第二节 成长记录袋评价的设计与实施 /199
第三节 成长记录袋评价的案例介绍 /209

主要参考文献 /218

附统计表1 标准正态曲线下的面积表 /220

附统计表2 t 值表 /222

后记 /224

第一章 教学评价概述

教学是学校里一项最主要的工作,是培养人才实现教育目标的基本途径。质量是教育的生命线,学校要提高教育质量,首先必须提高教学质量,而教学评价是对教学是否达到一定质量要求的判断,因而可以说,教学评价是保障和提高教学质量的有效手段。广义的教学评价是指对影响教学活动的所有因素的评价,也就是通常所说的教育评价,既包括对一所学校办学水平的评价,如教育管理的评价等;又包括对教学质量的评价,如学生的学与教师的教双边活动的评价等;还包括德育、智育、体育、美育、劳动教育等方面的评价;即对学校各方面的教育工作进行全方位的、立体式的、综合的评价。狭义的教学评价是指根据一定的教学目标和标准,对"教师的教和学生的学"的教学系统进行检测,并评定其价值及优缺点、以求改进的过程。它既是教学过程的重要组成部分,也是所有成功教学的基础。通常人们所说的教学评价特指狭义的评价,具体地说,教学评价就是根据教学目的和教学原则,利用所有可行的评价技术,对教学过程以及教学效果和教学目标的实现程度等作出价值上的判断,以期改进教学工作。

理解教学评价这个概念,需要注意这样几点:第一,教学评价是一种价值判断活动。所谓价值判断,就是根据一定的价值标准,在事实判断的基础上,对事物的价值作出评判。这里的事实判断是指对事物的现状、属性与规律的客观描述。教学评价的最终目的,是用一定的价值标准对教学状况进行价值判断,以改进今后的工作。教学评价必须将价值判断建立在事实判断的基础上,才能真正认识与改进教学现状,实现最终目的。第二,教学评价是以教学目标为依据的,明确教学目标是教学评价的前提。教学目标不是单一的,而是由许多目标要素构成的目标系统。第三,教学评价是一个过程。教学评价是教学工作的一个重要组成部分,伴随教学活动的全过程,并直接作用于教学活动的各个方面。评价既是对学生学习能力和学业成就的变化作出评价的过程,也是对教师教学能力与教学效果作出评价的过程;既重视教学工作的总结性评价,更重视教学过程中的形成性评价。

第一节 教学评价的历史与发展

教育教学评价作为一门科学,同其他学科一样,也经历了一个从产生到发展的过程。许多学者认为,最早的教育评价活动开始于中国古代的考试制度,不过,教育评价的正式概念却是由美国人泰勒(W. R. Tyler)在1933年开始的"八年研究"中提出来的。可以说,教育评价是一门既古老又年轻的学科。从整体来看,教育评价经历了一个从主观评价到测定,从测定到科学评价的发展过程。简单了解教育评价的发展历史,有助于我们正确地开展教育教学评价活动。

一、教学评价的历史发展[①]

如前所述,教育评价是一项历史悠久的教育实践活动,自有教育活动开始,就有教育评价活动存在。我国古代的考试制度是教育评价的萌芽,隋代出现的科举考试,应该是比较正规的教育评价活动。以色列著名教育学家利维(A·Lewy)对教育评价的历史进行了大跨度的审视,将其分为三个时期。(1)古典考试型时期。教师主要以口头提问的形式检查学生是否已理解所学知识并记住一些重要部分。(2)心理与教育测量占统治地位的时期。19世纪末20世纪初,随着自然科学的发展,各种统计测量技术得到长足的发展,一批教育学家、心理学家开始把这些技术运用于教育领域,推动教育测量运动的产生。特别是美国心理学家桑代克(E·L·Thorndike)的《心理与社会测量导论》一书的出版,对心理与教育测量运动产生了重要影响。该时期的测量大多采用纸笔测验的形式进行。(3)后现代时期。兴起于20世纪80年代以后,该时期的最大特征有两点:第一,评价增加了教师在评价领域中的权威;第二,对某些心理测量原则的适切性提出质疑,并以开放性的结论以及"评定"这一概

[①] 当年泰勒所进行的评价,主要是针对教师的教与学生的学进行的,教育评价仅局限于教学方面,实际上就是教学评价。也有人认为,在学校领域,狭义的教育评价就是教学评价。因此教育评价的历史发展,自然也就是教学评价的历史发展。

念代替以前的"评价"①。

关于评价发展的历史阶段划分众说纷纭,当前颇为流行的划分,则是20世纪80年代美国评价专家古巴(E. G. Guba)和林肯(Y. S. Liccoln)在其著作《第四代评价》中提出的现代教育评价发展"四代论"。在这部著作中,古巴和林肯将教育评价的理论发展分为四代,并在深入批判传统评价观的基础上,系统地分析和阐述了第四代教育评价理论的基本观点和理论框架,深刻地把握了评价发展的内蕴②。

(一)第一代:测验和测量时代

这是第一代评价时期,盛行于19世纪末至20世纪30年代。这一代评价认为,评价本质上是以测验或测量的方式测定学生对知识的记忆或某项特质。

1904年,桑代克(E. L. Thorndike)发表的《心理与社会测量导论》,较为系统地介绍了统计方法在测量中的应用和编制测验的基本原理,为教育测量的客观化、标准化奠定了理论基础。1905年,法国人比奈(A. Binet)与助手西蒙(T. Simon)发表论文《异常儿童诊断的新方法》,介绍《比奈-西蒙量表》,该量表由30多个由易到难排列的项目组成,可以测量出高低不同的智力。1916年,美国斯坦福大学的推孟教授(T. M. Terman)修订了比奈的量表,被称作《斯坦福-比奈量表》。1923年,美国出版了第一个标准化成绩测验——《斯坦福成绩测验》。这一切都为评价的正规化、系统化创造了条件。同时,"一战"后发展到顶点的工商业的"科学管理运动",也对学校教育产生了深刻影响。学校被视为工厂,学生被视为原料和产品,教师成为加工者。学生作为一种产品,是否符合需要,教师教学成效如何,学校教育是否成功,似乎都可以通过"测量"来检验。这些也为评价的发展提供了客观的社会需要。

这一代评价的基本特点是:评价就是测量,评价者就是测量技术员,评价工作就是选择测量工具、组织测量、提供测量数据,评价以追求评价结果的数量化、客观化为主要目的,评价的中心是编制各种测验量表以测量学生的一些心理技能与特征,评价简单地等同于"测量"或"测试"。但教育是有明确目标的活动,教育测量所获得的资料,应当有助于判断教育活动是否达到教育目标

---

①李雁冰.课程评价论[M].上海:上海教育出版社,2002:48.
②卢立涛.测量、描述、判断与构建——四代教育评价理论述评[J].教育测量与评价,2009,(3).

和达到目标的程度,才能充分发挥其作用。

(二)第二代:描述时代

第二代评价侧重于对"测验结果"作"描述",以判断实际的教育活动是否达到预期的教育目标及达到的程度如何。盛行于20世纪30年代至50年代,其主要标志是泰勒评价模式的产生及应用。在这个时期,评价不仅仅是一两个测验,而是一个过程,评价者也不再是"测量技术员",而是一个"描述者",来描述教育目标与教育结果的一致程度,故这个时代被称为"描述时代"。

20世纪30年代,美国完成初等教育的人数激增,但经济大萧条又使大批青年找不到工作而无处可去,只好到中学注册学习,导致中学教育急剧膨胀,原有的中等教育目标、课程、评价标准都受到前所未有的挑战。为应对挑战,1933年~1940年,美国进步主义教育协会领导的课程改革委员会,对30所高中学生4年中学和4年大学的学习进行了为期8年的追踪研究。"八年研究"委员会认为,教育的中心目标不是灌输知识,而是促进学生的全面发展。而原有的以考试为取向的测验显然不能适应这些新的教育目标,发展新的评价工具就成为研究的首要任务。于是,委员会于1934年成立了一个以泰勒(W. R. Tyller)为组长的专门评价小组,其主要任务就是帮助学校设计出各种备择的评价途径,来判断学生是否成功。针对当时学生学业成绩测试的片面性,泰勒明确提出了不同于测量概念的评价概念。泰勒认为,"教育评价的历程在本质上是一种测定教育目标在课程和教学方案中究竟被实现多少的过程"。实施步骤为:1.拟定教育的一般目的和具体目标;2.把目的和目标进行分类;3.用行为化的术语界定目标;4.建立可以展示具体目标业已达成的情景;5.选择和编制客观性、可靠性、有效性较高的测验,确定问卷、观察、交谈、作品分析等评价手段;6.收集学生行为表现的资料;7.把学生的行为表现与既定目标进行比较;8.修改方案,重新执行方案。因此,泰勒的评价模式事实上就是目标模式。

受泰勒评价模式的影响,欧美等国先后出现了许多针对评价而设计的教育目标分类体系,其中以布卢姆(B. J. Bloom)的教育目标分类学影响最为广泛。布卢姆等人明确提出,制定教育目标是为了便于客观地评价,只有具体的、外显的行为目标才是可以测量的,并用公式形象地表明目标与测量之间的关系,即:目标=行为=评价技术=测验问题。

泰勒第一次将测量与评价进行了区分,认为测量只是评价的一种工具。

泰勒模式强调,"评价不是为了评价而评价,而必须是为了更好地达到教育目标的评价"。这种观点使评价行为有了目的性和计划性,提高了评价的功效。流程简单,结构紧凑,易于为多数人接受、掌握和运用。泰勒的成就和观点影响了整整一代人,在评价领域产生了巨大影响,形成了一个以"描述"为标志的评价时代。

第二代评价的基本特点是:评价过程是将教育结果与预定教育目标相对照的过程,是根据预定教育目标对教育结果进行客观描述的过程;评价的关键是确定清晰的、可操作的行为目标;虽然"测验"和"考试"可以成为评价的一部分,但评价不等于"考试"和"测验"。与第一代评价相比,第二代评价使评价走上了科学化的历程。

但目标本身的合理性和可行性如何得到保证?因为任何教育活动,除预期的目标外,都有各种非预期的效应和效果。人的行为是复杂的,教育过程是复杂的,除了很多可以量化的行为、结果外,教育活动还有很多难以量化的行为与过程。泰勒模式忽略了对这些非预期、难以量化的目标的评价。

(三)第三代:判断时代

第三代评价发端于 1957 年苏联卫星上天后美国发动的教育改革,盛行于 20 世纪 50 年代末至 70 年代末。这一代评价认为,评价本质上是判断。这一阶段,评价人员开始关心一个问题,即对已经确定的目标,是否需要评价?是否需要价值判断?由此延伸,评价专家又激烈地讨论了判断是否应成为评价的一项基本活动?判断是否需要标准?如果需要标准,能否建立科学、客观的"价值中立"标准?

该评价时代具有代表性的观点有:1. 决策与过程。克朗巴赫(L. J. Croabach)认为,评价者不仅应关心教育的目标,检验教育目标达到的程度,更应该关心教育的决策;评价的重点应放在教育过程之中,而不是在教育过程之后;评价不是决定优劣的过程,而是要作为一个收集和反馈信息的过程。2. 改进。斯塔菲尔比姆(D. L. Stufflebeam)认为,评价最重要的意图不是为了证明,而是为了改进。评价不应局限于评判决策者所确定的教育目标预期效果的达到程度,还应该收集有关教育方案实施全过程及实施结果的资料,评价是为决策提供有用信息的过程。他提出了以决策为中心的 CIPP 评价模式。3. 目标与活动分离。斯克瑞文(M. Scriven)认为,应把教育目标与评价活动分离开来,旨在保证评价者考虑到教育和培训方案的实际效应,而不是只考虑其预期效应;要求评价者谨防被描述方案目的的言辞所同化,而应收集大量有关实际效应的资料,强调评价这些效应在满足教育需要方面的重要性。

第三代评价的基本特点是:把评价视为价值判断的过程,评价者不仅要运用一定的测量手段去收集各种参数,还要制定一定的判断标准与目标,运用一定的标准去衡量所得结果是否达到了既定的目标。评价不只是根据预定目标对结果的描述,预定目标本身也需要进行价值判断,过程本身也是评价的有机构成部分。第三代评价是对第二代评价的超越,它走出了第二代评价"价值中立"的误区,确认了价值判断是评价的标准,确认了评价的过程性。许多新的评价理念,如"形成性评价"、"目标游离评价"等,均在这一阶段产生。

(四)第四代:建构时代

这一时代以回应和协商为重要标志。"共同构建"、"全面参与"、"价值多元化"、"评价中的伦理道德问题"、"应答性资料收集法"、"建构主义评价法"是该阶段的评价思想和方法。

建构时代的到来是与质性评价方法的应用联系在一起的。20世纪60年代末、70年代初,随着对课程改革运动的深刻反省,传统的评价方式也受到猛烈的冲击,人们渴望发展评价的新理论和新方法。

第四代评价理论是古巴和林肯在对以往评价理论积极反思的基础上形成的一种评价思想。其中心思想是:评价在本质上是一种通过"协商"而形成的"心理建构",应坚持"价值多元性"的理念,反对评价中的管理主义倾向,主张重视评价利益相关者的价值观,提倡在自然主义的情景下,运用建构主义探究方法,充分听取不同方面的意见,组织协商,促进共识的达成。

为打破以往评价中"管理主义倾向",第四代评价强调要将评价所涉及的方方面面的人士的各种要求作为评价的出发点,以"协商"的方式形成共同的心理建构。在具体方法上,强调在自然环境中,用质性研究方法,使各方面人士通过各种形式的对话达成共识。特别强调被评价者——学生对评价过程的参与性,使得学生的声音在评价过程中得到体现。评价者在协商过程中没有特权,不应采取任何控制他人的态度,而应该是一个中介人、一个条件提供者、创造者。协商达成的共识首先是有关各方的共识,评价者只是其中的一个方面。评价的基本程序为:(1)在评价开始时,各有关方面订立协议,明确各方的权利和义务;(2)做好深入现场、获取信息的安排;(3)确定优先协商的问题;(4)具体协商;(5)形成评价报告。

第四代评价理论的特点是：1.评价本质强调构建。认为评价是一种心理构建的过程，评价描述的并不是事物真正的、客观的状态，而是参与评价的人和团体对评价对象的一种主观性认识，是一种通过"协商"而形成的心理建构。2.评价主体强调全面参与，反对把评价对象及其利益相关者排除在外，使评价主体不再仅仅是"评价组织者和实施者"而扩展为"参与评价活动的所有人"。3.方法上，强调运用"回应——协商——共识"的建构型方法论，主张在自然情境的状态下，评价者与评价利益相关者一起通过不断的论辩、协商来建构一种共同认识，而不是像传统评价那样坚持控制型方法论。

当然，正如它的创立者所说的那样，"第四代评价也只是一种建构"，也必然有其局限性。具体表现在：第一，强调知识和人的认识具有相对性，而忽视了客观性和绝对性，难免陷入相对主义和主观唯心主义认识论的误区和陷阱。第二，评价方法看似简单，实际操作却十分艰难，对时间、精力、评价者的专业素质都有很高的要求。第三，由于理想的沟通环境取决于一套民主协商的制度和"程序公正"的原则，而这套制度和原则在现实的评价环境中却很难建立，因而"共识"往往是很难达成的。

以上对评价的历史发展作了简单的介绍，从中可以看出，每一代评价都在一定程度上提供了自身的视角和认识，不能截然用自身的"好"来全盘否定对方的"不是"，而看不到对方的另一面。每一代评价的理论都有其优点和不足，在实践中，我们完全可以扬长避短，使评价既能鉴定教育的效能，又能促进教育的发展。

二、教学（教育）评价的发展趋势

教育评价在当今世界的教育领域中，与教育基本理论、教育发展理论一起，被视为教育领域三大研究课题。评价对于教育发展与改革，对于教育管理与决策，都有着全关重要的作用，因而越来越受到世界各国的高度重视。由前述评价发展的历史可以看出，新的评价理论与思想陆续产生，评价功能与方法也得到很大的发展。为适应（教育）教学改革与发展的需要，（教育）教学评价主要注重以下几个方面。

（一）注重发展性功能的发挥

1967年斯克瑞文提出形成性评价概念以前，评价热衷于排名次、争高低，属于鉴定性质的评价。传统的教学评价基于一个假设，即只有极个别的学生学习优秀,而大多数学生都属于中常。为此,评价就要把优异的成绩给予极少数学生,其余的只能获得中等甚至较低的等级,并据此将学生贴标签、分等级,评价只局限于其甄别功能。现代评价作为教学过程的一个有机构成部分,应是促进学生发展的有效教育手段。评价不是为了给出学生在群体中所处的位置,而是为了让学生在现有基础上谋求发展。关注让学生学会更多的学习策略,同时为学生表现自己发展的所知所能提供各种机会,通过评价形成学生自我认识、自我教育和自我进步的能力。

(二)重视定性评价与定量评价相结合

评价需要应用数学方法来分析教育过程和结果,这种追求精确量化的倾向在一定程度上实现了评价的客观化与科学化。量化范式下的标准化测验、常模参照测验一度成为世界范围内盛行的评价工具和手段。但是,鉴于今天的科学发展水平,要对教育现象做到全部量化是不可能的,也是没有必要的。量化的评价是把复杂的教育现象加以简化,或只评价简单的教育现象,它不仅无法从本质上保证对客观性的承诺,而且往往丢失了教育中最有意义、最根本的内容。这样学生生动活泼的个性被抽象成一组冷冰冰的数字,学生在各个方面的发展和进步也被简化为可能的几个数据,教育的复杂性和学生状况的丰富性则泯灭其中。至20世纪60年代后期,人们开始对这种状况进行反思和批判。为了更逼真地反映教育现象,定性评价日益受到重视,并强调在实际的操作中,做到定性评价与定量评价相结合。事实上,即使能够量化的教育现象,在实际运作中,也要遵循"定性——定量——定性"规程,以真正实现评价结果可靠(高信度)、有效(高效度)。

(三)重视被评价者在评价中的作用

现代评价越来越重视被评价者在评价中的主体作用,鼓励评价对象特别是学生积极参与评价的全过程。实践证明,任何评价如果没有评价对象或学生的积极参与,很难达到预期的目的。现代教育评价已不再把评价对象或学生看做是被动接受检查的客体,而是把他们看做是参与评价的主体,采取多种途径和方法,使之积极参与评价过程。在评价的实际工作中,重视评价对象的主观能动性,强调评价对象通过自我检查、自我分析、自我认识和自我教育达到自我提高。评价者与评价对象在整个评价过程中不断对话、互相修正自己的观点,使评价结论尽可能取得一致。

(四)注重评价内容的全面性

教育教学目标是广泛的、丰富的,同时具有整体性。但以往人们在对教学效果评价的实际运作过程中,不要说关注学生的情感态度、动作技能、个性特征等多维目标,就是对于认知领域中高层次的思维技能、应用原理、创造技能、解释关系、预测展望、提出假设与论证、认识资料的局限性、实验设计、组织规划、综合评价等方面的能力也难以得到重视;过多地倾注在认知领域那些容易用纸笔测验的简单的知识技能方面,过多地考虑测验的信度而将测验设计导向零碎的知识、标准的答案、宽广的覆盖面和夸大的区分度等方面。评价中的问题缺乏与现实生活的相似性,学生在这种测验中获得的分数对他们的未来真实生活中的表现很少有预测价值。而教育的真正价值不仅在于学生在学校情境中的表现,更要关注学生在以后实际工作、生活中的表现,关注学生在真实情境中解决实际问题的能力。因此,现代教学评价在问题设计方面注重真实性、情境性,以便于学生形成对现实生活的领悟能力、解释能力和创造能力。

第二节 教学评价的基本理念

一、发展性

教学评价,作为教学的一个重要环节,与教学是相互促进、相辅相成的统一体,它是学校评定学生成绩、检验教师教学效果的主要形式,对于教与学双方活动起着重要的控制、调节和促进作用,从某种程度上来说,它是教师教学、学生学习的指挥棒。

从理论上讲,教学评价具有调查情况、检验成果、诊断问题、反馈信息、激励教师改进教学与促进学生学习的发展等功能。然而在实践中,评价的鉴定检验功能被无限放大,其他功能丧失殆尽。评价目的简单化,重结果轻过程,过分夸大分数的价值功能,强调分数的能级表现,将评价分数异化,与各种奖金、评优选优结合,从某种程度上加剧了学生和教师的功利化倾向。由于过分强化评价的鉴定功能,使得学生无法认清自己的潜能,容易丧失主动发展的动力,同时容易诱发教师和学生过分关注自己在团体中的位次,从而产生强烈的虚荣心。一旦通过正常途径达不到自己追求的目标,就会弄虚作假,采取各种不正当的手段等。

《基础教育课程改革纲要》(试行)中明确指出:"改变课程评价过分强调甄别与选拔的功能,发挥评价促进学生发展、教师提高和改进教学实践的功能。"新课程改革的核心理念是"一切为了学生的发展",教学评价的根本目的是为了学生和教师的发展。为此,在教学评价过程中,不论是评价的组织者还是具体的实施者,首先都必须具备发展性的理念或遵循发展性的原则。

坚持评价的发展性理念,就是在教育教学过程中,所进行的评价应是动态的、积极的和面向未来的评价。通过教学评价,为教学改革提供可资借鉴的第一手信息,为教育决策提供重要的依据,从而更好地指导教学改革的实践活动。教学评价是教学改革的"路标",应成为促进教师与学生发展的重要力量。

发展性理念主要包括两个方面的内容:评价能够促进学生的发展和教师的专业发展。

第一,评价要有利于学生的发展。

通过评价使学生发现学习中存在的问题,帮助他们找到最佳、最有效的学习方式,优化学生的学习过程,提升学生的学习行为,激励每个学生的学习热情,最终促进全体学生的进步与发展。一次评价不仅是对一阶段学习活动的总结,更是整个学习活动的生长点、向导和动力。应特别重视"诊断性评价"和"形成性评价",注重评价的教育功能。

在学校教育期间,学生发展的内容是丰富多彩的,有学者借鉴教育目标分类的有关理论,结合我国学校教育的实际特点,提炼出学生发展的目标内容,具体包括10个方面:(1)学生个体的一般性发展;(2)学科理论知识与学科能力或技能的发展;(3)思维技能与品质的发展;(4)研究与学习技能的发展;(5)创新精神与实践能力的发展;(6)态度、观念与兴趣的发展;(7)欣赏与审美的发展;(8)适应与习惯的发展;(9)学生体育技能与素质的发展;(10)个体独特性的发展[①]。通过教学评价,促进学生熟练掌握学科的理论知识,在此基础上灵活运用,即运用所学知识,搜集、获取、整理、处理和利用各种信息,针对生产生活中的各种现象,有针对性地提出问题、分析研究并予以创造性地解决,从而达到培养提高创新能力与实践能力的目标。注重评价的发展性,表达了一种从评价"过去"和"现在"转向"未来"和"发展"的教育理念。考虑过去,重视现在,着眼于未来,所追求的不是给学生一个精确的结论,更不是给学生排名

---

①黄光扬.教育测量与评价[M].上海:华东师范大学出版社,2012:178—181.

次,而是关注其发展,关注引导;不是为了证明,而是为了提高。目的不是进行优劣排序,而是发现优势和不足,给予反馈与建议,以利于确定今后努力的方向,改进和提高学习效果。评价面向未来的发展,让学生充分了解教学期望,教师根据过去的基础和现实的表现,预测性地揭示学生未来的发展目标,引导和激励学生通过发展,缩小与既定目标的差距,设法让学生发挥自己的长处,表现出自己的最佳水平。希望学生能够认清自己的优势,释放自己的发展潜能。在宽松和谐的氛围中,给学生的创造性思维和创新能力的发展提供充分的空间。

以教学评价促发展的实质是将评价从简单的鉴定、选拔手段提升为集激励、引导和教育为一体的专业服务,以创设环境调动学生内在的发展需求为前提。通过评价活动为学生的全面发展特别是学业发展予以有效的帮助和支持,提供充分的发展条件和机会,引导学生自我规划、反思,主动从多种渠道获取评价信息,不断调整和完善自己的学习行为,提高专业素养,为终身发展奠定基础。不仅关注当前,更注重未来发展,重视长远需要,以实现学生真正意义上的全面发展;评价不仅要关注学生的学业成就,而且要关注学生作为人的全面成长,关注学生在情感、动机、信念、人生观、价值观、意志品质、生活态度等非智力因素方面的发展。即使在学科评价中也要关注学生的学习兴趣、学习方法、认知风格以及情感体验等因素。

第二,评价有利于教师的专业发展。

发展性理念要求,评价的一个主要目的是为了教师的专业发展,而不再是根据学生的考试分数给教师评定等级,或对过去的工作简单进行考核、鉴定、认可等,而是在于为教师的教育教学提供信息反馈与咨询服务,使教师不断地对自己的教学进行反思、总结与改进,以促进教师的专业化发展。教学评价的重点关注的是教师的教学过程,需要考虑的是如何通过评价来进一步提高教学的效率,找到教学中还应该改进的地方,而不仅仅是评判教师的教学过程现状。通过评价使教师充分理解新的教学理念,使自己的教学思想和行为适应时代发展的需求,不断调控教学过程并使之优化,以提高教学水平,并进一步促进自己的专业发展;通过评价帮助教师寻找最有效的教学模式,最终为学生的全面发展服务。总之,要让评价成为教师获得专业发展的重要促进力量。

坚持发展性理念,就是反对静态的、功利的教学评价。反对通过评价单纯地给教师评优评差或评分定级,对学生进行鉴别和选拔。反对用单一、刻板的计价标准去衡量所有教师的教学效果。否则，就改变不了传统教学的弊端，就会束缚教师的教学，压抑学生潜能和个性的发挥，阻碍学生的全面发展。评价的调节、教育功能就不能得到充分的发挥，教师和学生在评价中没有受到教育、获得激励、得以发展。

发展虽然体现了面向未来的理念，但未来是今天的延续，发展也不是凭空的发展，它应有合适的起点，适宜的速度，恰当的途径。每个人由于其努力、个性、经历等因素的不同，其接受信息、理解信息的能力以及其他各方面的水平能力都存在着不同程度的差异，必然导致不同的人应有不同的发展起点、路径与速度。因此，发展必须寻找恰当的起点，并根据每个学生和每个教师的个性特征选定最佳的路径与速度。而这些，当然离不开评价的鉴定作用。

通过评价鉴定，使教师明了自己在教学上的得失，判断教学内容的适切性、教学方法的有效性，以调整教学内容与策略，使教学活动持续有效地进行，确保教学目标的达成，同时促进教师的专业发展。通过鉴定，使学生了解自己学习上的缺点，哪些重要概念需要进一步加深理解，哪些技能还未达到熟练掌握，是否达到了预期目标，达到的程度如何，学习的方式是否正确，甚至考试的方式技巧方面是否存在问题等。通过反思，认识自我，识别并正视自己的强项与弱项，明确今后努力与发展的方向，做出最佳的学习决策，制定出最佳的学习计划。另外，通过鉴定，也让教师和学生了解自己在团体中的相对位置，通过比较产生一定的压力，树立必要的竞争意识，以起到激励促进作用。可见，鉴定是把每一个结果作为一个新起点，向更高的水平寻求发展，发展离不开鉴定，鉴定是发展的基础和必要条件。

二、科学性

教学评价必须具有有效性与可靠性，必须建立在科学的基础上，有充分的科学依据和科学方法。教学评价要以正确的教育思想和教学理论为指导，遵循教学的规律、原则，适应深化教学改革的要求和各学科的特点。在建立教学评价指标体系时，要有相应的理论依据，每个指标项目要有相对独立的、准确的科学含义。在确定各项指标的评价标准时，要考虑到指标本身的科学内涵和操作的方便实用。在编制评价指标体系时一定要进行深入的调查研究，广泛征求老师的意见，使评价指标体系尽可能准确地反映教学实际情况。不能为了照顾某一部分评价对象，把不应列入的条件列入，也不能为了排斥某一部分评价对象,把应列入的条件不列入。评价者要熟悉评价指标体系和指标的界定,并严格按标准实施。教学评价的方法要力求科学、完整。在评价信息搜集、处理上,必须采取客观的实事求是的态度,要客观地反映被评价对象的真实价值,不能主观臆断或掺杂个人感情。要力求全面、客观、公正,注意其可靠性和合理性。教学评价只有坚持科学性原则,反对形式主义,才能真正调动教师和学生的主动性、积极性和创造性,以提高教育教学质量。

在教学评价特别是在对学生的评价过程中,贯彻科学性理念,意味着必须高度重视评价内容的科学性与评价方法的科学性。

评价内容作为测量、提升学生思维能力的有机构成部分,其质量直接影响着培养创新人才的教学效果。传统的测评内容大部分局限于教材,重记忆,轻理解;重知识,轻能力。过分强调对学生的知识记忆能力、而忽视了应用能力与创造能力的测试,不利于学生创新能力的培养和综合素质的提高。

知识是素质与能力的核心。知识的掌握应该是衡量人才培养质量的一个重要组成部分。但知识的掌握不等同于能力的发展,对知识的精确记忆和再现并不能作为衡量其认知能力发展的有效指标。事实上,知识不仅是人类实践的总结和认识的成果,更是认识的过程和求知的方法。知识本质上是不断更新和扩展的过程,知识的激增使知识的分析、判断、选择和应用更显重要。掌握知识是为了更新知识,掌握规律是为了探索新的更加深刻的规律。因此评价内容应突出学生对知识的运用与创造能力方面。

评价应倡导采用情境化的真实的评价方式,追求与教学相结合的评价。建构主义学习理论认为,"知识存在于个人和群体的行动中。随着个人参与到新的情境中并在新情境中进行协商,知识产生了。知识和能力的发展,就像语言的发展,发生于真实情境中不断进行的利用知识的活动中"。知识学习不可能通过对普遍、抽象的概念和命题的记忆进行,而是"只有在特定的情境中才有意义","所有的思维、学习和认知都是处在特定的情境脉络中的,不存在非情境化的学习"。为此,美国在20世纪90年代兴起了真实评价,强调评价任务要与现实生活中的问题解决相接近,要具有综合性,解决问题所需要的条件、信息等隐含于情境中,需要被评价者自己去发现;评价中所进行的活动必须是真实的,"必须涵盖学习者在真实世界中将遇到的大多数认知需求"。美国心理学家加德纳认为,评价应该成为自然学习情境中的一部分,而不是在学习后"外加的"内容。

评价内容不具真实性，不考虑现实背景，只会给学生留下学业性教育，所检测的是表现以外的东西，会使学生以假当真的误解现实的工作及其挑战。学生在这种评价中获得的分数对他们在未来真实生活中的表现很少有预见价值。教学的真正价值不仅在于学生在学校情景中的表现，更在于学生在非学校情景中的表现，在于学生解决真实生活中的真实问题的能力。因此，评价内容的选取应具有真实性和情景性。应抓住生活中的场景和问题作评价的材料，这既可以使教学评价充满趣味性，又可以改变以往把知识与技能割裂开来测评的状况。由于所提的问题、情景是新的，任务是多方面的，在某种程度上与教学中使用的有所区别，没有常例可循，学生需要运用出色的判断力，不断试误、调整，真正理解（而非假理解）了问题，才能有效完成问题的回答。还可以设计一些"问题解决"的内容，即结合学科特点与内容，创设实际情景，提供背景资料，让学生根据所提供的材料，独立分析探索，从中提出高质量的问题，并提出自己对问题的解决方略，解决的途径不是单一的，答案是多样化的。通过对这种内容的考察，启发和培养学生的多向思维意识与习惯，促进思维的灵活性，逐渐将日常的思维习惯转化为严密的、探索性的科学思维习惯，以培养学生的创造性思维。当然，这种内容的创新改革可能对教师的教学和确定考试内容提出了新的挑战。因为它不仅要求其内容贴切社会生活实际，又要求该内容逻辑性、原理性强，同时还要保证对每一个同学来说是挑战，但并高不可攀，不至于缺少相关经历而无法完成。另外，根据学生的不同反应予以准确可靠评分也需要一定的工作量。但通过这种真实性、问题性任务的考察，可以引导和指导学生形成对现实生活的领悟能力、解释能力，让学生真正学会学习、学会思考，从而进一步培养解决实际问题的能力，发展其创造力。

学校培养的是未来社会的建设者和接班人，他们不仅要具备良好的身心素质，还要适应知识经济时代的发展趋势，树立创新思维。在知识经济的浪潮下，质疑、批判心理与创新心理已越来越成为个人、民族取得优势发展地位的必备要素。因此，评价内容领域规范应在培养创新能力这一思想指导下，以课程标准或教学大纲为主要依据，评价目标与教学目标紧密结合，加强对基本理论、基本知识融会贯通后所内化的提出问题、分析问题、解决问题和创新思维能力的考核，注意高层次目标的权重，鼓励学生质疑、批判、创新，融拓宽知识、培养能力、提高素质为一体。

评价方法要注重方法的适切性与多种方法相互配合，做到诊断性评价、形成性评价与终结性评价相结合,特别注重对过程的评价。学生的发展是一个逐渐递进,持续不断的过程,学生的发展是在主体与客体相互作用的过程中呈现的。学业效果是学习过程中学生知识不断增加、水平不断变化的连续体的产物,并不是一朝一夕就固化了的,它是一个由初始水平连续不断发展而形成的,也不是一时一刻所至,而是日积月累的累积过程。有的时候,连学生本人可能也未曾察觉到问题的存在,不知不觉地偏离了教学目标,逐渐形成学业发展障碍。因此,我们不能隔离过程直达结果。达到理想的目标,需要经历一定的、甚至是非常曲折的历程。因此,在教学评价中,应积极倡导动态的、过程的评价,关注学生为达到目的所采用的方法和途径,关注学生在达到目的过程中获得了哪些经历和体验,关注学生在获得结果的过程中发生了怎样的进步。学习并不是知识从课本复制到学生头脑的简单过程,学习者在接触某种学习材料之前已经带有自己的经验、知识、兴趣等背景,他们已经具有自己的认知图式和兴趣倾向,所以他们在面对相同的学习材料时并不会产生相同的认知和情感反应。因此评价不仅要关注学生记住、理解了多少知识,更要关注学生如何获得知识和应用知识,包括学生在学习知识的过程中使用了什么学习方法、采用了何种思维策略、在头脑中发生了什么样的思考过程,对于知识意义和用途有怎样的理解等。要以发展过程为重点,注重对学习过程的评价。

现代管理学的研究证明,"过程评价"为主的管理与"结果评价"为主的管理相比,是一种更高层次的管理。在许多情况下,有效过程控制最终将改善教学、促进发展、获得更佳的教育教学效果。而过程中的评价本质上就是一种对教学过程的有效监控,加强过程评价,能直接起到促进教与学双方进步和发展的作用。评价过程与教学过程交互在一起,使评价与教学过程整合成为促进教师与学生发展的途径。过程中的评价,不仅肯定成绩,给评价对象以成功感,还可以促进和激励学生发展尚待开发的能力,帮助其克服困难,认识不足,反思与调控,恢复自信,提高能力,转弱势为强势。可见对过程的关注,是强调对评价对象发展状态的关注,着重于纵向的促进。

关注发展过程评价,教师还必须考虑到,发展的过程必须以促进学生发展、达到教育教学目标为导向,应该把评价过程看作是一种促进学生积极发展,达成教学目标的过程。离开了具体的效果与教育教学目标,发展的过程就失去了方向。而没有扎实的过程,也不可能达到理想的发展效果。

三、多元性

教学评价的多元性理念或原则，主要指两个方面。一是评价主体的多元性，二是评价价值标准的多元性。

评价主体是指按一定的评价标准对评价对象进行价值判断的个体或团体。传统的评价主体是单向式，即政府评价学校、学校评价教师、教师评价学生。这种评价把学生和家长排除在评价主体之外，否定了学生在教学评价过程中的主体地位。事实是，如果在学业评价过程中，以学生为被评或客体，教师作为评价的裁判和法官，学生主体地位得不到应有的尊重，学生将产生郁闷焦虑等消极情绪，因而就没有实质意义上的师生沟通与对话，其评价的环境乃至学习的环境，就绝对不可能做到自由、人文、和谐。

新课程改革，强调评价主体的多元化，充分注重学生的主体地位，是"科学发展观"的教育理念在教学评价的充分体现。教学评价中，以学生为中心，主动为学生提供宽松、支持、和谐的人文评价环境；尊重学生个体差异，突出学生个性发展，发挥学生创造潜质，其学生的主体性得到了充分的尊重。学生的内心世界得到彻底的解放，师生交流屏障被彻底打破，相互尊重，相互理解，相互接受。学生能明确认识到，评价是为自己学习服务的，是为学生发展的一种工具，是为了更好的学习。主体性的充分发挥，必然充分激发学生巨大的学习热情，使创造能力得到提升。

学生作为评价主体，参与评价过程，将使评价信息得到充分有效利用，能充分发挥评价的诊断性与发展性功能。因为有了学生的广泛参与，师生之间通过协商对话的方法消除了评价过程中认识上的分歧，取得了学生的充分信任，双方建立了良好的关系，而良好的师生关系的确立反过来又进一步保障了学生在评价中的主体性，促进了学生参与评价的主动性和积极性，使评价结论更易于被学生接受。学生能充分有效利用评价信息，对照评价目标与评价内容，分析发现学习问题背后的原因，把握问题的本质，理解现象背后存在的意义，使得评价诊断更准确，反馈的信息更有针对性、有效性。根据评价信息，规划自己的行为方式，由盲目性转向自觉性，变被动学习转向主动学习，增强自我学习能力。通过学生主动参与，充分发挥其主体作用，能使学生自我发展的需要得到一定程度的满足。根据马斯洛的需要理论，人的最高层次的需求就是"自我实现的需要"。让学生参与到教学评价全过程中，充分考虑学生较强的求知欲望、好学上进、渴望并努力发挥自我潜能的需要,就能充分调动其主观能动性,意识到需要发展的方向,培养自我评价能力,达到自我教育、自我反思、自我监控、自我改进、自我发展、自我完善的最高境界,为终身学习奠定基础。从另一层面看,学生作为评价主体参与评价也培养了评价的能力,看清了评价的本质,把握了评价技巧,为将来适应社会竞争奠定了一定的基础。

教师应该认识到,在评价中尊重学生主体作用,使学生真正的参与评价,应当是平等人格、相互尊重、相互促进、共同提高的。人格的平等与评价权利和知识的平等不是一回事,不能以知识拥有量的不平等而导致人格地位、主体诉求的不平等。教师必须承认学生在评价中的主体地位,有对评价方案提出意见和建议的资格,有对评价结果提出申诉和辩解的权利。在评价目标确定、项目制定、评分计分方面,给予学生亲自动手的机会,承认并充分肯定学生自评、互评的有关结论等。不言而喻,学生参与教学评价的程度越深,对待评价持消极焦虑的可能性就越小,其评价效果也越好。在参与过程中,教师应将评价过程视为主体间(教师与学生都是考评主体)的自愿选择、相互沟通与心理协商的过程。通过相互沟通、协商的交互作用,加深相互理解,消除心理障碍,取得对评价结论的共识与认同,从而真正将评价由单纯的教学管理工具和手段,转变为促进学生自主发展的自我教育过程与自我教育手段,更有效的发挥评价的"激励"与"改进"功能。由于在相应的学科领域,教师拥有众多的知识优势因素,再加之学校管理体制因素,教师明显处于优势地位,学生则处于劣势地位。此时,要使学生参与的质量提高,使评价取得实效,教师应充分尊重学生的情感行为,充分尊重学生的真实内心体验,关注学生的现状与需要,特别要尊重学生的一些奇思异想。要从学生的角度,把握教材的重点难点,应尽可能多地从学生的角度考虑问题,为学生提供恰当、合适的评价材料,供学生评判、选择,共同讨论商议评价的重点目标与重点内容。学生参与的整个教学评价的过程,不仅是学生学习并获得发展的过程,也是教师与学生互相学习、共同实现提高的一个非常重要的途径。

总之,在对学生的评价过程中,要注重评价主体多元性。因为教师的评价只是体现了教育教学目标和课程标准对学生发展的要求,而家长的评价则反映了家庭、社会对下一代成长的期待,往往能提供教师看不见的东西;同学之间的互评使学生通过评价他人反省自己,能够加深对评价标准、评价要求的理解,提高自己;学生的自我评价可以使学生养成自我反思的习惯和提高自我评价的能力。

要尊重被评价者的主体性,提高被评价者在评价过程中的参与程度。被评价者可以参与评价标准的制定、评价内容的选择、评价方法的选择、评价信息的获取、评价结果的解释等一系列评价活动中,允许被评价者与评价者平等地相互倾听和对话。通过参与到评价过程中,被评价者能够更真切地了解自己,更深入地认识自己与评价要求的差异,能够更自觉地达到评价者的要求。同时也会持更加开放、积极的心态接纳评价结果。

评价标准是对教学活动质量或数量要求的规定。传统的教学评价,过于强调评价标准的统一性,以刚性的统一的标准和程序约束着那些有生命、有情感的学生,要求这些个性、情感、经历如此不同的人具有同样的思维模式、同样的情感态度。一旦被评价者不符合统一的评价标准,他得到的就只有负面的评价结果,从而造成被评价者墨守成规、千人一面,严重压抑了人的创造性和个性。这种评价不顾学生发展的多样性和不平衡性,将所有学生放在同一评价尺度上相互比较,造成对学生的误评价,同时也严重挫伤一部分学生的自尊心。

统一的评价标准不利于不同社会环境中的不同特点的学生发展,评价标准既应注意对学生和教师的统一要求,也要关注个体差异以及对发展的不同需求,既以全部教师与学生的发展和提高为目标,也为学生、教师有个性、有特色的发展提供一定的空间。评价标准应是被评价者的前进目标和发展方向的具体体现,对于不同的被评价者,这个目标和方向应该有所不同,因而评价标准也应该有所不同。评价应尊重被评价者的差异,通过建立有一定弹性的评价标准为被评价者的个性发展提供空间,允许不同的被评价者有不同的发展方向和发展速度。

在制定评价标准的过程中,要做到个体标准与共同标准的适当妥协、现实标准与未来标准的适当妥协。在尊重不同主体价值标准的前提下,开展价值标准协商。

首先要尊重评价标准的多元性。只有评价者和评价对象公认的结果才是有效的教育评价结果。在评价活动中,要充分尊重各主体的价值观,对学生的评价要充分尊重学生自身的需要,在教育研究中要关注学生自身成长的研究,以便更合理地设定价值判断的标准。

其次应开展评价标准协商。尽管允许并鼓励多元评价标准的存在,但同时也要看到，在一项独立的评价活动中，仍然需要一个相对统一的价值尺度。相对统一的价值判断尺度主要着眼于重要的教育成果和人们在教育实践中所发挥的主观能动性作用，并没有限制人们为追求成果而创造性地开展工作。各方面要展开充分的交流沟通，通过协商来协调彼此对于评价标准认识的分歧，缩短对评价结果看法的差距，最终形成一致公认的结果。

最后进行价值标准引导。尽管强调价值标准多元，但评价还必须体现出社会发展的需要，社会主流价值观在其中起非常重要的作用。评价标准应体现当前教育发展的趋势，应体现全面和谐发展的培养目标，即培养具有良好品格、实践能力和创新精神、较强的适应社会的能力的人；评价标准应体现现代教学观，以学生个性发展为本的发展观，在教学过程中重视活动和交往的观念，尊重学生个性独特性的差异观等。评价是否能够真正实现促进评价对象主动发展的目的，还取决于评价对象对于评价结果的认可程度。所以，无论是在价值判断尺度的设定中，还是在评价结果的认同上，都需要进行一定的价值引导。当然这种价值引导必须从评价对象的利益出发，在充分尊重评价对象人格、尊严和隐私的基础上进行。

第三节　教学评价的类型

教学评价类型，是指以一定的标准为依据而划分出的教学评价的种类；明确教学评价的类型，一方面有利于加深人们对不同形式教学评价特殊性及一般性的认识；另一方面，有利于人们根据不同实践情境最有效地选择与使用不同形式的教学评价，最大限度发挥教学评价的功能与作用。教学评价涉及的范围和内容很多，可以从教学评价的内容、方法、标准、功能、主体等不同的角度，将教学评价分成不同的类型。这些教学评价类型在中小学教学评价过程中经常会使用到。

一、诊断性评价、形成性评价与终结性评价

教学评价工作是十分复杂的。根据评价的作用和功能，可以将教学评价分为诊断性评价（diagnostic evaluation）、形成性评价（formative evaluation）与终结性评价（summative evaluation）。

（一）诊断性评价

诊断性评价（diagnostic evaluation）又被称为准备性评价，这种教学评价

的目的是为了使教学适合于学习者的需要和背景,而在一门课程或一个学习单元开始之前对教学背景及学习者所具有的认知、情感和技能方面的条件进行的评估。这里所说的教学背景主要是指实际教学环境(包括物质条件)及理论基础。这里的诊断,要求把握被评价对象的两种状态,即症状诊断与原因诊断。症状诊断要求对被评价对象的已有状态作出诊断,着重找出存在的问题,原因诊断要求对存在问题的原因作出分析,并对发展变化的可能性进行预测,以便采取措施,更好地改进教与学。诊断性评价通常运用"摸底测验"的方式来进行;通过诊断性评价,教师可以了解学生是否具备学习某种新科目所需要的基本知识或技能,也可以了解在新科目的教学目标中,有哪些知识与技能是学生已经掌握的。诊断性评价涉及的内容有:教学所要解决的问题及相应的教学目的要求;前一阶段教育中学生知识的储备总和;学生的性格特征、学习风格、能力倾向及对本学科的态度;学生对学校学习生活的态度、身体状况及家庭教育情况,等等。应注意是,教师进行诊断是为了了解情况,发现问题而不是给学生贴标签,更不是要把某些学生编入"慢班"从而降低要求。诊断性评价的目的,是为设计一种可以排除障碍的教学方案,识别那些高出或低于零点的学生,这样就可把他们分置在最有益的教学序列中,从而使教学最有针对性。

由上可见,诊断性评价具有两个突出的特点:诊断与治疗。诊断就是对原来的状态效果进行判断,治疗就是对发现的问题加以改进。当前有不少评价人员在运用诊断性评价时,对评价的诊断功能比较注重,而对评价的治疗功能重视不够,满足于取得一些数据,没有认真分析存在问题的原因,更谈不上提出有针对性的解决问题的对策。在新课程改革不断深化的态势下,只有做到教学诊断与治疗并重,才能充分发挥诊断性评价的作用,达到教学评价的目的。

(二)形成性评价

形成性评价最初是由美国哈佛大学的斯克里芬(G. F. Scriven)提出来的。形成性评价(formative evaluation)又称"即时评价"或"过程评价",是在某项教学活动过程中,为了能更好地达到教学目标的要求,取得更佳的效果而不断进行的评价。形成性评价目的在于及时了解情况、发现存在的问题,据此及时调整和改进教学工作,以提高实践中正在进行的教育活动质量,从而促使预期目标的实现。形成性评价是一种动态的评价,它伴随教学活动而展开,通过研究工作进程,总结经验教训,及时改进教育教学工作。在中小学教学活动中,形成性评价常通常采用非正式考试或单元测验来进行,测验的方式必须考虑单元教学中所有重要的目标。通过形成性评价,教师可以随时了解学生在学习上的成败情况,获得教学中连续的反馈,作为教师随时调整教学计划、改进教学方法的参考。由于形成性评价的着眼点放在过程评价上,所以这一评价形态受到评价理论工作者与广大教师的高度重视,已成为现代教育教学评价研究的重要课题。

20世纪60年代,布卢姆第一次将形成性评价用于教学活动之中,提出了掌握性学习的教学策略,取得了显著成效。布卢姆认为,形成性评价不仅是改进教学工作、提高学习效果、形成适合于教育对象教学的重要手段,也是促进学生智能发展、充分挖掘学生潜力的重要手段。布卢姆提出的形成性评价包含四个任务,即调整学习活动、强化学生的学习、发现存在的问题与提出学习的矫正措施。形成性评价用于教学,不仅可以使学生明确今后如何学,而且可以使教师明确今后怎样教,有助于教师及时发现教学中的问题,提出改进措施,修正教学计划,更好地完成既定的教学目标。

(三)终结性评价

终结性评价(summative evaluation)又称"总结性评价"或"事后评价",它是在教学活动告一段落后,为了解教学活动的最终效果而作出的价值判断。学期末或学年末进行的各科考试、考核都属于这种评价,其目的是评价这一最终结果达到预定目的的程度或所取得的总体效益,以便对特定的教育活动作出最终性结论。通过终结性评价,教师可以检验本学期教学目标的实现程度,从而判断教学效果的好与坏,是否需要对教学做进一步的改进,以及为制定新的教学目标提供参考。这种评价在我国教育界一直受到普遍的重视。

以上三种评价在实际的评价工作中是相互联系、相互渗透的,因为任何一项工作都是联系性的,阶段的划分也是相对的,无论是形成性评价还是终结性评价都带有诊断的性质。由于评价的目的是为了促进工作、促进发展,所以任何评价都带有形成性的性质。没有诊断性评价不是真正意义上的科学评价,它只能是一种主观臆测,而没有形成性评价也就必然使评价工作本身失去意义。①

---

① 金娣,王钢.教育评价与测量[M].北京:教育科学出版社,2007:16.

三种类型评价的作用、主要目的及具体实施时机等如表 1.1 所示。

表 1.1 三种类型的评价比较

种类	诊断性评价	形成性评价	终结性评价
作用	查明学习准备和不利因素	确定学习效果	评定学业成绩
主要目的	合理安置学生,考虑区别对待,采取补救措施	改进学习过程,调整教学方案	证明学习已达到的水平,预言在后继教学中成功的可能性
评价重点	素质、过程	过程	结果
手段	特殊编制的测验、学籍档案和观察记录分析	经常性检查、作业、日常观察	考试
测试内容	必要的预备性知识、技能的特定样本,与学生生理、心理、环境的样本	课程和单元目标样本	课程和教学目标的广泛样本
试题难度	较低	依教学任务而定	中等
分数解释	常模参照、目标参照	目标参照	常模参照
实施时间	课程或学期、学年开始时,教学进程中需要时	课程或单元教学结束后,经常进行	课程或一段教学结束后,一般每学期 1—2 次
主要特点	分析式	前瞻式	回顾式

二、绝对评价、相对评价与个体内差异评价

根据评价参照的标准,可以将教学评价分为绝对评价、相对评价和个体内差异评价。

(一)绝对评价

绝对评价也称为目标参照评价(object－referable evaluation),是指在评价对象的群体之外,以某一预定的目标或标准为客观参照点,对评价对象达成

目标或标准的程度进行评价。在绝对评价中,评价的标准是预先设定的,固定不变的,是由目标所决定的绝对标准。评价对象只与标准比较,相互之间不进行比较。在评价时,将评价对象的实际情况跟既定目标或标准进行比较,就可以确定评价对象达到目标的程度,从而做出价值判断。这种评价主要用于合格性和达标性的活动。由于这种评价可以检查目标的达成度,而且有固定、明确的评价标准,操作性强,容易被大多数人理解、接受和掌握,因此在中小学教学活动中被广泛运用。

绝对评价事先有明确的目标和评价标准,使行为有了目的性和可比性,评价对象可以通过与标准的对比,了解自己的实际水平,正确对待自己;还有助于评价对象明确自己与客观标准的差距,激发他们为了达到目标而努力。绝对评价的一个突出特点就是有一个共同的客观标准,保证了评价的科学、准确,容易被评价者接纳;但是,其共同的客观标准也是由人来制定和掌握的,难以避免主观性,不可能完全客观、合理。因此,确定一个科学、客观、可行的评价标准,是发挥绝对评价作用的前提。

(二)相对评价

相对评价又称常模参照评价(norm-referable evaluation),是指以评价对象群体的平均水平或其中的某一对象的水平为参照点,确定评价对象在群体中相对位置或与群体中某一个体之间差距的一种评价。这种评价能清晰地显示所评对象在总体中的地位以及与其他个体之间的差距,适用于选拔性和竞赛性活动。

相对评价的突出特点是比较,没有比较就没有相对评价。通过相对比较,可以使个体客观地判断自己在团体中的优劣状态,认清自己所处的位置,同时有助于树立竞争意识。虽然相对评价能够确定个体在群体内的位置,却容易忽略目标的实现程度,对评价对象如何改进活动状况也不能提供实际的指导意见。在相对评价中,无论评价对象实际水平如何,评价结果总有优良中差的区别,总有一部分人处在差的位置上,容易使这一部分人丧失信心。而且相对评价的结果,并不代表被评者的实际水平,只能显示在群体中的相对位置,无论个人如何努力,进步大多,都要受到"两头小、中间大"的限制,容易使评价对象之间产生激烈的竞争,挫伤一部分人的积极性。另外,相对评价所用的标准,只在某个群体中适用,对其他群体就未必适用,这也是相对评价的缺陷之一。

(三)个体内差异评价

所谓个体内差异评价,是指以评价对象群体中各个个体,就其自身的状况进行纵横比较所作的价值判断,评价是在个人内部进行的。它是把评价对象群体中各个个体的过去和现在相比较或者把某一个体的各个侧面相比较的一种评价。评价对象通过对自己过去与现在的比较,了解自己的发展变化情况;通过自己各侧面的比较,明了自己哪方面处于优势,哪方面处于劣势,以便更好地自我调节。

个体内差异评价以尊重个性为出发点,每个评价对象都可以分别设定标准,让个体自己同自己比,从而判断自己的进步状况,对自己的各方面发展有清晰的认识和了解,以便进行自我调节,自我激励。随着教育改革的推进,个体内差异评价越来越受到人们的关注,在中小学教学活动中的应用也越来越广。教师可以通过个体内差异评价,了解自己教学的特点;学生通过这种评价,既可以使教师了解他们的进步情况、优势和不足,也可以让学生清楚地了解自己,并确定努力方向。

个体内差异评价能充分照顾个体间或个体内部某些方面的差异,不会对评价对象产生压力,符合个性教育的原则。但是,由于评价标准的客观性不强,评价者各有各的尺度,所以无法评价其在群体中的等级水平和达到既定目标的程度;由于缺乏不同个体之间的相互比较,评价对象也容易产生自满心理。

三、自我评价与他人评价

按照参与评价的主体,可以把教学评价分为自我评价和他人评价。

(一)自我评价

自我评价是指教育活动实施者作为主体的评价。也就是说,自我评价就是评价者根据一定的标准,对自己的知识、能力、道德品质、行为、学习成绩等进行的评价。如教师对自己的教学行为的评价,学生对自己的学习状况的评价等。自我评价是对自我行为过程和结果的反思,可以形成自我反馈环节,其信息具有直接性、丰富性和主动性。自我评价不仅有利于发挥自我这一主体的自主性、积极性,也有利于发挥自我作为评价客体的自主性、积极性,有利于克服他人评价中可能产生的逆反心理。自我评价促使评价对象自己主动寻找问题,全面收集信息,形成准确的价值判断,从而有利于评价活动真正发挥促进改革、推进工作的作用。在中小学教学评价中,教师、学生、学校等都可以作为评价的主体,对自身发展的情况进行评价,在现代教育评价活动中,越来越重视自我评价的信息和价值。

(二)他人评价

他人评价是指由评价对象之外的他人实施的评价。相对于自我评价而言,这种评价属于"外部评价"。他人评价可以为活动实施者了解自己的状况提供更广阔的视角,可以为改进教学活动状况提供更多的思路。相对于自我评价来说,他人评价的要求比较严格,评价结果也比较客观。但组织工作比较繁杂,耗时费力。

他人评价的实际效果取决于评价对象的配合程度以及评价本身的科学性、公正性。通常的做法是先进行自我评价,在此基础上再组织他人评价,做到自我评价与他人评价相结合,以真正实现两者各自的优势,最大限度地弥补两者的不足,以求达到尽可能理想的效果。

四、量化评价与质性评价

根据评价的方法可以将教学评价分为量化评价与质性评价,这两种评价的分类主要是从教学评价过程中使用的工具而言的。

(一)量化评价

量化评价是指对评价对象进行定量分析后,制定出量化标准,然后按照一定的量化标准进行价值判断的一种评价方法。对中小学教学进行量化评价,主要采用定量计算的方法,即搜集数据资料,运用一定的数学模型或数学方法,用数字作出定量的结论,包括运用教育测量和统计的方法、模糊数学的方法,对评价对象用数字加以描述。例如对学生某学期的学习状况进行评价,首先确定以学生的学习成绩作为主要评价内容,然后收集学生各门学科的考试分数,以推断统计的方法检验其平均分数与年级平均分数的差异,最终作出判断。

在教育评价实践历史上,科学性、客观性曾经是人们长期追求的目标。量化评价因其有客观的评价标准、科学的控制手段,获得的结果相对客观精确,评价的可信度较高,一度被认为是比较科学的一种评价方法。但是由于量化评价所获得的结果完全是以数字呈现,数量值又是抽象概括的,所以很难对评价对象存在的问题及影响因素作出有效分析,同时也不利于评价对象有针对性地改进工作。

(二)质性评价

在 20 世纪 60 年代之前,人们一度十分重视量化评价,认为只有量化分析才是科学评价。在这之后,随着社会批判思潮的兴起,人们认识到评价不仅仅是一个单纯技术的问题,纯粹价值中立的描述是不存在的,因此,评价要对被评价对象的价值或特点作出判断,价值问题由此在评价领域凸现出来,人们评价的重点转向了价值观。20 世纪 70 年代以后,在量化评价的基础上,"质性评价"受到越来越多的重视,质性评价的方法手段也越来越丰富。

所谓的质性评价是指在自然情境中,通过评价者与评价对象的互动来收集相关信息,对评价对象的状况作出描述与分析,从而进行价值判断。对中小学教学进行评价,可以采用参与式观察、开放式访谈、调查、查阅各种文献资料等质性评价的方式。

质性评价不追求适用于一切的普遍规律,因此,在中小学教学评价中,运用质性评价方法一方面有利于教师了解学生的整体状况,并制定有效的施教方案;另一方面,有利于相关主体对教学过程和学生发展有真实的了解,从而更好地评定学生的学习结果和教学成效。质性评价的工具比较灵活,可以用编制好的工具去现场收集资料,也可以不带任何工具,因评价目的而异,因人而异;在质性评价中,评价者可以在评价现场边了解情况,边明确问题,边找调查对象。在某种意义上,质性评价中的工具就是评价者自己。尽管质性评价简单易行,但质性评价的"科学性"问题却备受质疑,尤其是主张采用量化评价的学者认为质性评价主观性强,缺少客观的衡量标准,评价结果不具有可比性,评价效度、信度难以检验。

在中小学教学评价实践过程中,量化评价和质性评价各有优缺点,各自有一定的使用范围与局限,不要片面夸大哪一种评价的作用,也不应该过于倚重某一种评价方式,最好将两者的优点互补起来,根据不同的评价综合使用,以求获取更全面的评价结果。

五、学生学习效果评价和教师教学评价

从中小学实施教学评价的内容和对象来分,主要包括学生学习效果评价和教师教学评价。

教学评价是研究教师的教和学生的学的价值判断的过程。教学评价一般包括对教学过程中教师、学生、教学内容、教学方法手段、教学环境、教学管理诸因素的评价,但主要是对学生学习效果的评价和教师教学工作过程的评价。因而中小学教学评价有两个核心环节:一是对学生学习效果的评价——学业成就评价;二是对教师教学工作的评价——教师教学评价。

(一)学生学习效果评价

学生学习效果评价就是对学生的课程学习效果进行评价,通常在一个学期结束后,根据学生在各门课程中的表现,包括出勤、课堂表现、回答问题、作业完成情况、平时测验、期中期末考试成绩等,对其学习效果进行综合考核。对学生学习效果的评定是通过收集学生学习状况的数据和资料,并根据一定的标准对其发展状况进行描述和判断。在一定的目标指引下,根据学生实际情况,给予学生反馈并提出具体的改进建议。中小学学生学习效果评价的方法主要包括考试与测验,除此之外,还可以结合学生出勤率、课堂听讲状况、回答问题的准确率、随堂测试的成绩、课后作业完成的质量等,对学生的学习状况有个全面的描述和判断。学生学习效果评价结果不仅可以用来评价学生的学习质量,也可用来评价教师的授课质量。

(二)教师教学评价

教师教学评价是对教师教学活动的现实和潜在的价值作出判断的活动,它的基本目的是促进教师专业发展和提高教学效能,包括对教师的教学设计、教学组织、教学实施过程等内容的评价。对中小学教师的教学评价可以采用的方法有课堂观察、学生成绩的比较等,评价的形式可以多样化,比如学生评教、教师自评、同行评议、领导评议与专家评议等。教师教学评价对于提高教育教学质量具有重要作用。

第四节 教学评价的功能

事物的功能是指一定材料按一定结构组合之后所具有的能力。认识事物的功能有助于人们更好地利用事物,改善生活。教学评价的功能是评价这种活动所具有的效能,或者说是教学评价所能发挥出来的积极作用。它通过教学评价的活动与结果,作用于评价对象而体现出来。教学评价的功能是多方面的,且这些功能也不是单独表现出来的。概括一下,教学评价功能主要体现在以下几方面。

一、导向与激励功能

教学评价本身就是一种价值判断,是一种以确定标准为依据,对被评对象的某些特征进行判断的过程。在教学评价活动中,一般要以评价目的为根据制定评价标准,设计评价指标体系,然后再对照标准进行评价。评价对象为追求理想的评价结果,就会致力于满足评价标准的要求。于是评价标准和指标体系就成为评价对象努力的方向。因此,教学评价具有引导评价对象按评价活动所提倡的方向发展的功能,对整个教育教学工作起到定向指导的作用;另一方面,还能够对评价对象起到激励促进的功能,促使他们发现自己的优点和不足,找出问题和原因,激发评价对象的主动性和积极性,提高工作、学习的热情和信心,最终保证教学活动顺利有效地进行。

所谓教学评价的导向功能,主要是指教学评价可以对实际的教育活动有定向引导的功能,能引导评价对象趋向于理想的目标。教学评价是目的性、规范性很强的活动,科学的评价行为具有明确的评价目的、预设的评价指标系统以及严格的评价程序,这使得教学评价就像一个"指挥棒"、一把"标尺"或一盏"指路灯"引导着人们活动的方向。对教学活动的展开起着"定标导航"的作用。通过评价活动可以促使教师和学生发现教与学过程中存在的问题,改善教学计划和策略,明确努力的方向。

教学评价的激励功能是指合理有效运用教学评价,能够激发和维持评价对象的内在动力,调动被评价者的内部潜力,提高其工作、学习的积极性和创造性,从而达到教育管理的目的。评价的激励作用是分等鉴定的必然结果,它也包括对后进单位与个人的督促作用。这是因为在被评价对象比较多的情况下,这种不同的等级会使个人与个人、单位与单位之间进行不自觉的比较。这对被评价对象来说,是一个积极的刺激和有力的推动。因为在一般情况下,被评价对象无论是个人还是单位,都有获得较高评价和实现自身价值的愿望,这是人类普遍存在的一种心理趋向。恰如其分的评价结果能给人以心理上的满足感,从而激励人们不断进取。对于先进的单位和个人来说,评价的结果是对自己过去成绩的肯定与表扬,会对成功的经验起强化作用,使被评价者更加努力更加主动,以保持或取得更大的成绩;对于落后者则是一种有力的鞭策,如果仍不努力就会被拉得更远。

要发挥这种激励作用,应注意评价指标的制订不可过高或过低,这两种情形都不利于积极性的调动,最适宜的指标应定在大多数被评价对象经过努力能够达到的程度,因此必须将条件评价、过程评价和形成性评价有机结合起来。如评价一位原来各方面表现都比较差,经努力,取得了较大进步的学生的学习成绩时,应特别注意三者的结合,既要看到他当前的学习成绩又要看到他初始的学习基础,还要看到他个人主观努力的过程,应予以较高的评价。只有公平、合理、客观、科学的评价,才能真正起到激励作用。

二、鉴定与选拔功能

教学评价的鉴定功能是指教学评价活动具有认定、判断评价对象合格与否、优劣程度、水平高低等实际价值的功效和能力。由于教学评价是依据一定的标准进行的,这就决定了教学评价具有对评价对象鉴定优劣、区分等级、排列名次、评选先进、资格审查等鉴定功能。鉴定功能是教学评价的基本功能,其他功能是在科学鉴定的基础上实现的,只有认识对象才能改变对象。"鉴定"首先是"鉴",即仔细审查评价的对象,然后才是"定"结论。科学的鉴定应该在事实判断之后才作价值判断。教学评价的鉴定功能,既能为教育行政主管部门决策提供参考依据,在教育发展中发挥积极的促进作用;又能为教师改善教学提供信息;但是也存在不足之处,处理不好会使教师心理负担加重,压力加大,也会导致学生课业负担和心理负担增加,产生一定的消极影响。目前,国家取消中小学百分制,实行"等级+特长+评语"的学生评价制度改革,正是为了消除这种消极影响。

教学评价的选拔功能是基于鉴定的基础之上的,根据鉴定的结果从而选出先进或优秀的师生,对不合格的进行淘汰。从我国古代的科举考试到现在的中高考,都可以看出教学评价的选拔功能在教育活动中一直备受重视。

三、诊断与改进功能

教学评价的目的之一是提供被评对象优缺点的反馈,即获取评价对象的各类信息,发现教学活动的成功之处或存在的问题,通过分析,查找原因,提出解决问题的对策,在此基础上促使评价对象不断发展和优化。

教学评价的诊断功能是指教学评价对教育教学过程中存在的问题进行揭示和分析,找到症结所在,提出改进和补救的建议;对教学成效给予肯定的能力。科学的教学评价的过程是评价者利用观察、问卷、测验等手段,搜集被评价者的有关资料并进行严格的分析的过程,是能够根据评价标准作出价值判断,分析、诊断出教学活动中哪些部分或环节做得好,应加以保持和提高;同时也能指出哪些地方存在着问题,找出原因,再针对这些原因提供改进途径和措施的过程。教学评价过程与如同看病就医,只有经过科学的诊断才能"对症下药"。教学评价的这一作用使其在提高教学工作质量上具有特殊重要的作用。

教学评价的改进功能,主要是指及时反馈评价信息,调控行为,促使评价对象不断完善与优化。与"诊断"相比,"改进"着重于提供关于"进步"的目标和要求,在"诊断"的基础上,对未来发展的方向进行了描述和规划。改进功能是教学评价基本功能之一,教学评价的目的不仅在于明确是非,区分工作的优劣程度,更重要的是发现教学中的问题,查找不足,分析原因,寻找对策,不断改善教育教学活动。

教学评价诊断与改进功能的实现,要求评价者深入到教学活动中,了解真实教学活动的情境,与被评者互相沟通,协商讨论评价中发现的问题,获得评价对象的认可,帮助评价对象研究改进提高的途径和策略。

四、反馈与调节功能

教学评价的反馈功能,是指评价者将有目的、系统收集的关于评价对象的信息及其意义传递给评价对象;然后搜集评价对象返回的信息,以此来实现信息的循环,借此不断修正评价对象或评价者的行为。通过反馈功能的发挥,教学评价活动不断提高自身的合理性、正确性和有效性,逐渐深化对于教学活动现状与目标之间可能存在的差异的认识,并以此为依据实现对教学活动的调节和控制。教学评价反馈功能的有效发挥取决于教学评价的信息传输渠道是否畅通、信息是否充分可靠、信息返回及行为辅导调控是否及时等。

教学评价调节功能的发挥是在评价信息及时、有效地反馈基础上实现的。这种功能表现在两个方面:一是评价者为被评价者调节目标及进程。例如,通过评价活动,评价者认为被评价者已达到目标并能达到更高目标时,就会将目标调高,将进程相对调快;认为被评价者几乎没有可能达到目标时,就会将目标调低,将进程相对调慢,使之符合被评价者的实际。总之,要让他们在不同水平上朝目标前进,避免发生达到目标者停滞不前、达不到目标者沮丧气馁的情况。二是被评价者通过评价了解自己的长短、功过,明确努力方向及改进措施,以实现自我调节。

五、管理与教育功能

教学评价的管理功能指通过评价活动能使评价对象顺利完成预定任务、达成预期目的的约束功效和能力。教学评价指标体系可以内在规范、影响评价对象教学或学习等活动计划的制定和组织实施。教学评价管理功能显示的效度和力度,一般取决于教学评价管理系统及其教育行政性权威的大小。作为教学评价的基本功能,管理功能一直受到人们的重视。教学评价自产生之日起,就被作为达成目标的特殊管理手段,各级教育行政机构以及学校将教学评价作为加强教育管理的基本途径,也日益突出了教学评价管理功能的重要性。

所谓的教育功能是指教学评价本身所具有的影响评价对象思想、行为、品质的功效和能力。教学评价活动本身会对教育者的教育教学和受教育者的学习产生影响,从而促进教育者和受教育者发展进步。教学评价的教育功能主要是通过评价目标体系,采用他评和自评结合的方式,在形成性评价过程中得以充分体现的。首先,评价目标系统体现着特定的教育思想、教育方针和价值取向,无论是何种评价都要以此为基准,评价对象在评价过程中必然受其熏陶和影响;第二,现代教学评价重视动态的形成性评价,将总结性评价与动态形成性评价相结合,注重即时反馈和调整的过程发展;第三,现代教学评价重视发挥评价对象的主体作用,重视他评与自评相结合,注重自我调节的过程发展,评价对象在评价过程中,按照评价目标体系,使评价过程成为"学习——对照——调节——改进——完善"的过程,有利于评价对象及时看到成绩,受到激励和鼓舞,找到差距,及时改进和提高,有利于促进评价对象的自我认识、自我改进、自我提高、自我完善。综上所述,教学评价具有教育意义和功能。

第二章 教学评价的基本过程

过程,一般是指事情进行或事物发展所经过的阶段和程序。作为过程,从时间维度来分析,具有连续性和顺序性;从状态上来分析,它始终处于变化中,是动态发展的。任何事情都有一个过程,教学评价也不例外,也是一个动态的过程。教学评价过程就是教学评价活动所经过的阶段和程序,同样具有时间的连续性、顺序性以及动态性。教学评价的过程,从内容上来分析,主要包括为什么评、评什么、谁来评、怎么评和评价结果的处理等,涉及评价的目的、内容、功能、评价人员、评价标准、方法等诸多因素,是一项非常复杂的系统工程。评价过程是一些技术性很强的工作,对于评价工作的运行及其结果的有效性与可靠性具有重要的影响。为了保证教学评价活动能够顺利进行,达到预期的目的,必须得建立一套科学、严密、规范化和具有可操作性的评价程序和方案,同时,还要注重评价过程中对评价人员的心理调控。

如果按照教学评价进行过程自身的顺序划分,教学评价的过程一般可分为准备、实施和结果处理与反馈三个阶段。其中每一个阶段又有若干项工作。

第一节 教学评价的准备

评价的准备是评价实施的前提与基础,对于科学地进行教学评价活动来说是必不可少的;准备的质量,直接影响到评价的质量,影响评价功能的发挥。准备阶段包括评价目的的确定、评价背景分析、组建评价组织、制定评价方案、评价标准的厘定等,其中最重要细致的工作是教学评价指标体系的建立和评价标准的制定。

一、明确评价目的

教学评价是根据一定的目的或目标,对教育教学活动中的有关特定对象的行为及其特征进行价值判断的过程。因此,无论对教学领域中任何活动或行为进行评价,在准备阶段,首先必须明确评价的必要性,即明确评价的目的,解决为什么要评价的问题。评价的目的,是管理者所要达到的结果,所以对任何对象进行评价,都必须要首先明确是在哪一个目的的指导之下的评价,然后再根据这个评价目的要求来确定评价目标,选择评价工具和方法等。评价目的对评价活动的运行、评价结果的判断及其利用,起着支配的作用。

教学评价是整个教学工作的一个重要组成部分,教学评价所涉及的内容也很广泛。它不仅体现在对教师与学生的评价,体现在对具体的课堂教学过程、教学设计、教学手段、教学方法、教学内容等的评价,而且还涉及对与教学活动和教学效果紧密相关的教学管理、教研室建设、办学水平等情况的评价。明确教学评价的目的,就是要在具体评价对象的基础上,确定评价活动所预期达到的结果,包括为什么评价?评价为谁服务?评价预期的结果是什么?这些都是教学评价正式开始之前必须明确的。一旦教学评价的目的确定,那么也就意味着评价过程中的内容、方式、手段以及评价结果的呈现和运用都要为此目的的实现服务。

明确评价目的,就是确定评价活动所预期达到的结果。对于中小学教学评价,一般而言,评价的目的大体可以分为两类,一类是以诊断、改进、促进被评对象发展为目的,这类评价,通常采用形成性评价,在教育教学活动中进行,一般不区分评价对象的优劣程度,不对评价对象进行分等鉴别,而是通过评价诊断问题,发现不足,改进、提高正在进行的教育教学活动;另一类是以分等、鉴定、区分优劣为目的,这类评价通常是终结性评价,在教育教学活动结束时进行,它一般要对评价对象作出鉴别、分出等级和优劣,在此基础上决定奖惩。评价目的的不同,直接关系到评价方法、搜集信息的渠道、评价主体以及评价结果的使用,所以在中小学教学评价中,评价目的的确定至关重要。

二、分析评价背景

背景分析是评价准备阶段的另一个重要工作。在设计具体教学评价方案之前,首先要确定评价活动所要解决的主要问题。因为不同的评价对象、不同的评价目的在不同的时空中要解决的问题也不完全一样。为了使教学评价活动更具有针对性,必须要搜集特定评价活动的相关背景材料,并对此加以认真分析。背景分析,一般包括四个方面:

第一是对社会背景分析。对社会背景分析的重点应放在特定时期,政治、经济、文化、科技的发展对中小学学校教育教学提出的要求上。从教育与社会发展的关系来看,教育总受到特定社会政治、经济及科学文化发展所制约的,既受它们的发展所推动,又对它们的发展产生重要的影响。任何教学评价活动都是在特定的历史发展时期、特定的时空下进行的,因此,对这一时期,国家、社会、政治、经济、文化等的发展对中小学学校教育提出怎样的要求,设计评价活动时必须搞清楚。一旦离开了教育发展的宏观背景,教学评价就会迷失方向。除了对社会发展的总体背景进行分析之外,对于特定中小学的教学评价,还要注意分析社区环境和学生、家长等的基本要求,了解各个方面的状况和需求。发挥教学评价作为联系学校与社会、家庭的桥梁和纽带作用。

第二是对特定教育发展阶段的重要问题进行分析。教育在其发展的不同阶段,在一定的领域范围内,会产生一些共性的问题,比如说,近些年的高考制度改革、中小学课程改革等,在进行中小学评价前必须了解、分析这些问题,把握中小学教育发展的趋势,这样才能确保教学评价工作的正常进行,从而有效发挥教学评价应有的导向、激励、促进发展的功能。

第三是对教育行政管理者需求的分析。教学评价是教学管理的必要环节,学校管理者或上级教育行政主管部门,通常要通过评价活动来了解学校教育教学现状或教师工作绩效、学生学习成效等。那么在评价之前,评价者要认真分析教育行政管理者或评价委托人对具体教学评价的需要,明确需要评价活动解决的问题,达到什么样的目的。

第四是对被评对象心理分析。中小学教学评价的对象一般分成两类,一类是学生,一类是教师。对于学生的评价,要了解学生已有知识、技能的储备情况、个性特征,对教学的需要,需要的程度,学习的积极性、主动性等。对于教师工作的评价,需要了解分析教师对教学的态度、愿望、要求等。

对上述四类背景进行分析,常用的方法主要有理论分析、文献研究、问卷调查和对特定人群中的人物进行访谈等。无论采用何种方法,都必须考虑到特定的教学评价目的,以便获得真实有效的信息。

三、组建评价组织

组建教学评价组织是评价准备的实质性工作之一,即组织准备。它主要规定由谁来评价的问题。这一环节的工作包括成立专门的教学评价委员会、设置一定形式的评价办事机构、聘请相关专家成立专家组对评价人员进行选择和培训。

（一）成立教学评价机构

教学评价机构是进行教学评价的工作部门，是按照中小学教学评价工作任务的要求，把教学评价人员有机地组织起来以便充分发挥评价人员积极作用的一种组织形式。教学评价机构要有权威性，评价者要有较高的素质。教学评价机构的形式可以多种多样，常见的教学评价机构有教育教学行政管理部门的教学评价组织机构，这类机构开展的评价活动，对于被评对象来说是上级评下级，关系到被评单位、个人的发展和荣誉，被评者十分重视，因此要求组织者精心安排、组织，合理规划，科学、公正地开展评价工作，确保评价的质量；第二类是社会学术团体的评价组织机构，由于我国办学体制的特殊性，各级各类中小学基本上都是由国家和政府主办和管理，即使是民办学校，其教育教学活动也要严格按照国家的教育目标和课程标准来进行，接受政府的监管，而社会学术团体不是政府的行政部门，因此，学术团体进行的教学评价工作受到限制，但就社会学术团体的客观属性而言，由它组织的教学评价一般来说科学性、客观性较强，因为不涉及到行政奖惩，易于处理与被评对象的关系；第三类是自我评价组织机构，这类机构是学校自身开展教学评价活动所组建的工作机构，一般不设专门的评价组织机构，而是根据不同评价范围、不同评价对象及评价内容和要求，抽调有关人员开展评价活动，通常是评价机构与学校相应工作部门相统一。

（二）教学评价组织机构系统的内部形式

对于组建好的教学评价机构，其内部的组织形式也是不同的，一般来说，可以分为直线式和矩阵式，每一种形式的系统又可以分为两层，即领导决策层和执行操作层。

1.直线式组织系统

这是最简单有效的机构形式。其组织层次单一，人员少而精，一般不超过10人，这种形式的组织系统便于领导指挥，工作效率较高，适用于单一的专题性评价。其组织形式框架如图2.1：

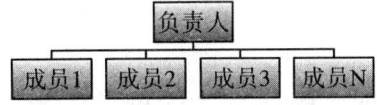

图2.1　直线式评价组织机构框架结构图

2. 矩阵式组织系统

矩阵式教学评价机构系统适合于大规模的综合性评价。这种评价组织系统的特点是组成人员多，多维动态，既有纵向的，也有横向的。一般而言第一层为领导决策层，设总负责人为核心的领导小组，第二层为执行评价操作层，在操作层里面又可以根据评价范围、目的、对象、内容等的不同设立具体的项目领导层和评价操作小组。其组织形式框架如图2.2：

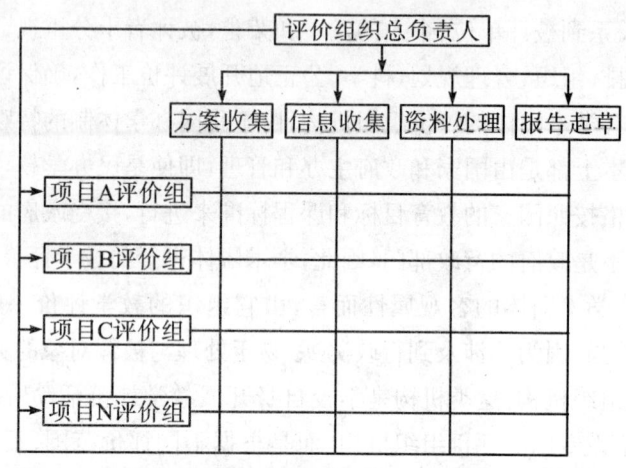

图2.2　矩阵式评价机构结构图

（三）评价人员的遴选与培训

中小学教学评价机构的人员由两部分组成，一是评价领导机构人员，二是评价操作机构人员，规模小的教学评价机构也可能由同一类人员同时担任两者角色。评价活动的质量很大程度上取决于评价人员的水平和工作质量，评价人员的遴选应慎重，要选择那些具有评价内容相关的知识背景、办事认真负责、为人公正公平、掌握一定教学评价理论和方法的人员。一般在教学评价正式实施前要对评价人员进行相应的培训，让他们了解评价的目的、任务、内容和评价策略要求，学习相关的评价技术与方法，统一评价的尺度和标准，明确各自的职责等。

四、制定教学评价方案

评价方案是依据特定的评价目的，根据教育活动和评价活动的一般规律，对评价内容、范围、方法、手段和程序等方面加以规范的基本文件。设计评价方案是教学评价的前提,直接关系到评价工作的成败。教学评价工作能否发挥出对教育教学活动有效的促进作用,关键在于评价工作程序是否科学、规范和可行以及评价结果是否具有较高的信度和效度,而这些又取决于评价方案的科学、规范和可行。

(一)教学评价方案的特点

"方案"是对工作的计划,教学评价方案就是教学评价工作的计划。既然是计划,它的重要性不言自明。对于中小学教学评价工作,方案具备以下几个特点。

1. 目的性。评价是一种有目的性的社会活动,在活动之前,对于活动所能达到的结果,要有明确的预期,评价方案必须体现这种预期。评价目的明确,才能使评价内容、评价标准、评价方法的设计等有针对性,从而确保评价工作的顺利开展。

2. 规范性。评价方案作为评价活动的规定性文件,具有指导作用,它要求评价人员严格按照评价方案所规定的程序、标准、准则,对评价对象进行信息的采集,任何人都不能随意更改评价方案或以不同标准来评价同一类评价对象。正是评价方案的规范性,决定了它在一定范围内能使评价的结果具有可比性。

3. 可行性。评价方案作为评价活动的具体指导文件,它必须是可以实施的,否则评价活动将难以开展。评价方案的可行性,一方面指评价方案不能只给出抽象的原则性意见,而要有具体的实施规定,具有可操作性,能直接运用于实践;另一方面指评价方案中的指标、标准要切合实际,指标体系不能太繁琐;此外,可行性还要求评价方案不能脱离实施中所需人力、物力、财力、时间及评价技术手段等各种实际条件。

(二)教学评价方案的内容

教学评价方案既然是教学评价工作的计划、教学评价的前提,它对评价的内容、范围、方法、手段、程序和组织等都加以了规范,作出了规定。一般而言,中小学教学评价方案主要包括以下几方面内容。

1. 评价的目的和指导思想。评价方案首先要陈述评价的目的、评价对象、评价的指导思想以及预期的结果。特别是评价目的的表述必须具体明了、准确无误。

2. 评价的内容。评价内容是指对特定的评价对象评价哪些方面的内容。内容是为目的服务的,通过这些内容的评价,才能达到评价的预期结果,完成评价的目的。

3. 评价标准。具体包括评价指标体系和评判标准。指标体系是评价目标的质和量的规定体系,是评价方案设计的核心内容;评价标准是衡量评价对象达到评价指标要求的尺度,是事物质变过程中量的规定性;是人们价值认识的反映,它表明人们重视什么、忽视什么,具有引导被评价者向何处努力的作用。

4. 对评价指标体系中方法、工具的说明。主要对评价指标体系中指标、标准、量化符号等有关方面进行的说明,并对评价方案、评价方法、计量方法和评价工具的选择及操作方法等进行解释。这部分是对技术性要求的说明,一定要清晰、明确。

5. 评价实施程序的说明。对评价活动的实施过程、具体步骤进行说明。规定在不同阶段应该完成的工作以及具体的时间节点。

6. 附录。主要包括教学评价活动中搜集信息所需的各种表格。

教学评价方案的内容并非固定不变,根据实际需要,人们可以适当增减某些部分。

(三)教学评价方案设计的基本步骤

评价方案设计一般要经过以下几个阶段。

1. 确定教学评价的目的。任何评价都有其目的性和特定用途,评价目的的不同,评价的内容和方法也不会一样。在设计评价方案之前,首先要明确评价的目的,然后在方案设计中清晰地表述出来,这将有助于制定出科学有效的评价方案并规定评价方案适用范围。

2. 设计评价项目。即根据特定的评价目的设计评价项目。评价的目的不同,采用的标准不同,设计的评价项目也不一样,以鉴定、分等为目的的评价,通常采用指标体系系统来体现;以促进被评对象发展为目的的评价,则采用概括性的问题来表述。

3. 确定权重系数。根据各项目的相对重要程度确定权重系数。这一步务必要求科学严谨,不能主观、随意。

4. 确定评价标准。为测量和评价提供作为参考系统的尺度,即确定各项指标的评定量表和项目的等级评价标准。这是目前评价工作中最难解决的问题之一。这一步骤的科学性程度极大地影响着评价的质量。

5. 设计评价工具及收集信息所需的各种表格,确定评价信息的统计方法。

6. 制定教学评价活动的组织领导及实施程序。

第二节 教学评价指标体系的构建

在中小学教学评价的准备阶段,最困难也是最重要的一项工作就是教学评价指标体系的构建和具体评价标准的制定。

一、教学评价指标体系

评价指标体系是指由各级各项评价指标及其相应的权重和评价标准所构成的具有内在结构的有机整体。

(一)教学评价指标与教学评价目标

教学评价指标是一种具体的、可测量的、行为化的评价准则,是根据可测或可观察的要求而确定的评价内容。评价指标按照一定的层次组成有一定结构和功能的系统,即指标体系。

教学评价指标是教学评价目标的具体化,是对具体评价项目的规定。教学评价指标是在教学评价目标的指引下建立的。离开目标的指标是无意义的,没有指标的目标是无法认识、难以达到的目标。尽管两者关系密切,但还存在一定的区别。从内涵上来看,目标反映全貌,指标反映局部。前者比较原则、笼统,具有一定的概括性、不具备操作性,后者具有可行为化、可测量的特点。从稳定性上来看,目标比较稳定,不轻易变动;而指标在反映目标的前提下,可以根据各个时期工作的侧重点的不同作适当的变动。

(二)教学评价指标体系及结构

教学评价指标体系是指教学评价目标逐级分解后所形成的既有层次又相互联系的、系统的指标群。根据教学评价目标的复杂程度,可以将评价目标逐级分解,分解后得到的指标为一级指标,每一个一级指标再分解后得到二级指标,二级指标分解后得到三级指标,直到指标具有可测性无需继续分解了,则指标系统建成。对于中小学教学评价,指标体系不易分解过多,一旦层次过

多,指标系统太繁杂,容易主次不分,造成评价工作的混乱,一般分解到三级指标即可。教学评价指标系统形式如图2.3所示:

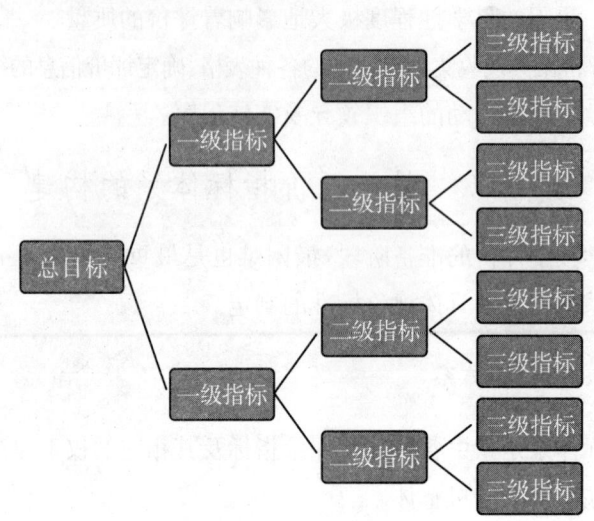

图2.3 评价指标体系结构图

例如对学生的学习习惯进行评价,可以分为"预习习惯、听课习惯、参加小组活动习惯、完成作业习惯、发问与质疑习惯、自我检查习惯"几个一级指标。然后再将一级指标进一步细化,如"听课习惯"又可以分为"听教师讲课的认真程度、做课堂笔记的认真程度、思考问题的积极性"三个二级指标。还可以再细化,直到指标变得清晰、具体、可测,评价者易于操作即可。

在指标体系的层级间,指标与目标是相对而言的。一级指标既是目标的一级指标,也是二级指标的目标,而二级指标又可看成是三级指标的目标。

(三)制定教学评价指标体系的意义

教学评价指标体系是衡量和评定教学质量的具体依据和准绳。制定科学合理的教学评价指标体系,是实施教学评价的关键步骤,意义十分重大。一方面有利于提高教学评价的客观性,减少评价的主观随意性;另一方面,有利于提高教学评价的全面性。教学是一个系统工程,其效果是多种因素综合形成的,如果仅强调某一因素,就会导致系统失衡。一旦失衡,教学效果就要受到影响,而教学评价指标体系涵盖了反映评价对象的各个因素及其要求,既能全面抓住评价对象的主要特征,又有利于保证教学评价的全面性。另外,教学评价指标体系的建立有利于提高评价的科学性。评价是对事物客观价值进行判断的过程,在这个过程中,需要按照一定的价值观和一定的质量标准进行价值判断,中小学教学评价亦是如此。教学评价指标体系是教育教学价值观的具体体现,是对教育教学质量的具体规定和对各项教学活动的具体要求。教学评价指标体系建立的过程,就是人们的价值认识取得一致的过程。在这一过程中,将具体的价值认识分解为各级各类指标,并赋予相应权重,形成指标体系,有助于评价者从实际出发,实事求是地进行评价,从而提高教学评价的科学性。

(四)制定教学评价指标的原则

既然指标体系是一个系统,那么它的建立需要遵循一定的原则,不能凭空捏造。

1. 导向性原则

中小学教学评价指标体系是中小学教学目标的具体化体现,是进行教学评价工作的直接依据。它直接制约着教学评价工作的进行和教学目标的实现,起着"指挥棒"和"发令枪"的作用,具有明确的导向性。在中小学教学实践中也普遍存在着,评什么,教什么,怎么评就怎么教。因此,在制定教学评价指标体系时,必须坚持社会主义方向,要有利于引导学校全面贯彻党的教育路线、方针、政策,坚持"三个面向",培养优质的社会主义建设者和接班人。所建立的评价指标体系应努力反映现代教育教学理论和评价思想的发展趋势,反映教育教学改革的方向和要求,引导教育工作者转变教育观点,端正教学思想,促进教育教学改革的发展与深化,大面积提高教学质量。

2. 全面性原则

教学评价指标体系要完整地反映评价目标的要求,不能遗漏任何主要方面的情况,应全面、系统、本质地反映、再现和涵盖评价对象的各方面情况。否则,评价者就不能多角度、多侧面地观察分析评价对象,导致评价结果有偏差,造成评价工作的失误。当然,评价指标的完备性并不意味着可以随便添加评价指标,评价指标应相互独立,同一层次的指标与指标间内涵不雷同,外延不相交,从逻辑上分析,同一层次指标之间不能有因果关系或重叠关系。

3. 可操作性原则

这一原则要求制定的教学评价指标体系既能对教学活动的各个方面进行度量,又便于在实践中操作。这就要求评价指标体系必须尽量做到条目简明。

指标条目越多,评价工作量就会越大,影响到评价双方完成评价工作的信心,因此,在建立指标体系时,要对评价对象进行认真分析研究,找出评价的核心要素,并加以清楚、准确的表述。另一方面,评价指标体系中最低层次的指标要能够直接观察或测量到,用可操作化的语言加以定义,尤其是那些抽象的、无法直接测量的评价目标,要通过一定的方式成为可以间接测量或观察的目标。此外,指标体系中的各项指标要有科学合理的权重系数。

(五)评价指标与概括性问题

概括性问题是针对教学评价指标体系存在的问题而提出的表达评价内容的另一种形式。它是评价者对所关心的评价内容,将其分解为一系列的抽象问题,类似平时考察的调查提纲。

1. 概括性问题的特点

概括性问题与指标体系相比,具有自己的特点:一是能直接反映目标,评价的有效性高。它不直接针对具体行为,而是强调整体感知,直接反映目标,避免了分解目标时因多次转化而使得某些末级指标反映目标不直接、不贴切的现象,提高了评价的有效性。二是简练明确,突出主要因素。概括性问题不同于指标系统,它强调对问题的总体判断,不纠结于细枝末节,对于主要因素的关注非常明确,评价的针对性较强,有利于反映评价对象的个性。三是信度偏低。相对于评价指标体系而言概括性问题的评价结果比较笼统,评价者对评价对象从整体上进行感知和分析,自由度较大,再加上不同评价者的主观偏好,还会产生一些偏差,从而影响评价的信度。

有时为了帮助评价者统一收集信息的范围,在每个概括性问题的后面可以规定具体的调查内容和范围。以某地区中小学教师素质评价为例,可以提出下面几个问题,括号内的是具体的调查内容、范围和应该分析的问题:

——该地区中小学教育的基本情况(包括:办学思想、教育规模、学校分布、学校类型、教师发展现状等);

——教师队伍的结构和数量(包括:教师总体人数、分布情况,教师队伍的年龄结构、性别结构、学历结构、专业结构和职称结构等);

——教师队伍的思想政治与职业道德情况(包括教师的政治态度、思想觉悟、职业道德修养等);

——教师队伍的学历水平和业务能力;

——教师的教育思想观念;

——教师的身心素质。

设计概括性评价问题,也是要遵循一定的原则的。一要针对实践,二要简洁明了,三要突出重点。总的来说,概括性问题的优点是效度高、易于编制,在形成性评价中,实用性较强;它的缺点也很明显,如不易量化处理,信度较低。

2. 概括性问题与指标体系的关系

概括性问题和指标体系是评价内容的两种不同表达形式,构成两种不同的评价范式,但是他们并不是截然对立的,而是相互联系的。指标系统是概括性问题分解和筛选后的具体评价项目群,在设计评价指标体系时,目标分解的过程体现了从概括性问题到具体指标的过程;而概括性问题则是指标体系的抽象与概括。这也就意味着,两者在一定的条件下,它们可以互相转换:在运用概括性问题受到限制的场合,可以把概括性问题进一步加以分解,进行行为化处理,形成指标体系;在运用指标体系受到限制时,也可以把指标转化为概括性问题。

二、确定指标体系的权重

(一)权重的含义及确定权重的原则

1. 指标权重的含义

经过筛选的指标被确定下来后,就要考虑每一个指标在整个指标体系内的重要程度,这时就需要对不同指标的重要程度进行赋值,分配权重。所谓权重,又称权重系数,是指一个整体被分解成若干指标时,用来表示每个指标在整体中所占比重大小的数字。由权重系数组成的集合,称为权集。每个指标的权重表示该指标在整体中的相对重要程度,而权集则反映了每个指标与其他指标之间的关系。权重可以用小数、整数或百分数来表示。各指标权重的取值范围在 0—1 之间,且指标权重之和等于 1。

2. 确定评价指标权重的原则

指标的权重反映了该指标在指标体系中的客观地位,同时,也反映了主体对该指标价值的认识程度;权重是主、客观结合产生的结果。在确定指标权重大小时,一般要遵循以下原则:

(1)系统优化原则

在评价指标体系中,每个指标对系统都有它的作用和贡献,对系统而言,都是重要的。所以,在确定它们的权重时,不能只从单个指标出发,而是要处理好各评价指标之间的关系,合理分配它们的权重。应当遵循系统优化原则,把整体最优化作为出发点和追求的目标。

在这个原则指导下,对评价指标体系中各项评价指标进行分析对比,权衡它们各自对整体的作用和效果,然后对它们的相对重要性做出判断。确定各自的权重,既不能平均分配,又不能片面强调某个指标、单个指标的最优化,而忽略其他方面的发展。在实际工作中,应该使每个指标发挥其应有的作用。

(2)客观性原则

在对各指标分配权重时,不能以个人的主观愿望、喜好来决定指标权数的大小,应该以各指标在目标中的客观地位和实际作用来确定哪个指标重要以及重要程度。为了能准确反映每个指标在实现目标中的客观地位,在确定指标权数时,要采用科学的统计方法,综合多个专家的意见,以防止专家个人判断的偏颇。

(3)民主与集中相结合的原则

权重是人们对评价指标重要性的认识,是定性判断的量化,往往受个人主观因素的影响。不同的人对同一件事情都有各自的看法,而且经常是不相同的,其中有合理的成分;也有受个人价值观、能力和态度造成的偏见。这就需要实行群体决策的原则,集中相关人员的意见互相补充,形成统一的方案。这个过程有下列好处:

——考虑问题比较全面,使权重分配比较合理,防止个别人认识和处理问题的片面性。

——比较客观的协调了评价各方之间意见不统一的矛盾,经过讨论、协商、考察各种具体情况而确定的方案,具有很强的说服力,预先消除了许多不必要的纠纷。

——这是一种参与管理的方式,在方案讨论的过程中,各方都提出了自己的意见,而且对评价目的和系统目标都有进一步的体会和了解,在日常工作中,可以更好的按原定的目标进行工作。

(二)确定教学评价指标权重的方法

确定指标权重的方法有很多种。有些方法是利用专家或个人的知识和经验,称为主观赋权法,但这些专家的判断本身也是从长期实际中来的,不是随意设想的,具有客观基础。有些方法是从指标的统计性质来考虑,它是由调查所得的数据决定,不需征求专家们的意见,称为客观赋权法。以下介绍几种在中小学教学评价工作中经常运用的确定权重的方法。

1. 专家意见平均法

选择长期从事中小学教育教学工作、熟悉教育教学基本理论、具有丰富实践经验,又具备教育评价技能的专家,让他们分别给评价指标体系中各个指标分配权数,然后求出每个指标所得权数的算术平均数,用这个平均数作为该指标的真正权数。这种方法简单易行,能够充分交流意见,目前中小学教学评价中,经常会使用这种方法来确定权数,评价效果也比较满意。但这种方法也存在不足:主观随意性较大,容易受专家素质、水平等因素的影响。为保证权重确定的科学性和准确性,使权重具有一定的效度与信度,务必注意应选择具备较高素质与水平的专家。

2. 特尔菲法

特尔菲法又名专家意见法,是采用背对背的通信方式征询专家小组成员的预测意见。经过评价组织人员将专家意见进行统计整理后,将汇总情况反馈给专家,再次征求意见。经过几轮征询,使专家小组的预测意见趋于集中,最后得到专家的判定结果。这种方法的特点在于集中专家的知识和经验,确定各指标的权重,并在不断的反馈和修改中得到比较满意的结果。

基本步骤如下:

(1) 选择专家。这是很重要的一步,选得好不好将直接影响到结果的准确性。一般情况下,选本专业领域中既有实际工作经验又有较深理论修养的专家 10～30 人左右,并需征得专家本人的同意。

(2) 将待定权重的 p 个指标和有关资料以及统一的确定权重的规则发给选定的各位专家,请他们独立地给出各指标的权数值。

(3) 回收结果并计算各指标权数的均值和标准差。

(4) 将计算的结果及补充资料返还给各位专家,要求所有的专家在新的基础上确定权数。

(5) 重复第(3)和第(4)步,直至各指标权数与其均值的离差不超过预先给定的标准为止,也就是各专家的意见基本趋于一致,以此时各指标权数的均值作为该指标的权重。

此外,为了使判断更加准确,令评价者了解已确定的权数把握性大小,还可以运用"带有信任度的特尔菲法",该方法需要在上述第(5)步每位专家最后给出权数值的同时,标出各自所给权数值的信任度。这样,如果某一指标权数的信任度较高时，就可以有较大的把握使用它，反之，只能暂时使用或设法改进。

3. 秩和运算法

设有 m 个专家对指标体系中 n 个指标的重要程度进行评定。每一个专家对 n 个指标按他所认为的重要程度进行排序，认为最重要的就记为1，认为第二重要的记为2，……，最不重要的记为 n；每一个指标排在第几位顺序号叫做该指标的秩。把参加排序的 n 个专家对某个指标所给的秩加起来得到的结果叫做该指标的秩和，用 R 表示。第 i 个指标的秩和用 R_i 表示，则可以按照下式计算各指标的权重 W_i。（$i=1,2,\cdots,n$）

$$W_i=\frac{2[m(1+n)-R_i]}{mn(1+n)} \tag{2.1}$$

4. 两两比较法

这一方法往往与特尔菲法结合使用。当需要确定权重系数的指标非常多时，专家们往往难以对所有各项的重要程度有把握和准确的判断。但对两两各项之间的重要程度作出判断是比较容易的。故而先让专家和决策者对指标作成对比较，然后再确定权值。具体做法为：

首先对选定的 n 各指标进行逐对比较，并加以评分，重要者记为1分，次重要者记为0分；然后分别计算各指标得分之和，再除以所有指标得分之总和。例如要确定 A、B、C、D、E 5个指标的权重，先将 A 与 B 相比较，B 比 A 重要，给 B 记1分，A 记0分，……如此类推，结果如下表所示。然后计算各指标得分之和，如 A 指标得分为1，B 指标得分为3，……再将各指标得分除以各指标得分的总和10，就得出各指标的权重值，如 A 的权重为 $1\div 10=0.10$，其他指标如此类推计算，见表2.1第四列所示。

表 2.1　两两比较法的各指标权重计算表

指标(1)	逐对指标比较的次数(2)										得分(3)	指标权重(4)
	1	2	3	4	5	6	7	8	9	10		
A	0	0	0	1							1	0.10
B	1				0	1	1				3	0.30
C		1			1			1	1		4	0.40
D			1			0		0		0	1	0.10
E				0			0		0	1	1	0.10
											10	1.00

5.层次分析法

层次分析法是 20 世纪 70 年代初由美国运筹学家萨蒂(T. L. Saaty)首先引进教育评价领域的,有着严格的数学理论和心理学依据。基本方法如下:

(1)要求有关人员对同一层次的评价指标进行两两比较,以区分各指标的相对重要程度,确定其等级 1、3、5、7、9。例如 A 与 B 两个指标进行比较,其计分规则如下表所示。

指标 A 比 B 的相对重要程度	指标 A 的相对重要程度赋值	指标 B 的相对重要程度赋值
同等重要	1	1
略微重要	3	1/3
重要	5	1/5
重要得多	7	1/7
极端重要	9	1/9

注意,在折中时可取两个相邻程度的中间值,即取 2、4、6、8 分。

依照同样方法将 A 与 C 两个指标进行比较;B 与 C 两个指标进行比较,……所有指标两两比较完毕,将比较结果写成矩阵的形式,记为矩阵 A。

(2)对矩阵 A 的每一列进行归一化处理,所得矩阵记为矩阵 B。

(3)将矩阵 B 的每一行各数字分别相加得到一个列数为 1 的矩阵,记为矩阵 C。

(4)将矩阵 C 的各数进行归一化处理,所得结果就是各指标的权重。

三、制定评价标准

在教学评价方案的设计过程中,最难也是最重要的一步就是评价标准的制定。

所谓标准,是指衡量事物的准则,是对事物进行评判的具体尺度,是评价指标体系中最低层次指标的具体化、行为化和可操作化。教学评价在本质上是对教学价值进行评判的过程。既然要作出判断,就得有一个价值判断的标准,即教学评价标准。教学评价标准规定了评价对象达到什么程度或水平才是合乎要求的,才是优秀的或良好的,等等,它是评价对象达到指标体系规定的程度在数量上的规定,是评价对象发生质变的临界点。

(一)制定教学评价标准的依据

制定评价标准是方案设计中最难解决的问题之一,它受到制定者价值标准的制约,具体来说,要制定评价标准,首先必须明确制定评价标准的依据。

依据一:国家的政治经济文化发展对中小学教育的需要。教育既受制于政治、经济、文化的发展;又反作用于政治、经济、文化。特定时期,政治、经济、文化对中小学教育的需要有很多,主要体现在人才培养的数量和质量上。教育服务于社会的价值也体现在为社会政治经济文化发展提供足够数量的合格人才。因此,在制定教学评价标准时必须依据国家经济和社会发展对教育及其人才的需要制定出标准。只有这样才能对教育的社会价值作出正确的判断。

依据二:国家有关中小学教育的方针、政策和法规。国家依据社会政治经济发展对教育的需要以及中小学教育活动自身的特点制定了一系列方针、政策和法规,用以规范和指导教育事业的发展。这些方针、政策也是中小学教育教学活动的基本依据。因而也是衡量教育活动价值的标准,是制定中小学教学评价标准的基本依据之一。

依据三:中小学教育教学目标。中小学教育教学目的是对教育对象的总体培养目标,规定了经过十二年的基础教育,学生的各方面素质应该达到的水平,这些教育教学目标,不仅仅是教育教学活动的指南和章程,也是教学评价活动的依据;根据中小学教育教学目标来评判学生的学习成效和教师的教学业绩。

依据四:中小学课程标准。中小学课程标准是规定中小学具体某一学科的课程性质、课程目标、内容目标、实施建议的教学指导性文件。课程标准与教学大纲相比,在课程的基本理念、课程目标、课程实施建议等几部分阐述更详细、明确,特别是提出了面向全体学生学习的基本要求。中小学课程标准是对学生在经过一段时间的学习后应该知道什么和能做什么的界定和表述,实际上反映了国家对学生学习结果的期望。在制定中小学教学评价标准时,应依据中小学课程标准来进行。

依据五:中小学教学评价活动的目的。不同的评价目的,采用的评价标准是不一样的。在以选拔、甄别、分等为目的评价活动中,通常采用相对评价标准;而以发现问题、寻找不足并促进被评对象发展为目的的评价活动中,一般采用个体内差异评价标准;在以鉴定为目的评价活动中,常常使用绝对标准,以判断被评对象是否达到目标。

(二)制定教学评价标准的要求

1. 导向性。教学评价标准要反映社会政治经济文化发展对中小学教育的最新要求,符合国家的方针、政策,遵循教育活动自身发展的规律,要体现时代精神,指引时代发展的方向。

2. 科学性。评价标准的科学性主要是指评价标准要反映被评对象自身发展的规律性,尊重人的发展和教育教学活动的规律,不降低要求,或拔苗助长。

3. 可操作性。教学评价标准应具有可操作性,让人容易理解,不能过于抽象,让人没法对照评断,尽量避免概念化的条文。同时,评价标准要体现评价指标体系的实质,不能规定过细,否则,在实践中,不仅难以操作,还会影响评价结果的呈现,让被评对象难以改进。

(三)教学评价标准的表达方式

常见的评价标准主要有三种表达形式,即分等评语式标准、期望评语标准和数量式标准。在实际的评价过程中,通常是几种方式同时使用,很少单独使用一种形式。

1. 分等评语标准。这种标准就是运用语言文字描述不同等级所要达到的要求,评价者根据这些要求对被评对象作出判断。有时,为了便于结果的统计和数量化处理,还赋予不同等级相应的分值。在中小学教学评价实践中,为了减少工作量,人们常常采用两个标准区分四个等级。例如,某评价制定的标准为 A 和 B,其中,符合 A 的为优,符合 B 的为一般,介于 A、B 之间的为良,低于标准 B 的为差。这种评价标准表达方式在中小学教学评价中广泛使用,它的优点在于内容清楚,易于判断,等级赋值后还可以数理化处理;但是也有缺陷,这种标准制定费时,等级之间的划分,还要注意标准之间的逻辑性和区分度。

2. 期望评语标准。这种标准是对指标体系中每项末级指标的要求作出最理想的说明。它只给出了一个最好等级的标准,其他等级没有列出,评价时完全靠评价者自己根据理解去判断被评对象是否属于哪一个等级。同分等评语标准一样,它所得出的等级也可以赋值。

3. 数量式标准。这种标准是对指标体系中的末级指标以明确的数量作为判断其等级的标准。常用的数量式标准有数量点式标准和数量区间式标准。

数量点式标准以某个数量点值为标准,判断评价对象水平高低。如学生考试成绩 60 分以上为及格、60 分以下为不及格,这里,60 分就是学生成绩评价的数量点标准。数量区间式标准是以明确的数量区间为标准给被评对象评定等级。例如对考试成绩的评定中,一般规定:90—100 为优秀;80—89 为良好;70—79 为中等;60—69 为及格;60 以下为不及格。

教学评价标准无论采用哪一种方式来表达,都必须考虑被评对象自身的特点,以及针对特定评价目的而进行的评价活动,结合实际情况和需要来选择性使用。

第三节　教学评价的实施

教学评价的实施,是评价理论、目标、方案转化为教学评价实践活动的中心环节。评价实施的主要工作是运用各种评价的方法、技术和手段,通过多种渠道与形式,系统地、全面地、准确地搜集被评对象的评价信息,并以评价标准为依据,采用定量和定性的方式,在分析的基础上对评价对象作出科学的评判。

一、收集教学评价信息资料

搜集教学评价信息是一项基础性工作。也是工作量最大的环节。收集信息的多少和质量的高低直接关系到评价结果的科学性以及评价目标的实现。评价人员要根据评价指标体系,逐项收集信息,全面、客观、真实地掌握评价对象的情况。在开展评价信息收集工作之前,最好先分工明确,各负其责,选择适当的信息源范围,运用多种手段和方法,采集评价信息,为科学评价做好铺垫。但由于教育现象十分复杂,在有限的人力、物力、财力的条件下,把各方面的信息都收集齐全,几乎是不可能的,因此,在尽可能全面的基础上,要重点收集有关评价准则方面的信息。

收集教学评价信息的渠道有很多,最常用的有查阅文献、观察、调查、测验、访谈等。关于收集评价信息的具体方法将在第三章作详细的介绍。

对于搜集到的信息,一般有以下几方面的要求。

第一,全面性。教学评价过程中搜集的信息能全面反映评价准则范围内的情况,不能有缺漏。只有在掌握了评价指标、评价标准以及评价标准规定范围内的反映评价对象全面状况的评价信息基础上,才有可能对评价对象的状态和价值作出准确的判断。

第二,有效性。有效性意味着收集的信息能深刻反映评价准则方面的情况。如果收集来的信息不能真正反映评价准则方面的情况,那么这些信息就是无效的。

第三,真实性。指的是收集的信息应与评价对象的实际情况相一致。在评价工作中,评价信息失真的情况时有发生,究其原因,有的是人为的主观方面原因,有的是客观方面的原因,无论哪一种都要避免,要提高评价人员在评价过程中收集真实性信息的意识。

二、审核教学评价信息资料

已经收集的大量教学评价信息资料中或多或少地还存在一定程度的不足甚至有虚假的成分。信息的审核是对已获取和收集的原始信息资料,在着手归类、汇总之前,进行审查、核实,以确保资料真实、可信,有效、完整,为后续的汇总、分析奠定基础。

搜集来的信息资料一般包括定性资料和定量资料,对这两种信息资料审核的方法虽然不完全相同,但是对信息资料审核的要求基本相同。

首先,要审核信息的完整性。在审核信息资料时,要对照评价指标检验相应的信息资料是否有遗漏、缺陷、错误等。必要时也可以采取紧急措施,追加调查,补齐补足信息资料,以保证信息资料的完整。

其次,审核信息的准确性。对照科学获取信息资料的方法,审核抽样方法、观察技术、问卷设计、文献分析等手段的运用;同时审查原始数据、各种记录是否出现偏差和谬误。必要时还要设法予以修正,保证信息资料的准确性。

第三,审核资料的真实性。经过前期的初步挑选,进一步核实资料的真实性,对有虚假成分的信息要坚决丢弃,对有水分的信息要将水分滤去,保留其真实的部分。判定信息资料真实程度,必须以事实为依据,以评价指标及标准为参考系,不能仅凭个人主观意愿来取舍。

第四,去粗存精。经过上述审核后而保留下来的信息资料未必都是有用的,需要再比较和选择,去粗存精。一方面要根据评价指标的界定在真实信息中选择有用的信息;另一方面要选择有代表性的信息,说明被评对象相关特征。

三、教学评价信息资料的整理与分析

对教学评价信息资料的整理与分析，首先要对收集来的信息进行归类、汇总和建档，然后再进行分析，形成评价结果。在完成教学评价信息整理、汇总的基础上，对初步形成的评价意见进行汇总，然后对被评对象作出优良程度的区分或对被评对象作出其是否达标的结论。

（一）教学评价材料的整理

对审核后的教学评价材料进行整理，主要包括对评价信息的分类、汇总等工作。

1. 评价信息资料的分类。将各种渠道搜集来的、经审核确认可作为判断评价对象状态和价值的评价信息，依据一定的标准划分成各种类别，为判定评价对象达到各项评价内容标准的程度做好准备。分类的目的是使评价资料条理化、系统化，为发现规律，给予评定提供依据。在分类时，要特别注意分类标准的选择和确定。

2. 评价信息资料的汇总。评价信息资料的汇总是以评价目的、内容为依据，将资料中的各种分散信息汇总，以集中的形式反映被评对象的总体状况。资料的汇总整理是评价阶段一项具有全局性意义的工作，它直接影响对评价结果的分析和处理。评价资料的汇总和整理既要迅速，又要准确。以往通常是手工操作，十分繁复，现在用计算机来进行，使这个工作既简单又快捷。

3. 评价信息资料的建档。评价信息经过审核、归类和汇总后，有的是以文字的形式表达评价信息，有的是以数据形式表达评价信息，也有录音、录像等评价信息。对于这些以不同形式表达的评价信息，则要按不同类别，将信息资料转入档案袋或录入电脑、硬盘等电子设备归类保存，供后续评价、分析时使用。

（二）教学评价信息资料的分析

1. 作出评议评分。作出评议评分可以说是教学评价工作的核心环节。评价者依据评价准则和评价标准，对所获得的信息、资料、数据进行分析综合，得出对各项评价指标初步的评价结论。同时，评价者还要对为什么作出这样的结论进行分析和解释，准备向评价委员会或其他专题评价小组汇报。

2. 综合评价结果。综合评价结果是一项具有全局性意义的工作。教学评价工作进行到这一步，各个专题收集信息资料阶段已经结束，并且对自己负责

的评价准则范围内的内容已初步进行了分析判定,有了初步的评价结论。此时,评价委员会托管协商,运用教育理论知识和统计方法,把各项分项评定的结果整合形成对评价对象的综合评价结论。

关于各类评价信息与结果的统计分析处理,将在第三章第二节详细介绍。

第四节 教学评价结果的处理与反馈

教学评价结果的处理与反馈阶段的主要工作是对评价结果进行诊断分析,撰写评价结果报告,并将评价结果反馈给被评对象以及与之相关的人员和机构;另外还要对教学评价工作全程进行回顾,检查评价工作本身的质量。

一、教学评价结果的处理

在完成教学评价信息整理、汇总的基础上,对形成的评价意见还要做进一步处理,通过诊断分析,帮助被评对象发现问题所在,然后是评价报告的撰写。

(一)评价结果的诊断分析

评价的终极目的在于帮助评价对象改进工作,在形成综合评价的基础上,还需要对评价资料进行分析,对评价对象的优劣状况进行系统考察,帮助他们找到问题所在,并分析问题背后的原因,让被评对象能在今后的教学活动中有针对性地改进工作。

(二)撰写评价报告

评价报告,是指教学评价人员根据相关的评价准则和评价标准,在完成评价实施工作后,对评价对象在评价阶段中的各项指标的优劣程度所发表的、由其所在评价委员会出具的书面专业意见。为了把评价结果和分析意见反馈给评价对象或有关管理部门,使他们能作出正确的决策或改进工作,评价报告的撰写就必须遵循一定的规范。一般来说,评价报告包括三个部分:封面、正文和附件。封面提供的信息包括:评价方案的名称、评价目的、评价对象、评价报告接受者、评价方案实施和完成的时间。正文包括:(1)概要。主要对评价报告做简要综述,陈述评价的缘起,评价的目的。(2)评价方案的背景信息。主要介绍评价方案是如何制定的,重点陈述评价标准的编制过程及其依据。(3)评价方案的实施过程简介。主要介绍评价过程是如何展开的,包括评价信息的收集、审核、整理、汇总等。(4)评价结果及结果分析。介绍综合各主题小组的评价结果而形成的总体评价意见,并对被评对象的问题、原因进行分析。

(5)结论与建议。对评价结果进行推断,得出结论,提出改进意见。附件通常是指在评价报告中不便表述而又与报告内容相关的引证材料或证明材料。

二、教学评价结果的反馈

评价报告撰写好之后,评价工作并没有结束,而是要及时地将评价结果进行反馈和有效利用。教学评价的目的有两个方面,一是为了教育行政部门或学校等有关部门了解情况及作出进一步的决策提供依据;二是为被评对象改进工作提供依据。教学评价作为教育教学管理的环节和手段,过去比较注重鉴定和分类,现在及今后的评价会更加注重评价对教学工作的改进和发展。因此,评价结果的有效、及时反馈就显得十分重要,它直接关系到评价目的的全面实现。

教学评价结果的反馈一般要向三个方面进行报告。第一,向相关教育教学领导部门汇报,为上级的决策提供依据;第二,向被评对象反馈信息并对评价结果作出解释,让被评对象认识自己的优缺点、长处与不足,发现学习和工作中存在的问题,使他们能有针对性地改进工作;第三,在一定范围内公布教学评价结果,使同行之间能相互比较、相互借鉴、相互督促。另外,评价方案的设计者也可以利用评价信息改进方案,为以后的评价提供更科学的方案。

三、对教学评价工作的再评价

对教学评价工作的再评价又称"元评价",一般是在一个评价方案实施结束之后,为了检查评价过程和评价结果的合理性而对评价工作本身进行的评价。再评价的目的主要是为了检验评价工作的质量,为及时纠正误评或为后续评价活动提供有效信息服务的,通过再评价完善评价工作,提高评价结果的信度和效度以及评价活动效益。

(一)再评价的标准

进行再评价,首先必须制定出判断评价质量的标准,然后才能在实施再评价时,对照这些标准,规范评价工作,提高评价质量。

再评价的标准可以分为四大类[1],即实效性、可行性、适宜性与准确性。

---

[1] 金娣,王钢.教育评价与测量[M].北京:教育科学出版社.2007:193—201.

1. 实效性。即评价活动是否满足了对评价信息的现实需要。具体包括：评价应当了解评价报告接受者的需要；评价人员的可信赖程度；评价信息应当以评价报告接受者的信息需要为依据；对评价观点、程序和理论应当作出清晰的阐述；评价报告应当完整、明确；评价报告应当广泛传播给各种用户；评价报告应当及时；评价应具有激励性。

2. 可行性。第一，实际的程序：评价应实际可行，尽量减少对被评对象的干扰；第二，评价应能协调不同立场，防止偏差的产生；第三，评价应讲究效益。

3. 适宜性。即评价是否合法并合乎伦理道德规范。具体包括：评价应遵守事先签订的协议，有关各方应履行自己的义务；应处理好利益冲突；所提供的信息应当具有充分性和诚实性；在保证公共安全和隐私权的前提下，评价应具有公开性；在规划、实施评价以及评价者与被评价者相互作用时，应尊重和保护人类主体的权利和福利；评价报告应当指明被评价对象的优缺点，全面而公正；对评价资源的分配和支出应具有完善的责任程序。

4. 准确性。即评价是否揭示和传达了专业方面的充分信息。具体包括：评价应确认被评对象的状况；应作背景分析，确认评价对被评对象可能产生的各种影响；评价的目的与程序应充分详细地描述，以便能进行监控和确认；评价应甄别各种资料的妥当性；应确保评价的解释对于特定的用途是有效的；应确保所获得的资料对于预期的用途，是能够充分信赖的；应对评价资料不断进行审查和修订，保证评价结果的正确性；对评价资料进行定性与定量分析；评价应提供证据，使评价报告接受者能够接受评价结论；评价报告不应受任何团体和个人的情感和偏见的歪曲。

(二) 再评价的内容

再评价的内容涉及评价方案的准备、评价的实施过程、评价报告的撰写和评价结论反馈以及对评价工作效益进行的再评价。具体来说，再评价要对以下问题作出鉴定[①]：

第一，评价结果是否准确、客观，是否公正、合理？对评价对象是否真正起到了激励促进作用？

第二，是否准确诊断出评价对象存在的问题？评价对象对于评价结论与解释是否心悦诚服？

---

① 程书肖. 教育评价方法技术[M]. 北京：北京师范大学出版社，2004：214-215.

第三,选拔、区分是否有充分的科学依据?

第四,评价对象的主体性作用是否得到有效发挥?对评价的意义与作用认识如何?

第五,评价方案本身的科学性、有效性、可行性如何?

第六,评价工作的效益如何?

第七,评价有无副作用,是否产生消极影响?

(三)再评价的形式

再评价的形式主要有两种,一是自我复查,二是他人审查。

自我复查是原评价的组织者或评价者自己对自己所做过的评价工作进行复查。自我复查的优点在于熟悉和理解评价的背景、评价的开发与发展过程,能直接进入再评价,而他人则要经过相当的时间准备才能进入角色。但其最大的缺点是缺乏充分的客观性与必要的旁证,原评价者难免存在个人的认知偏差、思维定式,可能导致在再评价过程中出现主观的倾向,以降低再评价的可信度。一般来说,公众不太认可由原评价者实施的再评价。

他人审查,是没有参与原评价工作的同行专家或专业评价机构人员对原教学评价工作的审核。由于这些人员没有直接参与原来的评价过程,理论上来说,他们与评价本身没有直接的利害关系,能够保证再评价的公正和客观。同时,他们具有坚实的评价理论和技术功底,丰富的评价实践经验,能够就评价的关键问题和环节提出中肯的判断意见,再评价的效率高,科学性强。如果由不同专长的人员组成再评价小组,实际效果可能会更好。

在实际操作过程中,可考虑各方面因素,根据再评价的具体要求,来选择适当的再评价人员。如果条件许可,可做到自我再评与他人再评相结合,使再评价更加科学公正,以促进评价水平和质量的提高。

目前,教育理论界非常重视评价的再评价工作。对于再评价的理论、方法、程序、技术探讨的都非常多,但是在实践中,真正能开展再评价工作的,却有限。在今后的评价工作中要加大再评价的力度,确保评价工作本身的科学、合理、有效。

第五节 教学评价中的心理效应与调控

教学评价作为一种实践活动,评价人员与被评对象之间除了工作上的互动,还会有心理上的相互作用。这些心理活动会对评价过程和评价结果产生重要影响。一方面,评价双方需要以坦诚、健康的心态投入到评价活动中,才可能使评价活动获得正确、真实的评价信息,从而得出科学、恰当的评价结论;另一方面,教学评价的本质是为了促进被评对象的发展,推动教学目标的实现,因此,双方要以发展的眼光来看待评价活动,注重评价过程中的人文关怀。评价过程不仅仅是认识过程,也是评价双方心灵交流融合的过程,应加强对评价双方的心理调控,防止各种不良心理现象产生,以保证评价活动的科学性和有效性。

教学评价中的心理调控,主要是指在教学评价的实施过程中,对评价者与被评价者不正确的心态和心理行为进行调节和控制,最大限度地调动与评价有关的各类人员的积极性,充分发挥教学评价的功能和作用,以便确保教学评价的高质量与高效益。评价参与人员正确的心态和心理行为对评价会产生正效应与积极作用,而错误的心态与心理行为则会产生负效应和消极作用。如何客观地把握参评人员的消极心理状况,揭示产生消极心理的原因,并科学地调节与控制,对于激发和调动参评人员的积极性,顺利开展评价活动,提高评价的信度与效度,有效达到评价的目的,具有重要意义与作用。

一、评价对象的心理及调控

在教学评价活动中,如果操作不当,被评对象会对评价产生反感和抵制心理。它直接影响着评价结果的可靠性和有效性,甚至破坏评价活动的顺利进行。只有深入了解评价活动中被评对象的心理状态,才能对干扰评价活动的心理现象进行有效的调控,减少其对评价活动的消极影响,提高评价效益。

(一)评价过程中被评对象的消极心理

中小学教学评价过程中被评对象可能会产生的心理现象有:疑惧心理、被审心理、应付心理、迎合心理、防卫心理、逆反心理、文饰心理等等,这里就几种常见的消极心理进行分析。

1. 被审心理

被审心理是指被评对象在接受他人评价时所产生的被动接受审查、等待评判的心理。对于那些资历较浅的被评者,这种心理反应十分明显。被审心理是一种被动心理,它对评价的影响是消极的。在被审心理的支配下,被评者会表现出:或者被动等待评价者评价结果;或者不认真领会评价要领,忙于做表面文章,以求形式上给评价者留下"好印象",而实际上材料准备不充分;或者评价过程中小心谨慎,畏首畏尾,等等。

2. 应付心理

这是被评者在评价过程中产生的一种消极心理反应和行为表现。其表现形式多种多样:如自我评价马虎草率,图形式走过场;评价动员不力,敷衍了事;提供材料支离破碎、残缺不全,人员滥竽充数;对评价者所提要求,推三阻四、拖拉搪塞,等等。在这种心理状态下,评价过程很难有效地开展,评价活动受到阻碍;容易引起评价者情绪不满,双方把精力耗于扯皮、争吵之中;也可迫使评价者进入疲劳、烦躁状态,从而走上草率收场之路。

3. 迎合心理

这是一种与应付心理表现相反的不正常、不健康的"积极"心理状态。在迎合心理支配下,对评价者在态度上曲意逢迎,言辞上奉承讨好等,而实际上被评对象内心并没有真正认识到评价活动的价值和意义,在思想上没有认同评价者的工作。被评对象表面上的这些举动却容易使评价者放弃原则,丢开标准,使评价活动偏离方向,从而影响评价的客观性。

4. 防卫心理

这是评价过程中被评者出于自我保护的需要而产生的一种心理现象。在评价过程中,防卫心理表现为:疑虑、紧张、厌烦。由于对评价意义、要求认识不清,怀疑评价的科学性、结果的公正性,担忧评价影响个人(单位、群体)的名誉,进而产生紧张、厌烦情绪,不愿参与评价;或回避、旁观,或显示、夸耀,极力宣扬自己的长处、优点,挑剔别人的短处和问题,转移评价者视线,等等。

5. 疑惧心理

这是评价过程中被评者最常见的心理,担心恐惧评价人员对自己不公,紧张评价结果会给自己带来负面影响或不利,从而产生怀疑恐惧心理。在这种心理状态的支配下,被评对象很少会积极主动地配合评价者的工作,很难真实地呈现在评价准则上的表现,从而使评价结果的科学性、准确性受到影响。

(二)被评对象消极心理产生的原因

被评对象上述消极心理和行为的出现虽然是由教学评价活动引起的,但是在这些行为和心理背后是有原因的。人的不同动机产生了不同的需要,需要的满足与否,直接影响到心理状态和行为的变化。

1. 安全和自尊的需要没有得到满足

人的行为是由动机支配的,动机产生人的需要,需要是人行为的动力,需要的满足与否,直接会影响到心理和行为的变化。被评价者之所以会出现各种消极心理误区,主要是因为安全的需要和自尊的需要没有得到满足。

安全的需要:教学评价具有鉴定、分等的功能。在评价中,成绩好的被评价者得到肯定,而成绩差的则会遭到否定,尤别是那些评价结果要公开的评价,等于将自己"公之于众",担心会受到批评或指责,遭受身边同伴、家长等的歧视,被评者自然会产生"防卫心理",公开地抵制或隐蔽地抵制评价。如果以往曾经有评价结果不公正、不准确或使用不当,对评价结果有不信任,更会强化被评者的这种防卫、抵触心理。

自尊的需要:评价者由于其在评价过程中的地位,往往会持"居高临下"的态度,自我定位为主评者、检查者的角色。评价者的这种"凌驾心理",势必使被评者产生一种消极的"被审心理",这种被审心理挫伤了被评者的自尊心,甚至使他们有一种被审查,低人一等的感觉,从而导致了他们对评价者的不满、甚至对立,自然也就不合作。另外,对于公开结果的教学评价,那些评价结果不理想的被评价者,感到自尊心受到威胁,也会不配合评价。

在心理学上安全的需要和自尊的需要都属于缺失需要,力量非常强大,一旦得不到满足,必然会使人的心理失衡,在中小学教学评价中,无论是教师还是学生,如果这两种基本需要保证不了,必然会使他们的心理产生阴影,导致消极应付或抵御对抗评价活动。

2. 工作负担与心理压力

教学评价工作带来的额外负担与压力,是产生上述消极心理的客观原因。教学评价活动需要被评价者的配合,需要他们填写各种报表,准备各种材料以及接待评价人员等等,这些工作量的增加和由此而带来的心理上的不安、担心,会使他们遭受身心双方的压力。在身心的双重压力下,部分被评价者就会出现应付心理,敷衍了事或者干脆逃避,任其发展。此外,如果被评价对象认为评价结果会使他们的期望落空,就会加强他们对评价的逆反心理。

(三)被评对象的心理调控

评价对象在教学评价过程中产生的心理行为变化是由对评价的认识和评价活动引起的,其心理内容集中地表现为怎样对待评价的问题。因此,评价对象心理的调控,主要解决思想认识问题和控制评价的方式与方法,通过双方的换位思考,保持良好情绪。

1. 提高被评对象对评价活动的认识

首先,做好评价动员工作,提高评价对象对评价活动的认识。评价动员应开诚布公地宣讲评价的目的、意义和积极作用,使参评人员认识到评价对学习、工作的积极作用,消除他们的思想顾虑,帮助他们克服疑惧心理、受审心理等消极心态,让他们明确教学评价是一种肯定人的价值和工作价值的重要手段。

其次,争取评价对象的参与。在评价的准备阶段,特别是评价方案设计阶段,主动征求群众对评价方案的意见,吸收合理的建议,增强评价对象的主人公意识,使他们主动地参与到评价工作中来。在评价的实施阶段,要组织指导自我评价,营造良好的评价氛围,在具体的工作中,评价实施力求科学、严谨、客观公正。在评价结果的分析与处理阶段,推行评价结果与本人见面,打破评价的神秘面纱,通过评价结果的反馈让被评价者了解自己的真实情形。

第三,向被评对象介绍评价的计划和日程安排,使参评人员心中有数,能够合理安排自己的日程和活动,积极主动地配合评价工作。

2. 评价结果反馈方式要灵活多样

对评价对象心理的调控要注意反馈评价结果的方式方法。如果方法合理,评价对象认识到评价结果是客观公正的,会心悦诚服地接受评价结果,进而对自己的学习和工作进行总结;如果反馈的方式不合理,则会使评价对象感到挫折,产生焦虑,激发强烈的心理冲突。因此,在反馈评价结果时,评价者要以平等的态度对待评价对象,针对不同评价对象的特点、需要和敏感因素采取不同方式。可以通过启发式反馈,启发评价对象进行自我反思,认识自己,达到自知之明;通过讨论式反馈,转移评价对象对分数和等级的过分关注,转移他们的注意力;利用模糊反馈方式,即不讲优缺点,只作一分为二的定性解释,或者只告诉等级、或相对等级分数的百分比。另外反馈范围应适当限制,如个别方式,回避他人,以防扩散否定性评价结果;还可以针对不同的对象,分别采用直接反馈与曲线反馈方式反馈评价结果。

3. 加强评价者与被评价者之间的心理互动,保持双方的良好情绪

对被评价者心理的调控还可以从双方的情绪入手。通过提高被评者对评价的认识,让他们意识到教学评价的重要性,使其在评价过程中保持良好的情绪,积极配合评价者的工作。另一方面,选择素质高的评价者,在评价工作中始终保持良好的情绪,能主动对被评者的心理实施调控,使双方心理交流处于

良好状态,使评价工作得以顺利进行。

二、评价者的心理及调控

在中小学教学评价中,评价者作为评价主体在和评价对象互动的过程中,也会有一系列心理现象,影响到评价活动的开展。评价者出现的心理现象主要有从众心理、角色心理、投射心理、群体效应、情绪效应、晕轮效应、首因效应、近因效应、趋中效应等。对于这些心理现象、心理效应,在评价活动中可以采取技术性措施加以调控。

(一)评价者的心理效应

在教学评价过程中,评价者会出现各种心理现象,这里介绍几种常见的心理现象或心理效应。

1. 晕轮效应,又称光环效应,它是指对评价对象的整体印象影响到对该对象具体特征的认识和评价的一种心理现象。晕轮效应会给评价带来两个方面的误差,一是以差概好的"扫帚星效应",即根据某些信息对被评价者某一方面得出较差的印象后,再看他的其他方面也全是缺点;二是以好概差的"光环效应",即对被评价者的某一方面产生好感,而把这种好印象泛化到被评价者的其他方面去,看什么都好,或者认为其缺点都是无关紧要的;这种爱屋及乌的强烈知觉品质或特点,就像月晕的光环一样,向周围弥漫、扩散。

2. 投射效应:评价者常以自己心理特征作为认知他人的准备或作为认识他人的标准。即所谓"推己及人"、"以己度人",把自己的特征投射到被评者身上。在评价中,认为自己具有某种特性,他人也一定会有与自己相同的特性,把自己的感情、意志、特性投射到他人身上,评价者以自己的性格、爱好为标准去衡量被评价者,使评价失去一定的客观性。

3. 情绪效应:人对事物的知觉受到情绪的影响,当评价者情绪好时,愉悦的心情往往能对被评者持宽容、积极肯定的态度;而当评价者情绪低落时,往往会烦躁、注意力不集中、反应迟钝等,容易对被评者不耐烦、消极否定,这时对被评者的评价误差就会增加。

4. 群体效应

人生活在群体中,就不可能不受到群体的感染和人际交往的影响,这种影响会对评价活动产生一定作用。评价者受群体影响而产生的效应:主要有从众效应、权威效应。其中从众效应是指人们自觉不自觉地以多数人的意见为准则,作出判断、形成印象的心理变化过程。在评价活动中,由于领导的专断和专家的权威,容易使某些个别评价者放弃自己的观点,随大流,人云亦云。权威效应,又称为权威暗示效应,是指一个人要是地位高,有威信,受人敬重,那他所说的话及所做的事就容易引起别人重视,并让他们相信其正确性,即"人微言轻、人贵言重"。评价过程中,"权威效应"也普遍存在,评价结果一旦受到专家中权威人士的意见左右,专家组评价变成了有权威的个别专家的评价。由于权威效应的存在,使得评价专家组失去了它应有的作用,因此,在评价活动中注意避免这种效应的产生。

5.首因效应和近因效应

评价对象某种特征出现的次序影响评价者心理,即心理学上所说的"首因效应"和"近因效应"。"首因效应"即"先入为主"的现象,是指第一印象比较鲜明、深刻、持续时间较长、不易改变的心理效应,甚至客观对象已经改变,其效应造成的印象却保持不变。"近因效应"就是最后给人留下的信息,常给人以强烈的印象,并在相当程度上决定认知。比如人们一般较重视开场戏和压轴戏,就是考虑到首因效应与近因效应的影响。评价对象进入评价者知觉领域的先后顺序影响对其整体印象和评价的心理现象,就是次序效应。

(二)评价者心理误差产生的原因

1.知觉定势的影响

知觉是人在对外界事物个别属性感知的基础上产生的对事物综合的、整体的反映。知觉具有主观性。人们在以往的活动过程中所形成的心理准备影响或决定后继同类心理活动的趋势,心理学上称为心理定势。形成知觉定势,会使人们在实践中以同一种固定的方式、态度对待变化的事物。在教学评价活动中,由于知觉定势的存在,所以评价者会出现晕轮效应、刻板效应等,干扰评价活动的准确性。

2.评价对象某种特征出现的次数和次序是影响评价者心理的重要因素。当评价对象的不同属性交替出现在评价者面前时,给评价者留下的印象,既和这一属性出现的频率有关,也和这一属性出现的次序有关。当评价对象的某些属性反复地出现在评价者面前时,无疑会强化评价者对这一属性的认识,这种评价对象进入评价者知觉领域的频数影响对其整体印象和评价的心理现象,会导致首因效应、近因效应等。

(三)评价者的心理调控

对评价者的心理调控,可以从两方面入手,一方面,加强对评价者整体素质的调控;另一方面加强对评价过程的管理。在教学评价过程中,评价者表现出来的上述心理现象、心理效应,并不是孤立的心理状态,它们与评价者的个人思想觉悟、道德水平、世界观、方法论、能力素养、知识经验有密切的关系。因此调控不仅要有技术性措施,制度性约束,还要进行思想教育、纪律教育和技术培训。

1. 对评价者素质能力的调控

一方面要把好评价人员的选拔关。选择那些思想政治素养良好、品德高尚,实事求是,公正公平,不谋私利,有强烈的事业心和责任感,有批评和自我批评精神,热爱评价工作的人员参与到评价工作中;在人员的组成上还要注意成员的来源和结构的合理配置。另一方面,要做好评价人员的培训工作。这是从评价者的能力上来保证评价工作的科学性和准确性。对评价者的培训包括评价理论和技术,主要有评价原理、评价标准编制、施测程序、计量方法、数据处理、结果解释、评价报告撰写、评价心理调控等。此外,还要加强思想品德教育,通过对组织原则、规章制度、保密条款以及社会公德等学习,提高评价者的思想素养。

2. 管理上的调控

加强过程管理,有针对性地采取措施预防、监督、检查某些心理现象的发生。首先要建立健全评价管理的规章制度,强化对评价的监督机制。采用督促检查、审核验收、反复评定、角色换位思考、逆向思维、流水作业等及时控制偏差心理的出现。其次,要规定操作流程,统一操作方法。比如制定共同的抽样方法、相同的记录格式和评分方法,以避免由于心理压力、外部干扰、取样不公、位置效应等造成的偏差和不公正。还要及时了解评价者的思想动态、情绪反应,做好积极的疏导和教育工作。对一些评价水平不高,心理素质较差的人员,采取适当方式予以更换。在评价结果的分析和处理阶段,重点是引导评价人员进行自我调控,注意做好审查验收,做好评价的再评价工作,不断提高评价质量。

第三章 教学评价的基本方法

所谓教学评价方法,是指在教学评价过程中,搜集、整理、分析与解释评价资料的方法和手段。它在教学评价过程中具有重要作用,正如从事任何工作,都必须选用合适有效的方法一样,做好评价工作,也必须具有一套科学可行的评价方法。本章重点介绍收集评价资料的方法与处理评价资料的方法。

第一节 评价信息的收集方法

为使教学评价结论科学可靠,教学评价必须做到事实判断与价值判断相结合。事实判断是价值评估的基础,只有获取丰富可靠的事实材料,才能实现科学的价值判断。在教学评价中,收集评价信息的方法较多,常用的有测验法、问卷法、观察法、谈话法等。

一、测验法

(一)测验法概述

1. 测验的含义

所谓测验,就是用一组测试题去测定学生学习效果、学业成就或学生学习发展的实际情况,获取学生学习实际情况的一种信息收集方法。测验法也可用于测定教师教学效果,收集教师教学效果的相关信息。测试题既可以是标准化试题,也可以是教师自编试题。其特点是根据一定法则,以测验为工具对学生的学习效果或教师的教学效果进行测试并进行数量化分析。它可以把抽象、概括的理论研究成果转化为衡量学生学业发展水平与教师教学效果的实用工具并提供可靠依据。它是中小学教学评价中不可缺少的一种方法。

测验法用于教学评价已有近百年历史,早在 1865 年,英国菲舍(George Fisher)发表《重要学科量表集》。后来,美国莱斯(J. M. Rice)于 1897 年发表《拼字测验》。美国心理学家桑代克(E. L. Thorndike)于 1903—1904 年发表

《学习算术与各科能力的关系》和《心理与社会测量》,到了20世纪二三十年代形成测验热潮,心理学家们几乎可以对每一种心理现象都编制出一种相应的心理测验量表。由于学者们在编制各种量表时,都是以自己的相关理论假设为基础,测验效度只可能具有相对的结构效度。因此,所要测量的和实际测得的结果不可能是同质的,从而引起了很多争议,而争议又进一步促进了测验法的发展。

目前,世界上已经形成一套内容庞杂、体系宏大的测验系统。仅以美国为例,教学测验就涉及15种类型,包括1200多个测验。这15类测验及所占比例是:成套成就测验3.2%;英语测验3.8%;艺术测验1.5%;外语测验6.2%;智力测验6.5%;数学测验5.4%;学科综合测验13.8%;拼读测验4.4%;阅读测验9.3%;自然科学测验3.9%;社会科学测验3.5%;感觉运动测验1.5%;职业测验17.5%;多项能力倾向测验1.0%;人格测验18.5%。①

随着计算机科学的发展,运用计算机技术处理测验数据取得了突破性进展。但是在运用计算机技术处理测验数据时也存在不少问题,关键问题是如何正确使用测验的方法,如何使定性分析与定量分析较好地结合起来。

2. 测验的功能

测验的目的是根据测验的结果对测验对象作出合理的评价。通过测验,可以对正在进行的教学过程进行及时的评价,其结果又可以反过来作用于教学过程,使其进一步地改进与完善;可以帮助教师了解教学效果,结合学生心理发展的趋势,分析学生的学业水平及其差异,从整体上评价教学目标实现的程度。测验在中小学教学评价中的功能主要体现在以下几个方面:②

(1)诊断学生学习困难,解释学业不良的原因

测验具有反馈调节的功能。利用这一功能,可以诊断学生学习上的困难所在,测验的反馈调节具有双向性,即对教师的反馈和对学生的反馈。教师通过分析测验结果,发现学生回答的错误所在,改进教学策略,完善教学措施。学生通过分析测验结果,可以对自己的学习作自我评价,发现学习上的问题,肯定成绩,找出不足,以利于更好地纠正缺点,搞好学习。

(2)激励学生的学习动机

---

① 裴娣娜. 教育研究方法导论[M]. 合肥:安徽教育出版社,1995:197.
② 钟以俊,龙文祥. 教育科学研究方法[M]. 合肥:安徽大学出版社,1997:198—200.

一般来说,学生受到好的评价(正评价),就可以提高学习的积极性,受到不好的评价(负评价),就会降低学习的积极性。受到正评价的学生,由于成就满足而情绪愉快,自我效能感提高,反馈信息激起了进一步追求更高目标的要求;受到负评价的学生,由于失败和挫折情绪不安,如果负评价持续时间较长,久而久之学生在心理上会产生习得性无助感,反馈信息引起了对达到目的的焦虑。教师应该根据强化的原理,把测验的结果作为激励学生学习动机的因素,增加正评价,尽可能减少负评价使用的频率,促进每一个学生的学业发展。

(3)检查教学目标贯彻的情况

一个良好的测验,是把学业成就的评价与教学目标相符合的程度结合起来的。通过测验,可以检查教学目标贯彻的情况。因为测验的内容一般反映着这门课程的教学目标,学生学习的重点和时间分配也相应地按照教师对教学目标的要求来安排。教师可以通过测验来检查、核实既定的教学目标是否已经达到。

(4)改进课程内容与教学方法

学生对课程内容学习的状况如何,是以学业成就为主要依据的,通过学业成就的测验,不仅了解学生能否抓住重点、对各门课程的学习是否有所侧重或出现偏科现象、教材的安排是否合理、教学的难度是否适当,还可以了解采用不同的教学方法所取得的教学效果,从而采取改进措施,提高教学质量,促进学生的学业发展。

(5)提供咨询和个别指导

使用各种测验,可以对学生需要解答的问题、智力的发展、性格特征、能力倾向性、学习兴趣等提供咨询,还可以进行多种倾向测验、态度测量以及理想信念等的调查,以提供学生发展的多方面信息,促进学生学业更好地发展。

(6)评价的功能[①]

测验往往用于探索学生学业水平,通过提供学生学业成就的描述,了解学生学业成就与发展水平的某种量的程度,为科学的教学评价提供可靠的依据。评价的范围,既可以是对教学计划、教学大纲、教材与教法的评价,也可以是对教师的教与学生的学进行评价。例如,中学生理科能力的评价,对学生数学水平,运用语言文字能力水平的评价,不是凭语言描述或一次考试可以检验清楚

---

① 裴娣娜.教育研究方法导论[M].合肥:安徽教育出版社,1995:199—200.

准确的,使用比较客观的测验进行诊断便于得出可靠的结论,同时也易于进行比较。

(7)预测、选拔功能[①]

测验具有预测、选拔方面的功能。我们通过测验,能够较为准确地预测学生学业发展的水平与方向;或者通过测验能够在学生中实现某一特定目标的选拔。如中国科学院心理研究所查子秀对超常儿童的研究。1978年以来,查子秀对数百名超常儿童进行了7—15年的追踪研究与评价,总结概括出超常儿童表现的多种类型、心理发展的共同特点和成长因素。通过学习能力测验对超常儿童进行鉴别选拔和学业发展评价。

3. 测验的分类

依据不同的划分标准,可以划分出不同的测验类型。中小学测验中常见的分类主要有以下两种。

一种是两分法分类:标准化与非标准化测验(按照测试方法);个别测验和团体测验(按照施测对象);速度和难度测验(按照测试时间);发展性测验和诊断性测验(按照测验目的);文字测验和非文字测验(按照测验呈现材料),非文字测验如图形和实物类的辨认和操作测验。

另一种是按照行为目标、测验内容分类,大体可分为四类:

(1)智力测验(Intelligence Tests),用于测量被试的智慧的高低。

(2)能力倾向测验(Aptitude Tests),用于测量被试潜在的某种能力,包括一般能力和特殊能力,了解其身心发展倾向。

(3)成就测验(Achievement Tests),用于测量被试某种学科或训练的学业成绩,了解其已经达到的水平。即在一个规定范围内知识或技能方面目前所达到的熟练水平情况。成就测验可进一步划分为成套检查测验、单科检查测验、诊断性测验和预测性测验四种类型。这是中小学教学评价中最为常用的测验类型。

(4)个性人格测验(Character and Personality Tests),用于评价测量被试的气质、兴趣、态度、价值观、动机、性格等人格特征。具体包括情绪测验(内倾或外倾、情绪稳定或不稳定等)、品德测验(个人的态度、情绪等)、性格测验、气质类型测验等。

[①]裴娣娜.教育研究方法导论[M].合肥:安徽教育出版社,1995:199—200.

(二)测验法的特点

测验法的优点主要体现在:①测验法具有效率高(单位时间可以得到最多的信息)、资料便于作定量处理的优点。可获得信息的种类也比较广泛,如学业成就、技能等。由于测评对象愿意无保留地表现其最高水平,应试动机较强,所以测验的结果比较客观、可靠。

但测验法也具有其特定的缺点:②测验是根据学生对测验项目所作出的反应,推断其知识、技能和人格等方面的发展状况,具有间接性。此外,在进行书面测验时,对测验工具的编制要求较高。在进行测验操作时,对主试的要求也较高。

(三)测验实施的基本步骤

通常,实施测验进行评价必须注意的是:①测验题目,无论是标准化题目还是教师自编题目都要能反应所要测量的内容,体现测验目标,实现测验的初衷。②严格按照规定进行操作,统一指导语,统一评分标准。③测验人数较多时,需要作抽样调查。④分析测验材料时,要特别注意测验材料中所反映的特点。

实施测验主要经历以下基本步骤:

1. 确定评价目标

运用测验进行教学评价,首先要确定评价目标:是用于诊断学生的学业发展情况,评价学生的学业发展水平,还是用于预测学生的学业发展水平与方向或对学生实施某种意图的选拔;据此考虑选择什么类型的测验,是形成性的(Formative Tests)、阶段概括性的(Summative Tests),还是诊断性的(Diagnosis Tests)测验。其次是具体明确测试目标,即测什么。因为不同的测验,目标是不同的。如果你要测验学生的创造能力,那么具体测试目标是思维的流畅性、变通性等。如果要测学生的认知能力,那么可参照布鲁姆的目标分类。③

2. 决定评价内容

在确定了测验的评价目标后,接下来就是要决定测验的评价内容。测验

---

① 金娣,王刚. 教育评价与测量[M]. 北京:教育科学出版社,2007:133.
② 金娣,王刚. 教育评价与测量[M]. 北京:教育科学出版社,2007:133.
③ 裴娣娜. 教育研究方法导论[M]. 合肥:安徽教育出版社,1995:201—202.

的内容要根据测验的评价目标来定,以测验的内容体现测验的评价目标。根据布鲁姆(Bloom)的目标分类理论,中小学教学评价中测验的内容主要分为认知、情感和操作技能三个领域。认知领域的教学目标具体分为知识的识记、理解、应用、分析、综合与评价。

具体而言,测验的评价内容主要围绕学生发展的德智体等方面展开。

(1)思想品德方面包括政治思想、道德和个性心理。

政治思想主要从政治态度和思想认识方面考查。政治态度包括热爱祖国、尊敬国旗、国徽、国歌,了解祖国的历史和文化,具有民族自尊心和自豪感;关心国内外大事,了解现代化建设情况,了解党和国家重大的方针政策,了解世界重大事件;有上进要求,积极参加团队活动。思想认识包括有唯物主义精神,正确认识自然与社会;认识到实践出真知的重要性;具有积极向上的生活态度和人生理想;有较强的是非善恶辨别能力,有正义感、公平、公正精神,热爱劳动,尊重劳动人民,爱护劳动成果,勤俭节约,吃苦耐劳。

道德主要从道德品质、道德情感、道德行为等方面考查。道德品质有:为人正直、谦虚谨慎、艰苦朴素、敢于和坏人坏事作斗争。道德情感有:富有自尊感、成就感;有较强的责任感、集体荣誉感。道德行为有:遵守校纪校规;讲文明,有礼貌,尊老爱幼,助人为乐;言行一致,讲求信用;积极参加集体活动和公益事业;积极主动参加劳动,养成劳动习惯,具备自理能力。

个性心理主要从心境状态、社会适应、人际交往、自我观念等方面考查。心境状态有:心胸开阔,对周围事物保持兴趣;情绪稳定、乐观;精神焕发,活泼有朝气;积极向上,充满希望,遇到烦恼能够自行调适。社会适应有:正视现实,对周围事物有清醒的认识;接受现实,与现实保持良好接触;结合实际,用切实办法处理现实问题;能够适应环境的变化;能够经受一定挫折。人际交往有:热情友好,乐于交往;随和爽直,易与人相处;相互信赖,喜欢与人交谈;善解人意,以慷慨和宽容的态度待人,尊重别人的意见;人际关系和谐,善与别人合作与共享。自我观念有:有自知之明,能够正确认识自己的优缺点,并发扬优点,克服缺点;自尊、自重、自爱、自信;自制力强,能够控制冲动。不许诺做不到的事情,不说事后后悔的话,严于律己,独立自主,不附和、依赖。

(2)学习方面主要包括基础知识、基本技能、学习态度和学习习惯、学习能力及特殊能力四个方面。①

基础知识：主要测验学生的基础知识达到各学科教学目标要求的程度；对基本概念、基本原理的记忆和理解达到一定水平，能够正确地进行概括描述、分辨确认、举例说明；对所学知识的运用和分析达到一定水平，能够在新情境和具体情况中加以具体运用。

基本技能：主要测验学生掌握各科教学大纲要求的技能。如，语文方面包括口语、阅读、书写、写作技能等；数学方面包括数字运算、逻辑思考、空间想象、图表制作、实验操作技能；英语方面包括英语的听、说、读、写能力等。

学习态度与学习习惯：主要测验学生学习目的是否明确；是否热爱学习，求知欲如何，从学习中得到的满足情况如何，是否把学习看作负担；学习是否自觉、认真、刻苦，是否有克服困难的顽强意志，是否对自己的薄弱环节有具体的改进措施；能否合理地安排学习计划与学习时间，掌握正确的适合自己的学习方法；上课是否专心听讲、勤于思考、遵守课堂纪律、积极发言、认真记笔记；是否独立按时完成作业、作业书写整洁等。

学习能力和特殊能力：主要考查学生是否能够熟练使用学习工具书；是否具有较好的记忆、观察、思维、想象和创造能力；在某些学科的学习、活动中表现是否突出，是否有潜在的能力倾向性，如机械能力、音乐能力、绘画能力等。

(3) 身体方面主要包括身体形态机能、身体素质与运动能力、体育锻炼与竞赛情况、卫生习惯。

身体形态机能包括生长发育是否正常；身体形态指数(体重/身高)、身体机能指数(肺活量/体重)是否处于同龄人正常水平；身体是否健康，有无病休病退情况。身体素质与运动能力包括运动时的速度、耐力、力量、灵敏、协调等能否达标。体育锻炼与竞赛情况包括"两操"出勤率高；积极参加体育锻炼与课外体育活动；在体育竞赛中获得好成绩。卫生习惯包括讲究个人卫生，如早晚刷牙、勤洗澡换衣、勤理发等；讲究饮食卫生，如饮食定量、不偏食、不喝生水、不吃不洁食品等；科学用眼用脑；按时作息，保证充足睡眠。

3. 制定测验计划②

制定测验计划一般采用双向细目表。表 3.1 即为某一学科测验的细

---

① 王孝玲. 教育评价的理论与技术[M]. 上海：上海教育出版社，1999：243—245.
② 裴娣娜. 教育研究方法导论[M]. 合肥：安徽教育出版社，1995：202—203.

目表。

表 3.1 目标与内容双向细目表

目标＼内容	短故事（40%）	短论、小品文（30%）	戏剧（30%）
理解上下文中的意思（35%）	14	10.5	10.5
理解文字上的手段方法（30%）	12	9	9
鉴别主要观点（20%）	8	6	6
识别作者目的（15%）	6	4.5	4.5

一般按照教学大纲教学时间比例等确定测验试题的数目分配比例，列双向细目表可以为编题提供依据。看题目分布，按照百分比出题和计分。如对某一学科教学内容测试的题目分布数（见表3.2）。

表 3.2 某学科教学内容测试题目分布情况

内容＼行为方式	掌握的概念	理解	分式计算
定义	7	5	0
历史	7	4	3
技术	2	10	20

4.编制测验试题①

测验试题的编制要符合以下两条基本准则：

第一，测验的准确性要高。即测验的效度问题。测验效度表示一个测验工具的真实性和准确性程度。测验效度分为内容效度、结构效度、效标关联效度。但无论何种效度，测验本身要确实要能够测出它所拟测量的评价目标。比如学生成就测验，要切合测评对象的学业程度和经验，切合教材内容，符合教学目标。

第二，测验的可靠性要高。即测验的信度问题，或测验的稳定性、同一性

---

①裴娣娜.教育研究方法导论[M].合肥:安徽教育出版社,1995:203—209.

程度。测验结果确实能够真正反映学生的实际水平。因此,测验内容要包括评价的基本内容,试题要多一些;题目能够反映不同程度水平,有易有难;要尽量避免影响学生作答的种种外界因素,计分方法要客观。

测验试题的编制通常可按照以下三个步骤进行。

第一,通过任务分析,选择教学测验材料,要将教学评价目标转化为可操作性的语言。选择教学测验材料的基本方法有:①以实际行为表现为选材标准的方法;②分析文字材料的方法;③借鉴有关测验或量表。在学业成就测验中还需要掌握任务分析的技巧。所谓任务分析,具体包含两方面含义:一是信息加工过程分析,二是学习任务分析。任务分析主要是对学生们能否学习这部分材料,学习这部分材料需要什么知识以及思考步骤进行分析判断,从而为测验材料的选择提供根据。

第二,确定题目类型。关于常见的测题形式和编题要领,在本书第四章中将作详细介绍,这里不再赘述。

第三,试题的编排。在试题合成时,或采用并列直进式,将整个测验按照性质归为若干分测验,要本着先易后难的原则,容易的试题放在试卷前面。也可以采用混合螺旋式,将各种类型的测试题依照难度分成若干不同的层次,再将同等难度水平中不同性质和类型的题目组合在一起,形成若干系列。每一个系列从易到难排列,几个系列间又逐渐增加难度。

最后,还要做好试卷编制的以下工作:第一,必要时需要制定测验指导语及时间要求。速度测验,时间限制要严格;难度测验,时间可以松一点。第二,制定评分标准,根据试卷内容及评价目标确定题目分值。第三,分数合成,按照个体满分相加→单位加权,等量加权:折合 Z 分数相加。

5.实施测验

实施测验时,要程序规范,严格控制。按照测试的指导语及操作程序进行。

6.测验结果的分析与反馈

对于测验结果的分析与反馈有助于改进试题以得到一个更好的测验;判断测评对象学习到的和没有学习到的。

二、问卷法

(一)问卷法概述

1. 问卷法的含义与作用

(1)问卷法的含义

问卷法也是中小学教学评价中最常用的信息收集方法之一,它具有效率高、所获得的信息便于进行定量分析等特点。在教学评价中,评价者常常采用问卷法了解学生学业发展水平、学生对教师教学工作的意见、教师对学校工作的看法与建议等。

问卷法是以书面提出问题的方式搜集教学信息的一种评价方法。评价者将所要评价的内容编制成问题表格,以邮寄方式、当面作答或追踪访问方式填答,从而了解被试对某一现象或问题的看法和意见,所以又称问题表格法。问卷法区别于调查表法,它调查范围较窄,偏重于意见、态度或看法,并往往以个人或一群人为对象。① 它既可以了解被评价对象的态度、动机、兴趣、观点等主观情况,也可以了解被评价对象的客观情况。问卷法所获得的信息主要是被调查者自己陈述的信息。

(2)问卷法的作用

问卷法方便实用,省时,花钱少;由于可以不署名,在某种情况下结论比较客观;能够搜集大样本信息资料,收效大;便于整理归类,能够做量的统计处理,使调查结果具有一定的代表性。其局限性在于如果问卷中的问题不明确或题量过大,或者被评价者不合作都会影响评价结果的代表性;由于应用范围较广,收集的资料往往是表面的,不能深入了解深层次的内心世界真实情况;若部分评价对象不作回答,难以知道不回答的原因,也会影响问卷的效度。问卷的运用关键在于编制问卷,选择被试和结果分析。②

问卷法在很大程度上类似于访谈法,它们都是通过询问的方式向被评价者提出问题搜集评价资料,而不是借助观察被评价者的行为来获得信息。由于问卷法是通过书面形式提出评价的问题,因此它又不同于访谈法和其他评

---

① 裴娣娜. 教育研究方法导论[M]. 合肥:安徽教育出版社,1995:167.
② 裴娣娜. 教育研究方法导论[M]. 合肥:安徽教育出版社,1995:167.

价方法,从而具有自身的特点与作用。①

首先,问卷法具有参加人员的隐蔽性。这种方法只是通过书面形式的提问与作答交流信息,无需评价人员和被评价人员当面接触,因而具有一定的回避效果。这就使得一些不宜当面交谈的问题,可以通过这种形式进行。而且适用于某些被评价人员不愿意透露姓名的调查活动。

其次,问卷法具有取样的广泛性。在不少情况下,需要在较大的范围内了解评价信息,以保证资料的代表性,特别在区域性的评价或某个学校、年级的评价中更是如此。一般来说,访谈法和观察法在一定的时间内调查取样的量比较小。访谈常常是一对一进行的,就是召开座谈会,人数也不宜过多,否则将影响效果。对于观察法来说,也因条件限制而使得观察的范围受到限制。问卷法则不然,它完全可以根据抽样的科学要求和实际情况确定被评价样本的容量,发放问卷,在要求的时间内进行调查。从而大大提高了搜集信息的效率,保证了信息的有效性和可靠性。

再次,问卷法还具有时间阈限的可调节性。在搜集评价信息的过程中,很多方法对时间的要求比较严格,观察法只能在既定的活动时间内进行观察,访谈也不宜时间过长,否则容易引起疲劳。相对而言,问卷法在时间要求上比较灵活,它可以根据具体情况,提出回收问卷的时间,尽量保证被评价人员有充足的时间思考问题,作出圆满的回答。

问卷法的上述特点与作用使得它在搜集评价信息过程中具有重要的作用。问卷法不仅可以用于大规模的调查评价活动,还可以用于个体评价,它不仅可以搜集他人或群体及单位的信息,还可以调查个人自身的情况,特别是在了解人们的内心体验和思想观念方面,更有特殊的用途。

2.问卷的类型及问题形式②

(1)结构型

结构型也称封闭式问卷,是把问题的答案事先加以限制,只允许在问卷所限制的范围内进行挑选。例如:"你数学成绩很好的主要原因是:①上课认真听讲;②课前认真预习;③课后及时复习;④家长给我请了数学家庭教师;⑤家长碰巧是数学教师;⑥周末参加了数学辅导班。"就是固定应答题,对指定答案

---

① 侯光文.教育评价概论[M].石家庄:河北教育出版社,1999:240-241.
② 裴娣娜.教育研究方法导论[M].合肥:安徽教育出版社,1995:168-172.

方式的回答。

结构型问卷包括以下问题形式：

第一,是否式。把问题可能答案列出两极端情况,从中择一,"是"与"否","同意"与"不同意"。比如:

【样例1】"关于学生自主性情况的问卷调查"

① 我自己决定的事情,别人很难让我改变主意。　①是②否
② 我的行为不受班里舆论的影响。　①是②否
③ 学习上我总有自己的目标和计划。　①是②否
④ 当我干事情不顺利的时候,我从不轻易放下。　①是②否
⑤ 我不愿别人提示而愿意独出心裁。　①是②否
⑥ 我每天坚持日记,从没有间断过。　①是②否
⑦ 生活上我能够自理,从不要别人帮忙。　①是②否
⑧ 习中遇到挫折,我常常会半途而废。　①是②否

第二,选择式。从多种答案中挑选最适宜的一个或几个答案,然后作上记号。

【样例2】"关于儿童性格特点调查"

① 对一些物体总是观察、摆弄、拆开来玩:
A. 不这样　B. 偶尔这样　C. 有时这样　D. 常常这样　E. 总是这样
② 与别的孩子发生争执时经常能够谦让:
A. 不能　B. 偶尔能　C. 有时能　D. 比较能　E. 常常能
③ 经常表现很任性:
A. 很任性　B. 不很任性　C. 一般　D. 不大任性　E. 不任性
④ 能够按照要求认真完成作业:
A. 不能　B. 不大能　C. 有时能　D. 比较能　E. 能

【样例3】:高中必修课教材修订要解决的主要问题是(最多选三项答案,将其填入下面的表格中)

A. 加强理论性;　　B. 减轻负担,少而精;
C. 提高兴趣,注意可读性、可接受性;　　D. 便于自学;
E. 加强教材的综合性;　　F. 联系实际;
G. 注意培养各种能力;　　H. 增加弹性和灵活性;
I. 请写明其他看法。

文科教材

1	2	3

理科教材

1	2	3

第三,评判式。每个问题后列有许多答案,要求被试依其重要性评定等次,所以评判式也叫排列式、编序式,是用数字表示几种答案应排列的顺序。比如:

【样例4】请将以下所列的课程,依你喜欢的程度,由1到10排列:
(　)语文　(　)数学　(　)英语　(　)音乐　(　)美术　(　)科学
(　)信息技术　(　)品德　(　)综合实践活动　(　)书法

【样例5】你认为目前中小学的艺术教育存在的主要问题是:
A. 领导不重视　　　B. 教师水平不高　　C. 没有系统科学的教材
D. 教学方法不适合　E. 没有教室　　　　F. 说不清楚
(请按照您认为的顺序选择两项)
①____　②_____

第四,划记式。按照同意或不同意,在答案上分别作记号"√"或"×"。这是一种核对表形式。在核对表的细目中,被评价者通过选择一个提供选择的答案来回答,与选择式、评判式不同之处在于,答案在连续统计上并不代表分点,而是称名类型。比如:

【样例5】关于你对考试的看法,请在你认为符合你的情况前划"√",在不符合你的情况之前划"×":
(　)a. 考试前我非常紧张,我常常担心我的成绩会落后于他人。
(　)b. 考试可以使我发现自己在学习上的不足之处,我并不害怕考试。
(　)c. 我较关心名次,名次先后是促使我发奋学习的一大动力。
(　)d. 如果不是为应付考试,我就不想去翻教科书。

【样例6】"关于学生学习情况的调查"
请将你的日常表现,在适当的地方打"√"

	做不到	偶尔做到	做得一般	做得好
A. 上课从不迟到、早退				
B. 上课认真听讲				
C. 上课认真记笔记				
D. 课堂上积极思考,踊跃发言				
E. 严格遵守课堂纪律				
F. 按时独立完成各类作业				
G. 上课注意力集中,从不开小差				

(2)非结构型

非结构型也称开放式问卷,问卷由自由作答的问题组成,属非固定应答题。这类问卷,提出问题不列可能答案,由被试自由陈述,就题型分析,可以是填空式的,也可以是问答式的。比如:

【样例7】"关于中学生目前兴趣倾向情况的调查"

请你用最简洁的语言,回答你在日常生活学习中

①最希望的问题是什么?

②最关心的问题是什么?

③最担心的问题是什么?

④最不满意的问题是什么?

⑤最苦恼的问题是什么?

⑥最感兴趣的问题是什么?

⑦最高兴的问题是什么?

⑧最痛恨的事情是什么?

⑨最想干的事情是什么?

⑩最崇拜人是谁?

非结构型问卷往往用于以下情况:第一,对较深层次的问题研究。被评价者不受评价者和题目答案选择范围已经界定的限制,按照各自对问题的理解回答。这种问卷能够如实地反映出被评价者的态度、特征、对有关情况的了解程度以及所持看法的依据等。因此,用于探讨那些只能进行描述性分析的较复杂问题,以及获得有关人士对某些问题的看法。

第二,在评价初期,对所评价的问题或评价的对象有关情况还不是十分清楚的情况下,采用开放式问卷,来帮助评价人员设计封闭式问卷。一般做法是:在小范围内进行问卷调查,并对搜集的资料进行归纳分析。在掌握相当的资料后,再采用结构型问卷进行较大规模的调查和进行定量分析。因此,在一定意义上,开放式问卷调查正是封闭式问卷调查的基础。

这种问答式问卷,搜集到的资料丰富、具体,往往能够得到许多意想不到的很有价值的资料。由于答案不集中,材料分散,难于对答案进行横向比较,所以不宜进行统计处理。

(3)综合型

综合型形式一般以封闭型为主,根据需要加上若干开放性问题。也就是说,将评价者比较清楚、有把握的问题作为封闭性问题提出,而对那些评价者尚不十分明了的问题作为开放性问题放入,但数量不能过多。经调查,在积累一定材料的基础上,问卷中的某些开放性问题就有可能转变为封闭性问题,这也是问题设计时常常使用的技巧。

(二)问卷实施的基本步骤

1.编制问卷

编制问卷一般包括以下步骤:①

(1)收集资料:编制问卷要做好准备工作,其中主要的是依据教学评价所决定的评价目的收集有关资料,包括已有的研究报告、论文及现成的问卷等,也可以采用其他形式如访谈等向有关人员作一些初步的调查了解,弄清为了获得所需信息,究竟应该提出些什么样的问题,提出这些问题之后被评价对象有什么想法,如何反映,能否达到预期目的等等,以此为设计问题奠定基础。

(2)设计问题:这是编制问卷的关键一步,一份问卷的质量好坏,主要决定于提问的水平。设计问题一般包括两方面的工作,一是确定问题的设问和答案,二是确定问题的类型和表述方式,前者解决"问什么",这是最重要的部分,是构成问卷的主体内容,后者设计"怎么问",解决的是问题的形式,它可以帮助提高问卷的信度,一般应该根据调查对象、统计方法等加以设计。

(3)形成问卷初稿:主要包括三项工作。一是列出标题,这是对整个问卷的高度概括,应当令被评价者一目了然,起到良好的引导作用。二是写好前言

---

① 侯光文.教育评价概论[M].石家庄:河北教育出版社,1999:243—245.

和指导语。三是将设计好的问题按照一定的顺序进行排列。问题排序是否合理,直接关系到被调查人员完成问卷的兴趣,进而影响其回收率。排列问题通常应该注意:①由易到难,把容易回答的问题放在前面,使被评价者能够顺利地进行回答,提高其兴趣,增加他们合作的信心。②先提出事实性问题,再排列态度性问题。③先封闭式问题,后开放式问题。④先提一般性问题,后提敏感性问题。⑤为避免被试的反应产生定势,在问卷中随机设置部分反向问题,统计处理时再作重新编码。⑥在适当位置加入有效标题。

(4)预试:为了提高问卷的质量,初步编制的问卷应该经过预试步骤。预试一般是选取与将来评价对象同质的被试30—50人为测试样本,通过试测检验每个问题的质量以及问卷的整体情况,包括问题的表述是否合理,被试能否领会问题的含义,指导语是否明晰,被试作答有什么问题,需要怎样改进等等一些可以直接分析的表层问题。同时还应进一步分析各个问题的区分度,以及问卷的信度,取得改进问卷质量的第一手资料。

(5)修订:根据预试提供的信息,针对发现的问题,进行修订,对于质量不高、区分度太低、对所需信息贡献不大的问题应当删除,对于存在一定问题但对所需信息有作用的问题,应该作必要的修改,同时对前言、指导语、问题的数量和编排等都一一进行审查,并视具体问题作相应修改和调整,如果可能还应请教有关专家,并根据专家意见进行修改,形成正式问卷。

2. 选取评价对象

选取评价对象需要根据评价目的、内容先确定被评价群体。一般情况下,被评价群体包括的人数比较多,没有必要逐一进行问卷调查,而是采用抽样方法,选取部分人员作为问卷对象。具体操作可以根据实际情况需求,确定具体抽样方法。在教学评价搜集信息时,通常采用分层随机抽样方法选取问卷对象。

3. 发放问卷和回收问卷

在教学评价活动中,运用问卷法搜集信息一般有两种方式发放和回收问卷。一种是评价工作者直接将问卷送至被评价对象手中,待问卷填写完毕再亲自将问卷收回。这种方法的回收率较高,而且回收迅速及时,但由于需要评价者直接分送和收卷,比较费力,因此多用于被评价对象相对集中的情况下,而这又往往容易造成回答问题时相互商量,影响作答的独立性。在调查范围较大、评价对象比较分散的情况下,可以运用间接方式分发问卷,这时多通过邮局邮递给评价对象,待他们按照一定时间要求回答完毕再邮寄给评价者。

这种方式多用于大范围的区域性评价、追踪评价以及为设计评价指标体系的专家咨询。它的优点是取样范围大、代表性强，适用于大规模远距离的调查，而且相互干扰小。但是对于这种方法，评价者难以了解和控制回答过程，回收率也比较低。

提高问卷的回收率和有效性是实施问卷的重要问题，应该引起评价者的注意。一般情况下，问卷的回收率不低于75％。为了提高回收率，并且使问卷更加有效，需要注意以下几点：

首先，必须搞好问卷设计，前言要简洁富有吸引力，指导语应该明确，使得问卷的开始就能够激发被评价者的兴趣，清楚地回答问题。编制的问题要科学合理，不带倾向性，表述要清晰，要控制问题的数量，特别是开放式问题更不能过多，尽量使回答问题简便，并注意问题的排列。

其次，要合理选取评价对象，注意其代表性和数量，若运用回收率不太高的邮寄方式，可在应选取被试的人数基础上增加一定的数量，以保证有效答卷的数额。评价对象的合作态度和对调查问题的熟悉程度也是影响回收率和有效性的重要因素，在选取问卷对象时应该予以考虑。

再次，问卷组织者的权威性，主持人的行为和态度，以及实施现场的各种干扰因素如时间问题、互相影响问题等，都对问卷法的实施产生影响，因此有关情境方面的因素也是应该给予足够重视的。

最后，对于提高邮寄问卷的回收率和有效性还应特别注意两点：

一是在初次邮寄问卷时，必须附寄一封致被评价者的信和一个贴好邮票并写好回信地址的信封。信的内容应该包括：①简要介绍调查的意图，以减少他们的顾虑，争取合作；②阐明本调查的意义。包括社会、群体单位及个人等方面的意义；③介绍主持调查的机构，让他们产生信任感；④说明保护被评价者观点和意见的措施；⑤强调填写问卷时的注意事项；⑥说明寄回答卷的日期。

二是对于在规定时间未收回的问卷，可以采取追加问卷的方法，给予强化和督促。第二封信的态度一定要诚恳，同时寄去问卷和贴好邮票的信封。一般情况下，这时可以回收大多数的问卷，以保证信息的可靠性和有效性。

(三)设计问卷问题的基本要求[①]

问卷问题的设计关系到问卷的科学水平，是问卷编制中关键一环。因此，

[①]裴娣娜.教育研究方法导论[M].合肥:安徽教育出版社,1995:173—175.

在设计问卷的问题时,需要考虑到以下几点。

1. 问题的范围:是用于小范围的典型调查还是大范围的统计调查;是了解人们思想态度方面的意向性问题,还是主要了解过程方面的事实材料。

2. 问题的内容:是完全符合、基本符合,还是基本不符合该评价目的的需要。所列问题对评价目的是否具有较好的覆盖面,答案要能够较全面地反映评价内容的主要方面,且不交叉、重叠。

3. 问题的数量:是否适度。所谓适度是指通过控制时间以保持被评价者对应答问卷的兴趣和认真态度。一份问卷作答时间一般以5—30分钟为宜。问题太多,被评价者容易产生厌倦情绪,导致敷衍塞责或不予回答,甚至乱答;若问题太少,又不能得到有关研究的基本事实材料以致影响评价结果。因此,可问可不问的问题最好删除。而一些较复杂的超出被评价者知识和能力所及范围,需要查阅资料才能回答的问题要尽可能避免。

4. 问题的文字表达:是否准确简明扼要,通俗易懂,容易回答。结构上,一般一个问题只含一个疑问,不应包含两种以上内容的提问。类似这样的问题:"你周末参加各类学习辅导班与体育锻炼吗?"(两种内容并列),"我每天坚持英语听力训练和听英语磁带,从没有间断过"(一种内容从属于另一种内容)。对于此类问题,被评价者很难给予一个统一的准确答案。问题的语言,一般不用假设和推测用语,切忌繁杂和意义含混而引起误解或无从回答。用语应该明确具体,避免冷僻或专业性太强的术语。对于理解困难、有出入的词语,使用时应该加以注释说明。

5. 问题的排列顺序:是否分类清楚、层次分明和合乎逻辑。调查表首,要说明为什么要进行调查,解除被评价者的顾虑。关于被评价者的基本资料,如填答者的性别、年龄、学历、经历及家庭基本情况等应该放在问卷的前面部分;能够引起兴趣的问题、简单问题放在前面,而容易引起紧张的、牵涉个人问题的、复杂的问题可以放在后面,同时要按照内容或性质,把同类方式回答的问题编排在一起,使同一内容或内容相近的一组问题相对集中且有内在的逻辑。封闭式问卷中,划分水平程度的答案,或由低到高,或由高到低,要随机排列,以免产生定势而不认真作答。总之,问题的排列分类要清楚,层次要分明,前后一致连贯且彼此衔接,既便于被评价者回答,又便于统计处理。另外,问题的长短要适度,并尽可能在选择答案中分出等级,以便对问题有更深入的了解。一般是3—7级,多为5级,如"很差、比较差、一般、比较好、最好","极为重要、很重要、比较重要、比较不重要、不重要""不能、不大能、有时能、比较能、能"等。

为了使问题的设计规范化,有的学者按照问题在问答中的功能,将问题分为五类,这就是:实质性问题、过滤性问题、验证性问题、补充性问题和调节性问题。了解问题的不同类型,可以更好地排列问题,提高问答的效度。

三、观察法

(一)观察法概述

1. 观察法的含义[①]

观察是指人们对周围存在事物的现象和过程的认识。"观"是看,"察"是分析研究。它是一种有目的、有意识的感性认识活动,属于认识论范畴,而不是生理学范畴的概念。观察的重要特点正是在于强调"自然发生"的条件下,对评价对象不加任何干预控制。

所谓观察法是指评价者有目的、有计划地通过感官和辅助仪器,对处于自然状态下的被评价者进行系统考察,从而获取经验事实的一种教学评价方法。教学评价中如果没有被评价对象的第一手原始材料,就无法对被评价者作出科学评价。通常教师都根据课堂观察,了解学生的学习行为与结果,以对课堂教学状况作出及时的反馈与评鉴。例如,对某班级学生学习态度和精神现状进行观察。根据观察目的可以选择不同类型的学生作为观察对象,选择反映学习态度和精神的主要指标(如时效性、求知欲、创造力、自强、意志力、学习习惯等)。主要指标中又应选择典型指标(如时效性)以及主要二级指标,选择几个主要时间、场合等等。随着现代科学技术的发展,观察技术手段的现代化水平不断提高,观察法的应用范围也愈加广泛并能取得更好的成效。

观察法分为两种,一种是广义的观察,即一般日常的观察。即通过评价者的亲身感受或体验来获得有关被评价者的感性材料,带有一定的自发性、偶然性。日常观察是科学观察的基础和初级形式。另一种是科学观察,即评价者按照预定的计划,对于评价对象的范围、条件和方法作明确选择,有目的地直接观察处于自然条件下的评价对象的言语、行为等外部表现,搜集事实材料并加以分析研究从而获得对问题的较深入认识。

[①]裴娣娜. 教育研究方法导论[M]. 合肥:安徽教育出版社,1995:183—184.

2. 观察法的特点

观察法是评价者有目的、有计划地通过对评价对象的活动进行深入、系统的观察以搜集评价资料的一种方法。借助于观察法可以获得许多很有价值的第一手资料,而这些信息是运用其他评价方法很难得到的。例如在课堂教学评价中,教学的气氛、师生双边活动、教师的教态和板书等,只有通过深入课堂、实地观察,方能掌握真实情况,为作出中肯评价提供可靠依据,舍此将难以奏效。①

教学评价中的观察法属于科学观察,其基本特点有:②(1)观察的目的性。观察是根据教学评价的需要为解决某一问题而进行的。因此,观察前有明确的目的,并确定了观察的范围、形式和方法。(2)观察的主客观二重性。一方面,观察是在自然状态下,不改变评价对象的自然条件和发展过程,直接观察某种教育现象发生发展过程,综合运用各种途径和方式,对观察结果作明确、详细、周密的记录。由于评价者不干预评价对象的活动,从而能够较客观真实地收集第一手资料。另一方面,观察也具有明显的主观性。这是因为观察是观察者对评价对象的感知过程,因而参与了观察者的思维活动。观察活动的结果还须由观察者表达出来。因此,由观察者最后提供的信息,必将受到观察者本人的主观经验、价值观念以及理论框架和思维方式的影响,就此而言,观察又有着一定程度的主观性。(3)观察的能动性。作为评价手段的教育观察是按照事先制定的提纲和程序进行,同时规定了观察的时间和内容,是从大量教育现象中选择典型对象、典型条件,力求全面地把握评价对象的各种属性并以科学理论去分析、判断和理解观察结果,因此,同样具有能动性。应该看到,科学的研究性观察,远远高于日常观察,是有目的性、选择性的主动的自我实践过程。(4)观察的直接性。③ 这种直接性是就其获得信息的过程和方式而言的。它有两层含义:其一,它不是由评价者通过一定刺激物使被评价者的心理活动所作的反映。其二,它不通过任何中介环节获取资料,因而,观察法获得的信息是最直接的。一般来说,在教学评价信息搜集过程中采用观察法,有别于教育研究中的实验观察,它多是在自然条件下进行的,对评价对象不作任何的控制和干预。而且观察法更不同于其他搜集信息的方法,运用观察法获

---

① 侯光文.教育评价概论[M].石家庄:河北教育出版社,1999:225.
② 裴娣娜.教育研究方法导论[M].合肥:安徽教育出版社,1995:184-185.
③ 侯光文.教育评价概论[M].石家庄:河北教育出版社,1999:226.

取的资料,是观察对象实际状态的自然流露和即刻表现,是观察者通过自己的感官对被评价对象的直接感受和反映。尽管目前在观察过程中有的采用了先进工具,如摄像机和照相机等,但由于是对观察对象的全面真实的再现,因而,丝毫不会妨碍观察的直接性。

与其他评价方法相比,观察法的优点体现在以下几个方面:第一,观察是在现场进行的,具有直接感受性;第二,一般不需要任何其他中介环节(较少使用复杂的仪器设备),主要依靠观察者的感官和思维;第三,可获得评价对象不愿意或没能报告的行为表现,以及短时出现的情况;第四,通常不会妨碍被评价者的日常学习;第五,在行为发生的现场作即时记录,全面、准确、生动,具有真实性和客观性。

与其他评价方法相比,观察法的缺点体现在以下几个方面:第一,取样较小,评价对象项目多且分散时较难应用;第二,有时会对被评价者产生干扰;第三,依赖评价者的能力和心理状况,会因主观因素的干扰而引起失真;第四,评价者需要经过严格的培训;第五,时间和精力花费比较大,实施成本高;第六,资料记录和整理较难系统化,结论较难类推或判断因果关系;第七,有时观察项目归类的推论性太强,从而影响调查的信度。

3. 观察的类型

按照不同的标准,观察法可作不同的分类。

按照观察条件的控制情况可分为自然观察法和实验观察法。自然观察法是在评价者对被评价者不作控制或干预的自然条件下,进行观察而获得信息的方法。而实验观察法则是在对被评价者进行一定控制和改变的情况下,进行观察搜集信息的方法。前者强调在自然发生的条件下从事观察活动,能够比较真切地搜集到通常状态下的实际资料。教学评价是对师生教与学的评判,因此在教学评价搜集信息过程中大量应用的是这种自然观察法。实验观察法作为一种有控制的观察,多数用于研究因果关系,该方法通常在取得评价结果的基础上作进一步分析探讨的研究活动中使用,有时在某些心理特征的评价中也采用这种方法,以求排除次要因素干扰,突出主要的被评价因素。

按照评价者是否参与被评价者所从事的活动可分为局外观察和局内观察。评价人员以局外人的身份,不参与被评价者所从事的活动,完全是作为旁观者进行观察获得所需资料,这种观察称为局外观察。一般来说,采用此种方法搜集信息比较客观,对被评价者的干预可以控制到最小程度,而且也比较省时省力。这种方法多用于时间紧迫、工作量大的教学评价。但是这种局外评价由于没有实地参与到被评价者所从事的活动之中,所以容易被一些表面现象所掩盖,获得的信息缺乏深度。对于涉及与个人心理活动有关的素质评价,往往需要提供掌握内心世界深层情况的信息,这时应该投入较多的时间和精力,采用局内观察的方法。局内观察法是一种由评价者以活动参与者的身份,投入到被评价者所从事的实际活动中进行观察的方法。由于评价者实地加入了被评价者所在的群体,并作为其成员进行活动,所以能够有更多的机会对被评价者进行深入观察,从而获取全面客观的评价信息。不过,这种方法虽然能够比较客观深入地取得评价信息资料,但是由于费时费力,而且要求评价者具有从事该项活动的能力,对评价者的要求较高,故教学评价的多数场合中并不运用此法。

按照观察内容的范围不同可分为完全观察和取样观察。完全观察是指评价者对评价所涉及的活动进行完整全面的观察以获取评价信息的方法。常用的方法有连续记录法、日记描述法等。这种方法搜集的资料翔实完整,特别适用于对学生的素质评价,作为个案和小样本研究资料。不过,由于此法耗时费力,在一般教学评价活动中多不采用。取样观察是根据评价目的,合理选取有代表性的能够反映被评价者实际状态的事物,进行观察获取评价信息的方法。可以选取某一或某些特定的活动,也可选取特定的时间进行观察。前者称为事件取样观察,后者是时间取样观察。例如,在教学评价中选取某一课堂教学活动作为观察研究,在对学生的学习习惯评价时选取其课堂、课中以及自习等特定时间进行观察搜集必要的信息资料,就是分别选取活动样本或时间样本进行观察的。

按照观察实施的方法可分为结构式观察和非结构式观察。结构式观察是有明确目标、问题和范围,有详细的观察计划、步骤和合理设计的可控性观察,能够获得翔实的材料,并能够对观察资料进行定量分析和对比研究。例如弗兰德斯的关于课堂师生互动的观察研究,就是采用结构式观察。首先运用编码体系,对师生的言语互动进行分类,把课堂的言语活动分为10个种类,每个分类都有一个代码,即一个表示这类行为的数字。然后运用这种分类体系,对课堂教学活动进行观察,从而对师生课堂互动状况作出量化的分析与评价。

非结构式观察是对评价的范围目标取弹性态度,观察内容与观察步骤不预先确定,也没有具体记录要求的非控制性观察。方法较灵活,但获取材料不够系统完整,多用于对评价对象不甚了解的情况下。

(二)观察实施的基本步骤

实施观察法主要做好三个方面的工作:观察的准备,观察资料的获取以及观察资料的分析整理。①

1. 观察准备

(1)明确观察目的,确定观察内容

运用观察法搜集评价信息,首先应该根据教学评价的具体要求明确观察目的和任务,并据此确定观察内容,使观察者明晰观察的任务要求以及观察的项目和范围。例如在教学评价中对物理实验课的观察,这时应该首先根据评价的目的要求,分清所进行的评价侧重点是在于教师的教学还是学生的操作技能,然后以此为基础,确定具体的观察内容。倘若是进行实验课的教学评价,就应根据实验课的课堂教学要求,以教师教学为重点确定观察内容收集资料。如果以评价学生能力为目的,则应围绕学生的活动,观察学生的实验设计与操作,搜集学生实验技能的信息。确定了观察的内容,观察者对观察的项目和范围做到心中有数,再深入课堂进行观察,就能够抓住重点,获取有用的信息。

(2)合理选择观察方式

选择观察方式是根据观察目的、内容以及具体要求和条件限制等,确定合适的观察类型,选择恰当的观察策略,以求更好地完成既定任务,获取所需要的评价信息。为此,应该把握两点:一是切实了解观察的内容要求,充分考虑观察条件;二是全面掌握各种观察类型的实施要求与背景,了解其作用,熟悉它们的优点与不足。这样就可以在实际应用中选取比较适用的观察方式,达到预期效果。

(3)做好观察人员的培训工作,备齐观察所需工具

运用观察法搜集教学评价的信息,重要的是处理好两个方面的问题。首先是应当捕捉到与评价目的相关联的有价值的资料。对此,关键在于观察者应该熟悉所观察的内容,掌握观察的要求,具有一定的从事观察活动并作出合理评定和记录的能力,同时能够自觉防止和控制各种偏向的干扰(如晕轮效应等),进行科学的观察活动。所以做好观察人员的培训工作,保证观察人员能够按照评价要求进行观察十分重要。其次是把观察到的有价值的信息准确记

---

① 侯光文.教育评价概论[M].石家庄:河北教育出版社,1999:228—231.

录下来,这就要求做好观察用具的准备,主要包括制定观察记录表或评价量表,如果需要还应做好有关器械工具的准备,如录音机、摄像机等。

2. 获取观察资料

观察者按照事先确定的方式方法进行观察,并做出准确的记录和评定,这是获取信息的两项重要工作。这里应该注意三个问题。

一是要根据所定的观察方式采用相应的观察策略,以求获得最佳效果。例如,运用局内观察就应在进入情境时,努力造成一种融洽和谐的良好氛围,取得被评价者的良好信任,以便更加自然参与他们的活动,获取真实的信息。运用时间取样观察,则必须严格按照预定的时间,准时进行观察。

二是充分利用记录表及评定量表,做好观察记录和评定工作。由于观察记录表事先把评价所需资料的内容列为细目,因而在作观察记录时可以借助符号代码等,使记录快捷,且便于整理。合理使用观察评级量表,可以帮助评价者获取有效信息,作出正确评价。目前这种评级量表的设计有多种方法,因而也形成了各种不同类型的评级量表。在教学评价中,较为方便的是结合评价的指标体系,参照末级指标加以制作。

三是善于设计和使用观察代码系统。这是将预先设计的需要观察的事件分为较小的单元,并规定相应的符号与之对应,观察时对于应该记录的事件,以其符号代之。这样不仅提高了记录速度,而且增强了记录的准确性,对于资料的整理也提供了极大的方便。设计观察代码系统要紧紧围绕观察内容,充分体现评价者对评价信息的要求,而且应该便于记忆和使用。这里,如何妥善地将观察的事物和行为加以细分是问题的关键,细分后的小单元应当意义确切,便于观察,而且对于所有被观察者具有一致性和通用性,以保证观察的信度和效度。确定小单元之后,就应当选取适当的代号表示它们。这种代号有两种形式:一是用数字表示,一种行为单元与一个数字相对应,这种数字型代码系统易于编制,便于整理,但记忆困难,容易混淆。另一类是用一套特定的符号来表示观察的小单元,从而组成符号型代码系统,其特点是形象直观,便于记忆,但不易编制和整理。

获取观察资料,应该做好观察的记录工作。记录一般有三种方法。[①]

(1)描述记录:描述记录又可细分为三种。

[①] 裴娣娜. 教育研究方法导论[M]. 合肥:安徽教育出版社,1995:190—194.

日记描述法：最早使用这种方法的是瑞士教育家佩斯泰洛奇，其在1890－1920年间，通过观察记录形成有关儿童成长和发展的儿童传记，采用的就是日记描述法。

轶事记录法：着重记录某种有价值的行为，可以是有主题的，也可以是没有主题的，随时记录感兴趣的问题，不受任何时间条件限制，事先也不需要作特别的编码分类。

连续记录法：这是对学生学习活动作更详细、更完善的记录，要求在较长时间内作持续不断的记录。如某小学班主任为了弄清楚班里几个上课不遵守纪律的学生的真实情况，对班里三个不遵守纪律的典型学生做了两个月的连续记录，包括三个学生喜欢在什么课程中不遵守纪律，不遵守纪律的具体表现形式，一节课中一个学生不遵守纪律的频率等等。

(2) 取样记录

取样记录于20世纪20年代后兴起，这是一种以行为为样本的记录方法，较之描述方法，具有更好的客观性、可控性和有效性。既可获得可靠的观察资料，又减少了人力、物力，减少记录所需的时间。取样记录可分为时间取样、活动取样和事件取样。

时间取样：以时间作为选择标准，专门观察和记录在特定时间内所发生的行为，主要记录行为呈现与否，呈现频率及其持续时间。如对小学低年级学生上课时注意力集中时间和程度的观察评价（见表3.3）。

表3.3 对一次20分钟的语文字词抄写作业行为的观察

时间	行为	百分比
开始－5分钟	全班学生踏实认真书写，没有任何声音动作	100
5分钟后	3人开始看别人的作业，并提出别人的书写毛病	7.9
6－10分钟	7人开始有动作，或开始发愣，有的玩铅笔、橡皮等学习用具	18.4
10分钟后	20人开始有动作，发愣，有的开始出声音	52.63
13分钟时	6人完成作业	15.79
20分钟时	又有4人完成作业（共10人完成，28人未完成作业）	26.32
又延续5分钟后	又有30人完成作业（8人未完成）	78.95

初步分析：一年级学生在完成一些重复性记忆作业（如字词抄写、生字书写等）时，最佳时间段位10－15分钟。这段时间内，学生有较强的注意力，以认真态度完成作业，符合这一特点布置作业，能够达到较为理想的效果。

活动取样:以活动作为选择标准。

事件取样:是以特定的行为或事件的发生为取样标准,注意记录某些预先确定的行为表现或事件完整过程的观察记录方法。

(3)行为记录

行为记录主要是用来核对重要行为的呈现与否,观察者将规定观察的项目预先列出表格,当出现此行为时,就在该项上划"√"。此法只判断行为出现与否,不提供行为性质的材料。具体做法:事先制定表格,列出所需观察的项目,然后草拟进行观察。另外,必须在表格上列出一些具体要求,表格应该有一定的顺序性,按照确定的观察项目,依难易程度排列。

这类行为核对表,可按照以上基本要求自行设计。比如要评价学生在上课时主体能动性行为表现,则可列表作观察记录(见表3.4)。

表3.4 学生课堂行为记录表

序号	行为表现	行为次序					
		1	2	3	4	5	6
1	老师提问,学生没有举手						
2	老师提问,学生举手						
3	学生举手并被老师提问,回答一般						
4	学生举手并被老师提问,回答很好						
5	学生没有举手,但被老师提问,回答错误						
6	学生没有举手,但被老师提问,回答一般						
7	学生没有举手,但被老师提问,回答很好						
8	学生主动积极举手,向老师提出问题						

无论哪一种记录方法,记录时都要力求真实,对记录的事实材料要作比较,便于核对事实,交流情况和研究,有利于统一认识。对同一现象应该从不同的方面和角度进行观察,防止观察的片面性。通过观察方法获得的资料,应该通过其他途径,如访谈、查阅有关文献资料等进行对比分析和检验。

3.观察资料的整理与分析

观察后,观察者应当及时整理与补正记录,如发现有遗漏或记录有误时,应尽可能凭借记忆或参考其他观察者的记录进行补充、修正。在采用描述性记录方式时,观察者常常采用速记或简略、潦草的记录方式。因此,及时整理极为重要。整理记录的时间如延迟太久,会因遗忘、难以辨认等原因造成材料的失真。观察资料的整理还可附注上观察者临时想到的解释和受到启发的问题,以便供以后分析时参考。但观察到的实际情况的原始记录和观察者的推论应当明确分开。

(三)观察应该遵循的基本原则

使用观察法搜集教学评价所需信息,应该遵循以下原则。

1. 观察的目的性

观察要有明确的目的,评价者必须知道每次观察的重点和方式,特别是要按照评价目的认真选择典型的观察对象、环境条件和工具。撇开那些暂时无关的内容和次要的过程,排除干扰因素,善于抓住最主要的东西,同时又要注意捕捉那些意外的偶然现象。

2. 观察的客观性

坚持观察的全面、系统、客观,使观察所得的经验事实比较正确地反映客观事实,就要做到,排除先入为主的偏见,避免无意过失,防止被假象与错觉所蒙蔽。

3. 观察的全面性

要尽可能地从多方面观察事物,把握客观对象的各种因素、各种关系和各种规定。注意观察教学活动的发生发展全过程以及与其他事件的相互联系,全面如实地反映现实情况。

四、谈话法

(一)谈话法概述

谈话法在教学评价中有着广泛的应用,中小学教学评价常常通过谈话的方式收集评价信息。谈话就是交谈,是以口头形式,向被评价者直接提问,根据被评价者的答复搜集客观的、不带偏见的事实材料,从而获取评价所需要的信息。这种方法特别适合于评价一些比较复杂的问题。

1. 谈话法的特点[1]

谈话法的最显著特点是具有信息传递的往复性、畅通性和交流的及时性,

---

[1] 侯光文.教育评价概论[M].石家庄:河北教育出版社,1999:233—234.

这在教学评价搜集信息的各种方法中是十分突出的。事实上,在搜集信息的过程中,无论是观察法还是其他方法,就信息的传递情况而言,往往是单向的,有的虽然在整个获取信息的过程中可以视为双向的,但一般来说,这个过程历经的时间较长,缺乏连续性,信息交流不够及时。具体地说,运用观察法搜集信息,是评价者站在旁观者的立场上,对被评价者在教学活动中的表现进行有目的的观察,从而获取被评价者传递来的各种有用的信息。显然,这种信息的传递是单向的,缺乏交流与反馈,因此,难以了解更广泛、更深层的情况和更为需要的信息。其他方法如问卷法等虽是由评价人员提出问题让被评价者作答,但由于评价者与被评价者之间缺乏及时的信息交流,因而往往彼此间不能全面了解对方的意图,有时甚至产生误解。影响信息的采集。谈话法则不然,在搜集信息时,评价者与被评价者自始至终处于充分地交流状态之中,对于评价者提出的问题,可以即刻得到被评价者的反应,彼此之间有什么不明确之处,能够及时释疑,信息通道流畅,保证了评价资料的顺利搜集。

谈话法的另一个突出特点是评价者与被评价者之间作用的相互性。事实上,整个谈话过程就是一种人与人之间的交往过程,始终存在着两者之间的交互作用。具体地说,这里不仅有评价者通过提出问题的方式作用于被评价者从而对其施加影响,还有被评价者的应答活动所产生的对评价者的反作用。

此外,谈话法作为教学评价的方法,不同于一般情况下的交谈,它具有明确的目的,完整的计划和可行的方法。这里的谈话服务于一定的评价目的和任务,提出的问题和谈话的方式是经过科学的安排和认真设计的,在谈话过程中按照预先的计划合理的组织与实施,从而保证谈话的顺利进行,获得的资料客观、准确且有深度。

谈话法能够在既定的时间内不断进行双向信息交流,评价者可以通过交流,主动地向被评价者施加积极影响,在问与答的过程中能够获得更为丰富、全面、深层的信息,更加便于评价者排除消极的干扰和影响把握实质。

谈话法的不足之处是:时间和精力花费较大,谈话样本小,需要较多训练有素的谈话人员,成本较高;谈话者的特性,如其价值观、信念、偏向、表情态度、谈话方式等会影响被评价者的反应;谈话者需要事先接受较严格和系统的培训。被评价者的言不符实,或对问题的偏见会导致所获资料的偏误。此外,对谈话结果的处理和分析也比较复杂。

2. 谈话的类型

根据不同的分类标准,谈话法可做如下分类:①

(1)有结构谈话和无结构谈话

按照谈话提问和反应的结构方式,可以分为以下四种形式,详见表3.5。

表3.5 谈话法的结构分类表

反应的特点	问题项目特点	
	无结构	有结构
无结构	无结构谈话	半结构谈话Ⅰ
有结构	半结构谈话Ⅱ	有结构谈话

这四种谈话形式的主要特点归纳如下:

①有结构谈话:有结构谈话属于正式的、标准化谈话。谈话者根据统一设计的谈话表进行询问,并记录。被谈话者根据问题回答,作出反应。其优点是实施程序严格、规范,结果便于分析处理,具有可比性。缺点是不够机动、灵活,无法处理非预期的情况。

②无结构谈话:无结构谈话属于非正式的、或非标准化的谈话,或自由谈话。通常只有粗略的谈话范围,甚至可以进行自由提问和做出回答。无结构谈话往往采用事后记录的方法,不作现场记录可使被谈话者消除防卫心理,提供更多的真实想法。其优点是实施程序灵活,谈话环境宽松,无压力,易于深入探讨问题。缺点是对谈话者的能力要求高,不熟练的谈话者不宜采用,资料不易处理。

为有效发挥有结构谈话与无结构谈话的优越性,同时克服其各自的局限性,有研究者创造了介于两者之间的半结构(半标准化)谈话形式。半结构谈话一般使用事先拟定的谈话提纲和主要问题,提问和回答的方式比较灵活,依谈话情境而定。谈话双方既有同一的谈话中心,又有一定的发挥余地。半结构谈话包括两种变式。

③半结构谈话Ⅰ:半结构谈话Ⅰ的特点是问题的结构性较强,但回答的方式比较自由,甚至可以采用讨论的方式。

④半结构谈话Ⅱ:半结构谈话Ⅱ的特点是问题的结构性不强,但回答的方

---

①金娣,王刚.教育评价与测量[M].北京:教育科学出版社,2007:141.

式比较正规,即不作过多的自由发挥。

(2)个别谈话和集体谈话

根据被谈话的人数不同,谈话可以分为个别谈话和集体谈话(座谈会)。个别谈话容易减少顾虑,谈得比较深入,而座谈会则有利于相互启发、补充和核实。座谈会的人数一般控制在6—12人为宜,并把座谈的主题提前告诉与会者,以便做好准备。

(3)直接谈话和间接谈话

根据是否借助中介物,谈话还可分为直接谈话(面谈)和间接谈话(电话谈话)。电话的主要优点是能够节省路途往返时间,扩大谈话对象;费用低;降低潜在的威胁性;减少人力并提高质量。其主要缺点是拒绝率可能较高;较难保证谈话环境的统一和标准化;在被谈话者出现厌倦、应付敷衍时,难以有效地加以引导。

上述各种类型的谈话,各有所长,又有其相应的不足,采用何种类型、何种形式,要根据谈话的目的,对被谈话者的了解程度,被谈话者的能力和其他特征而定。在实际使用时,还可以灵活地加以组合。

(二)谈话实施的基本步骤

1.谈话前的准备工作

在谈话开始之前,评价者要做一些必要的准备工作,主要包括抽取谈话对象,确定谈话时间、地点与谈话内容。

(1)抽取谈话对象:毋庸置疑,被谈话者必须是知情者,能够提供评价所需的信息。选择谈话的对象时还要做到点面结合,既有典型性、又有代表性,以便全面获取信息。

(2)确定谈话时间与地点:谈话的时间和地点原则上以被谈话者的方便为主。通常情况下,评价者要尽可能选择比较僻静的地方,避免过多的人员来往以及噪音的干扰。评价者在与被谈话者初次接触时,还应该就谈话的时间与次数与对方进行磋商。一般来说,一个比较充分的收集谈话资料的过程应该包括一次以上的谈话,并且谈话的时间应充分考虑谈话的内容与谈话对象的个性特征。

(3)确定谈话内容:评价者要围绕评价的目的确定谈话内容,拟定适当的谈话提纲、谈话表和谈话工作细则。谈话的内容大致可分为:事实调查,要求被谈话者提供所了解的情况;意见的征询,征求被谈话者的看法、意见和建议;

同时注意被谈话者的个人情况和具体特征。

2.谈话过程中的记录

谈话记录在教学评价中占据着十分重要的位置。在征求谈话对象同意的前提下,谈话者应该对谈话进行现场录音或录像。如果条件不允许,则谈话者应该对谈话内容进行详细的笔录。

现场笔录一般有四种方式:内容型记录、观察型记录、方法型记录和内省型记录。"内容型记录"记的是被谈话者在谈话中所说的内容,这种记录在无法录音的情况下尤其重要。"观察型记录"记下的是谈话者看到的东西,如谈话的场地和周围的环境以及被谈话者的衣着和神情等。"方法型记录"记的是谈话者自己使用的方法,以及这些方法对被谈话者、谈话过程和结果所产生的影响。"内省型记录"记下的是谈话者个人因素对谈话的影响,如性别、年龄、职业、相貌言谈举止、态度等。

3.谈话资料的整理与分析

资料的整理是对资料进行"去伪存真,去粗取精"的加工过程,是从资料收集阶段到资料分析阶段的过渡环节。

(1)谈话资料的整理

谈话资料的整理过程主要分为三个步骤:谈话资料审核,谈话资料分类,谈话资料的汇总和编辑。

①谈话资料的审核:资料审核是对资料进行审查与核实,消除原始资料中虚假、短缺、冗余等现象,保证谈话资料的真实、完整、简洁,为进一步加工整理奠定基础。对谈话资料的审核集中在真实性、准确性和适用性三个方面。

谈话资料的真实性审查主要涉及资料与评价对象的关系,目的是达到两者的统一。进行真实性审查的主要方法有:经验法,评价者根据原有经验、常识,核查资料的真实性;逻辑分析法,评价者考察谈话资料的内在逻辑,核查资料是否自相矛盾;比较法,评价者比较收集到的资料与相关资料的一致性,核实资料的真实性。例如,比较不同评价者使用相同方法对同一谈话对象所收集的资料,如果发现两者一致性程度较高,一般认为资料真实可靠。

谈话资料的准确性是把评价目的作为审查标准,考察所收集到的资料与评价目的是否相关以及相关的程度。为使谈话资料更简洁、典型,要放弃那些本身正确但与评价目的不相关或相关不大的资料。

谈话资料的适用性审查主要考察谈话资料是否适合于分析和解释,即现有的资料在广度和深度上能否得出评价结论。资料的适用性可从质和量两个方面考察。资料的深度、广度、集中与完整性都属于质的方面;资料的分量属于量的方面。从质的方面说,谈话资料在集中和完整的前提下,在深度上与广度上越是有利于评价结论的作出,资料的适用性就越高。从量的方面说,评价结论强调资料来源广泛性,单一资料难以验证评价结论。

②谈话资料分类:分类是评价者运用比较法鉴别出资料的共同点和差异点,然后根据共同点将资料归为较大的类,根据差异点将资料划为较小的类,从而将资料区分为具有一定从属关系的系统。

在对资料进行分类时,评价者必须遵循形式逻辑规定的分类原则。首先,分类要体现评价目的。分类是为了使资料进一步有条理,更加有力地说明评价结论;其次,分类后的各子项互斥。分类后的各小类不能相互包含,不能在外延上有交叉;最后,分类要完整,即分类对象外延等于各子项外延之和。

③谈话资料的汇总:汇总就是在分类之后对资料按照一定的逻辑结构进行编排。逻辑结构要根据评价目的、要求和客观情况确定,要使汇总后的资料既反映客观情况,又说明评价问题。资料汇总有两个基本要求:首先是系统完整,资料大小类目要井井有条、层次分明,能系统完整地反映评价对象的面貌。其次是简明集中,使用尽可能简洁、清晰的语言,集中说明评价对象的客观情况,并注明资料的来源和出处。

(2)谈话资料的分析

谈话资料适合作定性分析。定性分析是判断资料是否具有某种性质或某种现象变化的过程与原因。一般来说,谈话资料的分析可以按照以下步骤进行。

①阅读谈话资料:评价者要通读谈话资料,在阅读的过程中要保持一种"投降"的态度,即把自己的前设和价值判断暂时悬置起来,一切从资料出发。评价者在阅读过程中还要努力寻求"意义",即寻找资料所表达的主题和统帅资料的主线。评价者在对资料产生整体认识的基础上,还要进一步寻找各部分资料之间的关系和区别。

②筛选谈话资料:评价者从大量资料中抽取出能够说明评价目的的核心内容。资料筛选不是为了证明自己"想当然"的结论而对资料任意取舍,必须依据两个标准。第一,必须能够说明或证明所评价的问题;第二,要考虑资料本身所呈现的特点,如某个词语出现的频率、持续的时间,评价对象反应的强

度,资料所表现出的形态,资料可能引发的后果等。

4. 形成初步的评价结论

在上述对谈话资料的整理与分析的基础上,形成初步的评价结论。评价结论的形成要有依有据。

(三)谈话法注意事项①

1. 谈话要注意遵循共同的标准程序。关键是要准备好谈话计划,包括关键问题的准确措辞以及对谈话对象所作回答的分类方法。避免只凭主观印象,或评价者和被评价者之间毫无目的、漫无边际的谈话。

2. 谈话前必须对评价对象的基本情况作充分了解。如谈话对象的经历、个性、地位、专长、兴趣等,要分析谈话对象能否提供对于评价来说具有价值的材料。

3. 掌握谈话的基本技术。巧妙地运用各种提问技术,提问的方式,用词的选择,问题的范围要适合谈话对象的知识水平和习惯。善于沟通,消除隔阂误会,形成相互信任融洽的合作关系。

4. 注意做好谈话过程中的心理调控。洞察谈话对象的心理变化,善于随机应变。

第二节 评价信息的处理方法

一、定性分析法

定性分析是用语言描述形式以及哲学思维、逻辑分析来揭示被评价对象特征的信息分析与处理的方法。②

(一)定性分析的特点与适用范围

中小学教学评价中评价信息的定性分析主要有以下几个特点:

1. 定性分析注重整体分析

定性分析目的在于把握事物的质的规定性,因此,必须立足于对评价对象的整体分析,注重整体地、发展地、反思地、综合地把握评价对象的特质,以获得对评价对象一个完整的透视。也只有将评价对象作为一个发展的整体加以

---

① 裴娣娜. 教育研究方法导论[M]. 合肥:安徽教育出版社,1995:180—182.
② 金娣,王钢. 教育评价与测量[M]. 北京:教育科学出版社,2007:159.

分析，才有可能揭示教学过程各组成部分之间内在的关系、过程及与其他方面的联系，透过表面深入到内在本质，说明评价对象变化发展的真正原因。

2. 定性分析对象是质的描述性资料

定性分析是以反映事物质的规定性的描述性资料而不是量的资料为研究对象。这些资料通常以书面文字或图片等形式表现，而不是精确的数据形式；是在自然场合，如通过参与观察和深入谈话得来的资料，带有很大程度的模糊性和不确定性；定性分析的资料来自小的样本以及特殊的个案，而不是随机选择和大的样本。

3. 定性分析的研究程序具有一定的弹性

在分析程序上，定性分析不同于定量分析。定量分析有一个标准化程序，使用数学方法作出一个量的刻画，用数学语言表示事物的状态、关系和过程，在此基础上加以推导、演算和分析，以形成对问题的解释和判断，具有逻辑的严密性和可靠性。而定性分析是一个不太严格的研究程序，具有很大灵活性，分析的步骤与程序依据所搜集的资料的数量与质量而定。

4. 定性分析侧重于归纳逻辑分析

归纳分析有一个不同于演绎分析的一般程序。演绎分析是先有一个假设，然后搜集能够检验假设的资料或事实，将事实与假设加以比较分析，最后得出结论。而归纳分析却是先列出事实材料，将这些资料与事实加以归类，然后从中得到一些启示，抽象概括出概念和原理。

5. 定性分析中的主观因素及对背景的敏感性

定性分析注重质的分析与价值判断，由于受评价者价值观等主观因素影响，所获得的评价结论往往带有很强的主观体验色彩，其客观性受到限制。另外，评价对象的行为表现总是与特定的情景相关联，离开这一特定情景，一定的教育行为就不会发生，这就是背景的敏感性。因此，定性分析很关注对背景的分析。

定性分析主要适用于以下场合：注重对现象发生发展过程及原因的探讨，如学生的发展，随着时间的推移发生的行为上的演变；典型个案的评价，如一个案例、一个班、一个学校、一个群体的典型材料的分析与评价；有关观念意识方面材料的分析等。

（二）定性分析的过程

定性分析的基本过程包括：第一，确定定性分析的目标，分析材料的范围。第二，对资料进行初步的检验分析。第三，选择适当的方法和确定分析的维度。第四，对资料进行归类分析，得出结论，并进一步探讨可能存在的因果关系。第五，对定性分析结果的客观性、效度与信度进行评价。①

（三）定性分析的主要方法

1. 文献分析法：②

文献分析主要是通过查阅有关文献资料，加以整理分析乃至浓缩资料，从而获取评价信息的分析方法。文献资料法是一种对事物的事后回溯。由于资料是已经固定不变的东西，查阅方便，节省费用，这是文献资料法的优点。但由于文献资料已经是二手材料，在收集信息时会遇到资料不全、内容矛盾、出处不详等问题，让人难以获得明确的信息。因此，文献资料法的使用者首先要对资料内容有个整体的了解。在查阅时，一边查阅一边记录资料的时间、出处、提要等信息，归纳整理出一个资料的线索图，然后整理需要的内容，如发现问题或疑问，再根据线索图去反复查阅有关的资料。

2. 归纳法

归纳法就是从具体的、个别的现象出发，概括出一般性或普遍性结论的思维方法，是从个别到一般，寻找现象普遍性特征的认识方法。归纳法的基本逻辑是，已知对象 S_1 具有特征 P、对象 S_2 具有特征 P、对象 S_3 具有特征 P、……对象 S_N 具有特征 P，那么就可以归纳断定所有的对象 S 都具有特征 P。归纳法往往是适合于从经验事实出发以获得评价结论的分析过程。

归纳法的具体方式有三种：完全归纳法、简单枚举归纳法和科学归纳法。

完全归纳法是评价者在观察、把握了某一群体中每一个个体都具有某一属性，然后推断出该群体全体都有某一属性的归纳方法。只要所依据的材料无误，完全归纳法所得结论是可靠的。但前提是必须对所有评价对象都一一进行考察，否则就不能采用此法。

简单枚举归纳法是研究者由观察、测量某类中一些评价对象（或事物）具有（或不具有）某种属性，由此推断出该类全体都有（或不具有）某一属性的归

---

① 金娣，王刚. 教育评价与测量[M]. 北京：教育科学出版社，2007：160.
② 沈振佳. 中小学教育评价[M]. 广州：广东高等教育出版社，2000：63—64.

纳方法。由于没有考察同类的所有个体，其结论具有或然性。

科学归纳法又称作因果联系归纳法，是根据考察分析出某一群体中的部分对象与某种属性有必然的联系，由此推论出该群体的所有对象都具有某种属性的归纳方法。该方法是以对某类群体的必然属性的认识为基础的。由于原因和结果之间存在着必然的联系，有了某一原因必然会产生某一结果。根据已有的原因来推断出作为一般的结果，其结论是科学可靠的。

3. 分析法

分析是将评价对象的整体分为各个部分、方向、因素或层次，并分别加以考察，从而认识评价对象本质的思维方法。从根本上来说，分析是一个从现象一层层地向本质深入的过程。经过这样的过程，那种最初在感性上以其整体呈现在面前的现象，被思维分解为各个方面的联系和特征。但是这种分解绝不是简单的机械分割，分解的目的不仅要认识现象的各个方面、各种属性和关系，而且要从许多方面中分成主要的方面，从偶然性中找出必然性，从表象中发现本质。

4. 比较法

比较法是把两个或两类现象，根据一定的标准进行比较，从而确定它们的相同点和不同点的逻辑方法。各种教育现象或事物是相互联系又相互区别的，总是既有共同点，又有其不同点。这种存在于事物中的异同点，是进行比较分析的客观基础。教学评价中的比较法，是根据一定的标准，对评价对象在不同时期、不同地点、不同情况下的不同表现，进行比较研究，以揭示评价对象发展的普遍规律及其特殊本质，力求得出符合客观实际结论的分析方法。常用的比较方法有纵向比较法、横向比较法和类比比较法等。

运用比较法对教学评价资料进行分析必须注意：首先要进行本质比较，而本质往往隐藏在表象的背后，有一个暴露和发展的过程；其次，要注意可比性，即比较对象之间具有一定的内在联系，能够用同一个标准去衡量和评价；最后，用于比较的资料必须准确可靠，具有客观性、代表性与典型性。

二、定量分析法

（一）定量分析的特点

定量分析是指评价者运用数学手段，对所搜集到的数据资料进行统计分析，揭示现事物数量特征的过程。定量分析的主要目的是把握事物量的规定性,客观、简洁地揭示被评价对象的重要的可测特征。

定量分析的主要手段是统计方法,即运用统计学的原理和方法,对所获取的评价对象的数量资料,进行整理、分析与科学推断,揭示现象所蕴含的客观规律。

定量分析具有如下特点[①]:

第一,定量分析注重被评价对象的可测特征,进行精确而简洁的量化描述;

第二,定量分析的对象是具有数量关系的资料,如问卷调查和测验方法获取的数量信息等。一些质性资料经过量化处理后,也可作为定量分析的对象;

第三,定量分析具有严格而规范的分析程序和很强的顺序性,高级的分析一般都要以低级的分析为基础;

第四,定量分析采用数学和统计分析的方法,通过数学和逻辑运算,抽取并推导出对特定问题有价值的数据,并在此基础上得出结论;

第五,定量分析基本上不受分析者主观因素的影响,所得结果客观性强;

第六,定量分析可借助计算机等现代化手段完成分析,效率较高。

(二)定量分析的过程

定量分析的过程主要包括以下几个环节:

1. 评价资料的整理。针对不同类型的数量资料,在对资料的全面性、真实性、系统性进行审核的基础上,运用统计分组、统计图表等方法,描述评价对象的有关属性的分布形态与特征,并使资料具有简洁性、条理性等特点。

2. 统计指标的计算。对结果整理的数量资料,进行统计运算,计算有关特征量数,如集中量数、差异量数与相关系数等,以反映评价对象有关特征的数量水平。

3. 评价资料的分析与解释。通过统计检验,解释和鉴别评价结果,运用抽样推断的原理,由样本特征推断总体状况。

(三)定量分析的主要方法

1. 图表法

在教学评价中,要收集大量的数量化资料,而将大量的、杂乱无章的数据资料进行初步的归类、整理和分析,则是评价后期的一项主要工作。这一工作

[①] 金娣,王钢.教育评价与测量[M].北京:教育科学出版社,2007:165.

常常是通过统计分组与绘制统计图表,以达到直观而清晰地反映评价对象数量特征的目的。

统计表是用表格的形式表现评价所收集的数据资料的方式,它把评价的数字资料,以简明的表格形式表现出来。统计图则是利用几何图形或其他图形等的描绘,把评价对象的特征、内部结构、相互关系和对比情况等方面的数据资料,绘制成整齐简明的图形,用以说明评价对象和过程的量与量之间的对比关系的一种方法。与统计表相比,统计图把统计资料更加形象化和通俗化,能够使人一目了然,便于粗略地比较分析。

统计表按照不同的标准划分为不同的种类,不同类型的统计表所具有的功能不同。常用的统计表有单项表、双项表、复合表与次数分布表。

单项表仅包含一种事项的比较或仅有一种分类的统计表,如表 3.6 即为单项统计表,是某学校学生动手能力问卷调查数据的统计。由该表可以看出,该年级学生的动手能力很强与较强的人数所占比例较高,达到 55.70%,但仍然有相当一部分(占 24.05%)表现较差。

表 3.6　某初中二年级学生动手能力问卷调查结果分析表

选项	很强(A)	较强(B)	一般(C)	较差(D)	很差(E)	合计
人数	62	70	48	22	35	237
百分比%	26.16	29.54	20.25	9.28	14.77	100.00

双项表包括两种事项的比较或两种分类标志分组的统计表格。如表 3.7 所示。

表 3.7　某年级学生学习态度与学习成绩调查表

成绩＼态度	努力	不努力	合计
较好	36	5	41
较差	11	27	38
合计	47	32	79

由表 3.7 可以大致看出,学生的学习态度与学生的学习成绩具有一定的联系。

复合表是指包含两种以上事项或按两个以上分类标准分组的统计表格。

这种表由于包含的事实项目较多，因而可以更好地揭示和比较教育现象的重要联系和差别。如表 3.8 所示。该表是按年级、性别与学习积极性程度三种分类标志划分的复合表。从表中可以看出，不同性别、不同年级之间学习态度基本上没有什么差别。

表 3.8 不同年级男女生学习积极性状态调查表

年级	性别	学习积极性（人数）			
		很积极	积极	一般	不积极
一	男	32	45	20	23
	女	35	48	22	25
二	男	33	43	38	16
	女	33	49	33	15
三	男	35	40	35	20
	女	36	44	30	10

次数分布表是在原始资料进行分类整理的基础上，把所有数据按大小分为若干组，再将全部数据归入到相应的组内，得到各组内的次数，以清楚地显示全部数据的分布特征与分布规律。表 3.9 即为反映某班学生语言测验成绩的次数分布表。

表 3.9 某班学生语言测验成绩分布表

组别（X）	组中值	f（人数）
90—100	95	4
80—90	85	10
70—80	75	21
60—70	65	12
50—60	55	4
40—50	45	1
合计	—	52

由表 3.9 可发现，学生语言测验成绩处于中间多，两尾少的分布状态。

2. 指标法

指标法是指对搜集到的数量属性的评价资料，在初步整理的基础上，计算出能够反映评价对象有关特征的数量指标,即特征量数。常用的统计指标有集中量数、差异量数与相关系数等。

(1)集中量数

从次数分布表上(如表3.9)可以看出,分布在各组的次数基本上呈现两端次数较少,中间次数较大的分布状态,说明数据具有趋向于中间某一点的特征,这种特征称作数据的集中趋势。代表集中趋势的数量指标称作集中量数,最常用的集中量数是算术平均数。算术平均数的计算公式为:

$$\bar{X} = \frac{\sum X}{N} \text{ 或 } \bar{X} = \frac{\sum fX}{\sum f} \tag{3.1}$$

例如对表3.9资料,52名学生语言测验成绩的算术平均数为:

$$\bar{X} = \frac{\sum fX}{\sum f} = \frac{4 \times 95 + 10 \times 85 + \cdots + 1 \times 45}{4 + 10 + \cdots + 1} = \frac{3850}{52} = 74.04$$

平均数作为一组数据一般水平的代表值,在教学评价与教育研究中具有广泛用途,其中最突出的表现为:可以进行样本或总体间的比较,利用各班学生的平均成绩进行比较和分析,以初步鉴别谁优谁劣;分析现象间的依存关系,如根据全班学生某科平均成绩的状态,了解与反映任课教师的教学水平。

(2)差异量数

在对数据资料进行分析时,仅仅求出集中量数以反映数据的一般水平,还不能充分说明数据分布的全貌。因为某种因素的影响,使得数据具有另一种特征,即离中趋势,或数据的离散程度。不同团体、不同特征的数据,其离散程度可能不一致。表示一组数据离散程度或差异程度的统计指标称作差异量数,它反映数据分布的离中趋势。差异量数越大,表示数据分布范围越广,数据就越松散,其集中量数作为一组数据的代表值,代表性程度越低;差异量数越小,表示数据分布得越集中,变动范围越小,集中量数的代表性程度就越高。最常用的差异量数是标准差或方差。标准差的计算公式为:

$$\sigma = \sqrt{\frac{\sum_{i=1}^{k} f(X_i - \bar{X})^2}{\sum_{i=1}^{k} f_i}} \tag{3.2}$$

例如表3.9资料,52名学生的语言测验成绩的标准差即为

$$\sigma = \sqrt{\frac{\sum_{i=1}^{k} f(X_i - \bar{X})^2}{\sum_{i=1}^{k} f_i}} = \sqrt{\frac{4 \times (95 - 74.04)^2 + \cdots + 1 \times (45 - 74.04)^2}{4 + \cdots 1}}$$

$$= \sqrt{\frac{6251.92}{52}} = \sqrt{120.23} = 10.96$$

方差为：$\sigma^2 = \dfrac{\sum_{i=1}^{N}(X-\bar{X})^2}{N}$ 或 $\sigma^2 = \dfrac{\sum_{i=1}^{k} f(X_i - \bar{X})^2}{\sum_{i=1}^{k} f_i}$ (3.3)

如果是对样本资料，其标准差的计算公式为：

$$S = \sqrt{\frac{\sum (X - \bar{X})^2}{n - 1}} \tag{3.4}$$

对于分组资料，其计算公式为：

$$S = \sqrt{\frac{\sum f(X - \bar{X})^2}{n - 1}} \tag{3.5}$$

由于在教学评价中，所搜集的数据基本上都是样本资料，所以，通常教学评价数据的标准差都由公式(3.4)或(3.5)计算。

对表3.9资料，如果是从某学校随机抽取的样本资料(52名同学)，其标准差为

$$S = \sqrt{\frac{\sum_{i=1}^{k} f(X_i - \bar{X})^2}{n - 1}} = \sqrt{\frac{4 \times (95 - 74.04)^2 + \cdots + 1 \times (45 - 74.04)^2}{52 - 1}}$$

$$= \sqrt{\frac{6251.92}{51}} = \sqrt{122.59} = 11.07$$

标准差的计算严密，其数值与原始数据的测量单位相同，意义明确，应用广泛。但如果两组及以上的数据(如同一团体的两个属性的测量数据)，其测量单位不同，两组数据的差异程度就不能直接运用标准差进行比较。此时，可采用相对标准差——差异系数较为合适。

(3)标准分数

标准分数是以标准差为单位表示一个分数在其所在团体中相对位置的量数，又称作Z分数。标准分数的计算公式为：

$$Z = \frac{X - \bar{X}}{S} \tag{3.6}$$

根据标准分数,可以针对某个数据在其所属的团体中处于什么地位,以便于对不同属性的测量结果进行比较。假若某学生在语文测验中的成绩是90分,数学测验中成绩为88分,我们不便直接判断究竟哪一科的测验成绩更好。若将其转化为标准分,就可以有效地进行比较。具体举例如下:

某学生在一次数学测验中得80分,全班成绩为 $\bar{X} = 75, \sigma = 7$;而该学生在一次语文测验中得78分,全班成绩为 $\bar{X} = 70, \sigma = 5$,试比较该生两科成绩的优劣。

$$Z_\text{文} = \frac{78-70}{5} = 1.6, Z_\text{数} = \frac{80-75}{7} = 0.714 \quad Z_\text{文} > Z_\text{数}$$

说明语文成绩优于数学成绩。

同样在对不同学生的学业状况进行比较时,由于原始分数不具有可比性,不能直接进行比较,而运用标准分数进行比较则科学合理。举例如下:

甲乙同学在四科测验上的得分与所属团体状况如下表,试比较甲乙两人测验成绩的优劣。

表3.10 甲乙两同学测验成绩与所属团体测验状况

测验	甲	乙	团体状况	
			$\bar{X}$	S
1	125	108	123	12
2	145	140	130	14
3	120	145	115	16
4	130	127	128	10

甲:$Z_1 = 0.167, Z_2 = 1.071, Z_3 = 0.313, Z_4 = 0.200$
乙:$Z_1 = -1.250, Z_2 = 0.714, Z_3 = 1.875, Z_4 = -0.100$

甲的标准分之和为1.751;乙的标准分之和为1.239。甲的标准分之和大于乙,可以认为,甲的测验成绩优于乙的测验成绩。

(4)相关系数

平均数与标准差是对一组数据或一个变量进行描述的特征量数。要描述成对数据或两个变量之间的变化关系,如学生智力与学习成绩的关系、教学经费与教学效果的关系、两科成绩或多科成绩之间的关系等,就需要进行相关分析,计算相关系数。

相关通常指两列数据或两列变量之间的相互关系,相关系数则是表示两列数据或变量间相互联系程度与方向的数量指标,通常用 r 表示。根据数量资料的属性,相关系数有多种形式,教学评价实践中最常用的有积差相关、等级相关与点二列相关等。

例如某小学为评价小学生作文成绩与阅读能力之间的联系程度,随机抽取 10 名学生做作文与阅读能力测试,测试结果如表 3.11。

表 3.11　10 名学生作文与阅读测验成绩

学生	作文(X)	阅读(Y)
1	71	75
2	74	76
3	72	71
4	68	70
5	73	79
6	76	76
7	67	65
8	70	77
9	74	72
10	65	62

已知考试成绩均为正态分布,则两科成绩之间的联系程度可以通过积差相关系数表示。

积差相关系数的计算公式为:

$$r_{XY} = \frac{\sum(X-\bar{X})(Y-\bar{Y})^2}{\sqrt{\sum(X-\bar{X})^2 \sum(Y-\bar{Y})^2}} \tag{3.7}$$

本例作文与阅读测验成绩的关联程度为:

$$r_{XY} = \frac{\sum(X-\bar{X})(Y-\bar{Y})^2}{\sqrt{\sum(X-\bar{X})^2 \sum(Y-\bar{Y})^2}} = \frac{134}{\sqrt{110 \times 268.1}} = 0.78$$

相关系数的取值范围为 -1.00—1.00,当 r 是正值时,两列变量之间的变化方向一致,两者之间呈正相关关系,r 为负值时则为负相关,说明两者之间的变化方向相反。通常 $|r| \geqslant 0.70$ 时为高相关,$0.40 \leqslant |r| \leqslant 0.70$ 时表示相关

程度较显著，|r|<0.40 时为低相关。运用相关系数研究问题，其样本容量 n 应不小于 30，且对相关系数的解释要慎重。相关程度是否具有意义，还要通过统计检验。另外，在求取两列数据的相关程度时，要注意数据的类型。针对不同类型的数据，选择不同的相关系数。例如，下面的资料，在确定关联程度时就应该采用等级相关。等级相关系数的计算公式为：

$$r_R = 1 - \frac{6\sum D^2}{n(n^2-1)} \tag{3.8}$$

例如，某学校对教师工作绩效进行考评，采用领导考评与教师同伴考评相结合的方法。为判定两种考评结果的一致性，随机抽取 10 名教师的考评结果，具体如表 3.12，已知考评分数为非正态分布，试求两者的一致性程度。

表 3.12　10 名教师考评成绩

被评教师	领导考评分数(X)	教师考评分数(Y)
1	65	67
2	55	62
3	73	74
4	50	60
5	45	56
6	70	65
7	54	60
8	55	45
9	63	61
10	59	64

计算过程中，首先将 X、Y 转换成等级 R_X、R_Y，然后求 $D=R_X-R_Y$ 及 $\sum D^2$，得 $\sum D^2 = 25$，

代入公式　　$r_R = 1 - \frac{6\sum D^2}{n(n^2-1)} = 1 - \frac{6 \times 25}{10(10^2-1)} = 0.85$

计算结果说明两者评价分数的一致性程度较高。

关于相关系数的具体计算与要求可参见有关统计学书籍。

3.检验法

(1)统计检验概述

统计检验是指利用样本所提供的信息,根据一定的概率,对总体参数或有关分布的假设作出拒绝或保留的决策方法。

在教学评价中,往往要对某两种处理的效果进行比较,并作出是否具有显著差异的评价结论。例如,某校甲、乙两个班原有水平基本一致,在分别接受不同的处理后,两个班的测验成绩如表 3.13 所示,我们如何评价两种处理效果之间的差异,即评价甲乙两班成绩孰优孰劣。

表 3.13　两种处理下的测验成绩统计表

组别	n	$\bar{X}$	S
甲	38	79.90	9.20
乙	42	75.63	8.57

导致样本平均数之间存在差异的原因有两点,一种原因是两种处理措施有优劣之分,其效果存在显著差异,所以导致接受两种处理的班级平均数不同,此时,可以认为甲乙两班平均分数的差异是显著的。另一种原因是两种处理的效果没有差别,甲乙两班平均数之间的差别是由随机误差等其他因素所引起的。统计检验就是要对这两种因素进行分析,从而作出判断。如果检验的结果是属于前一种原因,即差异显著,就意味着两个统计量所属的两个总体平均数(或总体参数)之间确有差异;如果检验结果属于后一种原因,即差异是由随机误差影响导致,就意味着两个统计量所属的两个总体平均数(或总体参数)之间没有差异。统计检验的作用就是利用样本统计量之间的差异来判断总体参数之间是否存在差异。

统计假设检验的基本原理是小概率原理,即小概率事件在一次试验中几乎不可能发生。假设某事件是小概率事件,则它在一次抽样中是几乎不可能发生的;反过来,如果在一次试验中该事件发生了,则可以认为原先的假设有问题,由反证法而判定该事件不是小概率事件。当然作出这种判断是要冒犯错误风险的,即存在犯错误的概率。统计检验的基本思路就是根据小概率原理运用反证法来检验我们想获得的结论。例如对前述问题,要检验两种处理或甲乙两班平均数有无显著差异,先假设两者没有显著差异(虚无假设),然后通过抽样确定该虚无假设成立的可能性有多大。如果虚无假设成立的可能性 P＜0.05(或 0.01)，即虚无假设成立的可能性很小，便可拒绝该虚无假设，说明平均数之间存在显著差异，即两种处理的效果存在显著差异。反之，如果虚无假设成立的可能性较大(超过 0.05 或 0.01)，便不能拒绝，只能暂时接受虚无假设，即认为两个班平均数之间的差异主要是由随机误差引起，而不是由于所接受的处理不同所致。

(2)统计假设检验的基本步骤

第一步，建立统计假设。

统计有两种，虚无假设与研究假设。

虚无假设就是假定两组数据的参数(如总体平均数)没有显著差异，可以表示为： $H_0: \mu_1 = \mu_2$

研究假设又称备择假设，是指根据已有的理论和经验事先对研究结果所作的一种预期的希望证实的设想。在统计检验中，通常表示为两组数据的参数(如总体平均数)有本质的差异，表达式为：

$H_1: \mu_1 \neq \mu_2$

评价者从虚无假设开始，希望用样本数据显示虚无假设不成立，从而间接证实研究假设是真的。

必须注意的是，上述的假设表达式只适用于评价者只关心两个平均数之间是否存在差异，而不关心差异方向的情况，这种假设检验为双侧检验或双尾检验。如果评价者根据理论或经验，可预测某一个平均数大于(或小于)另一个平均数，检验假设就应该采用单侧的形式，如 $H_0: \mu_1 \leq \mu_2, H_1: \mu_1 > \mu_2$ (或 $H_0: \mu_1 \geq \mu_2, H_1: \mu_1 < \mu_2$)。检验就要运用单侧检验方法(用作比较的临界值有所区别)。

第二步，选择适当的统计量并计算统计量值。

根据不同的资料和不同的分析目的，应当选用不同的统计方法及相应的公式计算统计量。学科测验分数一般都服从正态分布或近似正态分布。评价者可以根据样本容量的大小选择适当的检验统计量。对于独立大样本资料，可以采用 Z 检验，独立小样本资料，采用 t 检验。

第三步，确定显著性水平 α，即小概率的标准，通常取 $\alpha = 0.05$ 或 0.01。

由计算得来的统计量的值与显著性水平 α 的临界值相比较，确定 P 值，作出统计决策。根据 P 值的大小，作出判断。如对于双侧 Z 检验，其判断规

则为:

当 $|Z|<1.96$ 时,有 $P>0.05$,则差异不显著,接受虚无假设 H_0。

当 $1.96\leq|Z|<2.58$ 时,有 $0.01<P\leq0.05$,则差异显著,在 0.05 的显著性水平上拒绝虚无假设 H_0,接受假设 H_1。

当 $|Z|>2.58$ 时,有 $P<0.01$,则差异极其显著或特别显著,在 0.01 的显著性水平上拒绝虚无假设 H_0,接受研究假设 H_1。

(3)平均数的显著性检验

对于独立大样本资料,采用 Z 检验方法。对前述表 3.13 的资料,其具体检验过程如下:

$H_0:\mu_1=\mu_2$(即认为接受两种处理的班级平均数没有显著差异)

两个独立大样本资料平均数差异检验的公式为:$Z=\dfrac{\bar{X}_1-\bar{X}_2}{\sqrt{\dfrac{S_1^2}{n_1}+\dfrac{S_2^2}{n_2}}}$ (3.9)

根据表 3.13 的资料可知,

$n_1=38, \bar{X}_1=79.90, S_1=9.20, n_2=42, \bar{X}_2=75.63, S_2=8.57$,

取 $\alpha=0.05, Z_{0.05/2}=1.96$,将有关数据代入公式(3.9)

$Z=\dfrac{79.90-75.63}{\sqrt{\dfrac{9.20^2}{38}+\dfrac{8.57^2}{42}}}=\dfrac{4.27}{1.994}=2.141*$

$|Z|>Z_{0.05/2}=1.96, P<0.05$,拒绝 H_0,认为甲乙两班的平均数有显著差异,从而认为两种处理的效果存在显著性差异。

对于独立小样本资料,平均数差异的显著性检验应采用 t 检验方法,具体检验公式为:

$t=\dfrac{\bar{X}_1-\bar{X}_2}{\sqrt{\dfrac{(n_1-1)S_1^2+(n_2-1)S_2^2}{n_1+n_2-2}\left(\dfrac{1}{n_1}+\dfrac{1}{n_2}\right)}}$ (3.10)

将计算出的 t 统计量值与 t 分布表中自由度为 $df=n_1+n_2-2$ 的临界值进行比较,如果统计量值没有超过临界值,就不拒绝 H_0,反之,统计量值超过临界值,就拒绝 H_0,认为两组平均数存在显著差异。举例如下:

某老师对高中阶段"男生"与"女生"学习数学方面是否存在差异进行评价,在期末数学测验中,随机抽取男生 21 名,平均成绩 70.4 分,标准差为10.6

分,抽取女生 28 名,平均成绩是 66.8 分,标准差为 9.4 分。据此调查资料,应如何评价高中阶段"男生"与"女生"数学方面存在的差异。

本题属独立小样本资料,采用 t 检验方法。

$H_0: \mu_1 = \mu_2$(即认为男女生数学水平没有显著差异)

在 H_0 成立的条件下,有

$$t = \frac{\bar{X}_1 - \bar{X}_2}{\sqrt{\frac{(n_1-1)S_1^2 + (n_2-1)S_2^2}{n_1+n_2-2}\left(\frac{1}{n_1}+\frac{1}{n_2}\right)}} \sim t(n_1+n_2-2)$$

其中,$n_1=21, n_2=28, df=47$ 取 $\alpha=0.05$,查 t 分布表,得临界值 $t_{\frac{0.05}{2}} = 2.014$

已知 $\bar{X}_1=70.4, \bar{X}_2=66.8, S_1=10.6, S_2=9.4$ 代入公式(3.10)得:$t=1.256$

$|t| < t_{0.05/2}, P > 0.05$,不拒绝 H_0,说明男女生的数学水平没有显著差异。

统计检验的内容十分丰富,不同类型、不同条件下的数据,应采用不同的检验方法。同时在进行统计假设检验时,应注意两点:第一,要保证数据资料客观、正确;第二,统计检验的结论只是相对的,冒有犯错误的风险。关于其他的检验方法与犯错误的概率等,可参阅有关统计学书籍。

第四章　纸笔测验评价

纸笔测验评价是指评价人员利用有限的纸张空间，将所要考核的教学内容以不同形式的问题呈现在考试试卷上，要求学生在规定的时间里，用书面语言回答所有问题。然后，评价人员按照预先制定的标准，对学生的回答状况予以评分，根据有关标准对教学与学习的总体状况作出评定判断的方法。纸笔测验评价实施便利，既能检查教学是否达到预期的教学目标，也可以用于发现教学过程中存在的问题，因而在教学评价中运用频率最高，是目前中小学教学评价中最常用的评价手段。

第一节　纸笔测验题目的类型

测验题目是测验的基本构成元素，题目编制的质量直接关系到测验的质量。编制优质的测验试题是一门艺术，这门艺术所要求的技能正如有效教学中要求的一样。它所需要的是透过现象看本质，清楚地理解预期的学习结果，了解学生的心理，正确的判断，持之以恒并具有创造力，同时掌握一系列各种试题编制的技术与要求。只有正确地掌握不同类型试题的测试功能与命题方法，才能根据测验的目的和要求，正确地选择合适的题型，编制出高质量的试题，组成高质量的测验试卷。

根据对学生回答问题的方式要求，纸笔测验题目的类型基本上分为两大类：选择反应题与构建反应题。前者一般要求学生在几个选项中选择正确的答案，如是非题或判断题、匹配题、选择题等，后者要求学生自己提供答案，如论文题、简答题、填空题等。如果根据学生回答问题的范围与评价方式的不同，测验试题又可以分为主观性试题与客观性试题。

客观性试题主要是因为评分客观而得名，测验前就已经规定了它的正确答案或最佳答案，不同评分者各自独立评分，所得结果基本上是相同的。客观性试题答案明确，回答简便，因而在限定的时间内测验可以包含足够多的试题,能保证测验的内容效度。客观性试题给学生提供了一个结构性的任务,规定了学生作出反应的类型,所以通常只适用于测量知识的掌握、理解、应用与分析几个层次的教学目标。

主观性试题主要包括论述题与作文题。主观性试题要求学生积极地组织所学的资料,表达自己的观点,适合于测量一些较高层次的教学目标,如综合、评价与创造等目标。但主观性试题要求学生作出建构反应,自己提供答案,回答的时间较长,因而在有限的时间内,测试的试题不可能太多,对知识的覆盖面较小;同时没有明确统一的标准答案,评分易受评阅者主观因素的影响,评分误差较大。

一、客观性试题的类型与编制要求

客观性试题主要包括选择题、匹配题与建构反应题中的填空题、简答题等。

(一)选择题

1.选择题的类型

选择题是客观性试题中使用最多、最广泛的一种题型。一道选择题包括一个问题和一组答案。问题可以是一个直接提问或者是一个不完整的陈述,又称题干。答案可以包括文字、数字、符号或短语,又称为选项。选择题一般要求学生阅读题干和选项,然后选择一个正确的或最佳的答案。每道题的正确选项称为答案,其余的备选项称为干扰项或迷惑项,因为它们的作用就是干扰那些对正确答案有疑惑的学生做选择。通常,按题目的应答方式,选择题主要有以下几种类型。

(1)单一正确答案选择题

这种选择题由题干和若干个备选项组成,其中只有一个备选项是正确的,其他均为错误的选项,要求学生从中选取正确的选项作为答案。

(2)最佳答案选择题

这种选择题的形式与单一正确答案选择题是一样的,所不同的一点是,最佳答案选择题的备选项中,至少有两个是正确的,但其中有一个是最佳的,要求学生选出最佳的一个。

(3)多项选择题

这种选择题与上述两种选择题的不同之处在于,选项中至少有两个是正确的,要求学生将所有正确的答案都选出。这种选择题比较适合于测量含有多个成分、多个因素的问题,但回答问题的难度比前两种选择题大,受猜测因素的影响较小。

2.选择题的特点

选择题是所有客观性试题中最灵活的一种,其优点主要有:

(1)可以用来测量学生各种不同层次的学习结果,并且适用于大多数的学科内容。选择题不仅可以对学生知识学习结果进行测量,如术语知识、专业知识、基本原理性知识和方法与程序性知识等,还可以测量学生对所学知识的理解、分析、判断、应用和综合的能力,如鉴别应用事实和原理、解释因果关系、对方法和程序的辨别等。所以,这种类型的试题的运用最广泛。

(2)评分标准统一、客观,不受评分人主观因素和答卷人提出意外答案的影响,并且可以利用计算机评卷,从而大大提高测验的信度,提高评卷的速度与自动化水平。

(3)答题省时,学生可以在较短的时间内回答较多的题目,因而可以加大题量,抽取广泛有效的代表性样本,使试题有较大的知识和能力的覆盖面,克服传统测验主观题试题数量少、覆盖面窄而导致的内容效度较低的缺点。

(4)每道题测量的知识内容、深度和能力要求比较专一,因此能够比较准确地按照测验的目的和要求编制出若干题目,以测量学生对某一方面知识的掌握程度和能力水平。采用大量似真选项使得测验结果具有较高的诊断价值。通过对学生错误选项的选择反应分析,教师便于发现学生在学习中存在的问题,以便及时纠正。

(5)不受书面表达能力的影响,加强了对学生思维的敏捷性和准确的判断力的考察。

但选择题同样也有其自身的缺点,一直承受着各种批评,具体表现为:

(1)由于选择题的数量多,每一个试题中除正确答案外,还要有足够多的干扰选项,并且要求这些干扰选项与题干应有相当的逻辑联系和似真性,因而要求命题人员具有专门的命题技术、坚实的学科基础、丰富的教学经验,编制试题也较花费时间,所以命题难度大。

(2)难以测量学生较高层次的认知目标,如完全的推理能力、综合运用所学知识的能力、有效的总结能力、严密地表达能力和写作能力,对于提出问题、建立假设的能力等高级思维能力更是无能为力。过于使用选择题对于学生较高能力目标的培养会产生不良影响。

（3）无法测量学生的思维（解题）过程，局限于言语水平学习结果的评价，并且，选择题过于强调结构严谨的问题，而课堂内外最重要的问题常常是非结构化的，因而测量结果难于反映学生在真实情景中的反应。

（4）学生在对所学内容没有完全掌握的情况下，可以凭猜测作出选择，使得测验结果受猜测因素的影响较大，导致测验结果误差较大，影响到测验的信度。如在有 4 个备选答案的选择题中仅凭猜测的成功率就达到 25%，设计不良的试题猜测成功率会更高。

选择题的优点使其日益受到重视，但它的缺点又使我们无法在教学过程中单纯以选择题实现对学生的评价。

3. 选择题的编写要求

为使选择题的普遍适用性与优良性能得到实现，在编制选择题时应注意以下事项。

（1）题干本身应具有意义，并以一个确定的问题呈现。

有不少选择题，在读完全部选项之前，题干呈现的是包含意义较少的不完整陈述，直到读完全部选项，才能了解其意义。真正品质优良的选择题应该是在题干里面包含一个明确的问题，这个问题即使在没有选项的情况下，它也是有意义的。在题干中呈现一个问题，不仅可以提高题干的质量，对于选项来说也有好的效果。

【例 1】一个命题双向细目表：

A. 指出一个测验如何用来促进学习

B. 可提供一个更平衡的内容取样

C. 须依照教学目标重要的顺序来排列

D. 确定一个所使用的计分计划

该题的题干意义不清楚，应将试题修改为以下形式。

【例 2】当拟定一个成就测验的编制计划时，使用双向细目表的主要目的是：

A. 减少所需时间

B. 改进内容的取样

C. 使试题编制更容易

D. 增加测验的客观性

检查问题表述情况的一个较好的方法是,盖住选项只读题干,它应该完全像一道填空题。清楚表述问题最有效方法是,以一个直接提问开始,再转换成不完整陈述的形式,直至得到一个比较简明的结果。

(2)题干表述简洁,不包含无关的内容。

与测验无关的内容不会对学生答题有任何帮助,只会增加学生的阅读量,甚至会干扰学生的应答。

【例3】2003年,在北京举行了十届全国人大一次会议与全国政协十届一次会议。人民代表大会和人们政协都是

  A. 实现社会主义民主的重要途径
  B. 国家政权机关
  C. 代表人民行使国家权力的组织
  D. 通过选民选举产生其成员

上例中的"2003年,在北京举行了十届全国人大一次会议与全国政协十届一次会议"是多余的,对学生应答没有任何帮助,也与考试的目的无关,可以在题干中删去。

(3)题干不要滥用否定结构,要尽可能地采用正面陈述。

过多采用否定结构,使句子的表述变得不够清晰明确,往往给学生带来阅读上的困难;否定结构不利于教师了解学生到底掌握了多少正确知识;特别是一些粗心的同学,往往因为漏看题干中的"不"、"至少"之类的词而犯不应该犯的错误。如果因为某种特殊目的而必须采用否定结构,例如考查学生对具有潜在危险而必须注意的问题时,可以采用反面叙述强调,但必须将否定结构明显地标记出来。

(4)所有的干扰项都应该具有似真性。

设置干扰项的目的是要迷惑那些没有真正掌握测试内容的学生。对这些学生而言,干扰项与正确选项的迷惑力几乎是相同的。所有选项都应该与题干有一定的逻辑联系,选项中干扰项应具有很高的似真性或似乎合理性,不能错得太明显。但是干扰项只应迷惑不具备该项知识的学生,而不应该迷惑真正掌握了测试内容的学生,不能使之成为将好的学生引入歧途的陷阱题,如一些娱乐节目中的脑筋急转弯之类的题目不能出现在学科评价的测验中。

编制良好选择题的技术取决于有效的干扰项的编写。增加干扰项似真性的具体方法有:

①使用学生共同的错误观念或过失作为干扰项；

②以学生惯用的模糊性用语叙述干扰项；

③在正确选项和干扰项中使用同样"精确的"、"重要性"等堂皇的用语叙述；

④干扰项的长度和措辞的复杂性与正确选项相似；

⑤利用教材上的语言、具有科学味道的叙述以及和题干有语义上的联系等作为干扰项；

⑥保持选项之间的同质性。

(5) 不能对正确答案有任何暗示。

无意提供暗示通常主要表现在以下几个方面：语法结构上的不一致，如正确答案语法正确，干扰项语法结构错误等；各选项在逻辑上不同，如正确选项中加以"有时"、"通常"之类的修饰词，干扰项中加以"总是"、"从未"、"所有"、"绝对"等修饰词语，或正确答案使用与题干相同的词；答案的长度有明显的差异，如正确答案叙述得特别详细，明显长于干扰项；各题正确答案在选项中有一定的规律等。

(6) 同一测验中每一个测验试题之间应该相互独立避免关联。

有时，一个试题的题干中所提供的资料，正好可以为学生回答另一个问题提供线索。这种情况只要在组合测验之前仔细检查每道题就可以避免。但有时学生需要知道前一题的正确答案，才能回答下一个问题，这种连锁题在测验中应该避免，每道题均应成为一个独立的计分单位。

(7) 尽量避免"以上皆是"、"以上皆非"之类的选项。

在选择题中出现"以上皆是"或"以上皆非"这样的短语，经常是放在最后一个选项，其目的是强迫学生认真考虑所有的选项以提高题目的难度。但这样的选项大多数时候都很不恰当，无法达到预期的功能，反而会降低题目的有效性。因为：首先，学生只要知道在选项中有两个是正确的，就会选择"以上皆是"；其次，学生只要发现有一个选项是错误的，马上就会排除"以上皆是"选项，以提高猜测成功的概率；最后，一部分粗心的学生只要看出第一个选项是正确的，就会马上将其选中作答，而不再阅读其余的选项而丢分，从而降低测验的信度。只有对重要学习结果的测量有明确要求时，才可以使用"以上皆非"作为选项，和否定式结构一样，考查学生应该明确哪些事情不应当做时，才可以使用"以上皆非"。

(8)正确答案应随机分布在选项中,防止学生觉察出正确选项的分布规律。

有些评价人员喜欢将正确选项安排在中间,正确答案出现在A、D或E选项中的可能性较小,这样做易于被一些学生提供线索。另外,正确答案在每个选项中出现的频率应该大致相等。

(二)匹配题

匹配题是一种变形的选择题,是在对选择题进行改良的基础上得到的。这类试题由一组题干和一组与之相配合的选项组成,要求学生从选项中为每一个题干选配一个合适的答案,即根据某种特别的联系,将题干与选项匹配起来。在这种试题中,每一个题干只能选择一个答案,而每个选项既可以被选中一次或一次以上,也可以完全不被选中。所以题干数与选项数既可以相等,也可以不等。可见匹配题与选择题的区别是,匹配题是一组题干共用一组选项,而选择题是每一个题干都有一组选项。

1.匹配题的特点

匹配题的优点主要体现在两个方面:

(1)结构紧凑,节省空间。便于有效地收集信息,诊断学习困难;可以在较短时间内考查大量相关联的事实材料。

(2)因为结构独特,因而可以用于测量对多个事物与知识的理解能力和对其相互关系的判断力。经常用于考查人与事件的关系、事件与时代及场所的关系、因果关系、原理与知识的应用等考查目标。

匹配题的主要问题在于:

(1)只能测量死记硬背的知识,难以测量高层次的教学目标,且易提供额外的线索。

(2)不容易找到一些符合教学目标和学习结果的同质材料,真正使适合于一个题干的选项也可以作为其他题干的似真选项的材料很难获得。例如,测验的目的是测量学生对于某些伟大科学家和其主要贡献的了解情况,为设计一道匹配题,就有必要加入一些不太有名的科学家及其主要贡献,这样就会出现一些原先计划中不准备考查的、不是重要的考核内容,影响到测验的内容效度。

2.匹配题的编制要求

编制匹配题应注意去除无关线索,使学生能够快速反应而不迷惑,应注意以下几点：

(1)在一道题中，要求各个题干具有相同或相近的性质，这样才能保证所有选项都能成为任何一个题干的似真答案，否则，会增加或降低试题的难度，而不能达到评价的目的。

(2)选项的数目要多于题干的个数，而且不限制每个选项被选择的次数，告诉学生一个选项可以使用一次、多次或不用。

(3)在题干或选项之间如果有逻辑顺序，就要按照逻辑顺序来排列题干或选项，如按照数目的大小、时间的远近、字母的顺序等排列。这样可以使学生在搜索正确答案时易于扫描反应，而且不会从选项的排列中发现可能的线索。

(4)以清晰的指导语说明选项与题干匹配的基础是什么。尽管匹配的基础在大部分匹配题中是明显的，但还是有必要将这一基础陈述清楚。首先这样可以避免不确定和混淆；其次也有利于节省测验的时间，学生不需要从头至尾地阅读所有的题干与选项，然后找出需要匹配的是什么。

(5)相对于选项而言，题干的用语应长一些，而选项的词语要短些。并且每一道试题的匹配数目不能超过 10 个，通常以 4 到 7 个匹配数目为宜。

(6)一个试题的所有部分应安排在试卷的同一页上。这样就不会让学生翻来覆去地找选项，而且也不会漏选，同时也提高了答题的速度与测验的效率。

(三)填空题

填空题是由不完整的陈述构成，其中缺少一个或几个关键词语，要求学生将其补充完整。

1. 填空题的特点

填空题可以用于考查学生对知识的记忆和理解能力，编制容易，在诊断性测验中特别适用。填空题与选择题不同，没有提供任何选项，没有答题线索，学生必须自己提供答案，所以能够有效地避免在测验过程中的猜测。同时评分相对客观，能够节省教学中的时间资源，提高评价效率。但是填空题偏重于对学生的知识记忆水平考查，不能评价学生的复杂思维等高级认知能力，过多地使用容易养成学生死记硬背的习惯。

2. 填空题的编制要求

为使填空题能更好地发挥它的作用，在编制时，一般应注意以下几点：

(1)题意要明确，限定要严密，空白处应填写的答案是唯一确定的。因为不确定的答案不但会使学生在回答问题时感到困惑,而且还会给评价人员的评分带来麻烦。填空题的题干要有很高的逻辑性,以利于学生按照形式逻辑的思维去推理、判断。

(2)空白处所填写的应该是关键词语,并且要和上下文有密切的联系,使学生不至于产生填写困难。

(3)题目中空白的地方不能太多,以免破坏题目本身的完整性,导致学生无法理解句子的意思而无法填写。

【例4】连接_____市与_____的是____河。

这样的试题意思不完整,无法填写,即使勉强填上,也难以判断对与错,无法评分。有研究者建议一个题目最好只有一个空,并且放在句子的最后。

(4)尽量将空白处放在句子的末尾或中间,而不要放在句子开头。因为按照人们的习惯思维过程,应该是先提供充分的证据,然后再要求学生做什么或怎么做。

例如,"_____发明了蒸汽机",应修改为"发明蒸汽机是科学家_____"。

(5)所有空白处的线段长度应该保持一致,不能随正确答案文字的多少而长短不一,以免产生暗示作用。

(6)如果题目要求的数字型答案,应当在试卷上说明数字的精确程度和表示单位。

(四)简答题

简答题与填空题都是建构型测验题目,学生可以用一个词、短语、数字或符号作出回答。它们的实质都是一样的,只是在问题的呈现方式上不同,简答题使用直接提问的方式,填空题采用不完整的陈述构成。

简答题虽然要求学生自己主动提供答案,但仍然可以是客观性测验题,它是建构型测验题目中最简单的一种,学生只需要填写几个简短的词语或句子即可解答。

1. 简答题的特点

简答题比较适合于测量学生对基本知识、概念和原理的掌握、记忆情况。和填空题一样,简答题编制简单、灵活,在出题时,可以从不同角度、不同方向考虑,增大对知识考核的准确度和深度。由于学生必须提供答案,从而减少了凭猜测获得正确答案的可能性。但简答题不适合评价复杂的学习结果,无法用来考查综合、分析、评价等高层次教学目标;评分也不够客观,计分存在一定的难度。除非问题的叙述非常清楚,否则将会有不同程度的正确或部分正确的答案而影响评分的客观性。即使没有这些问题,错别字是否扣分的问题仍然无法避免,若扣分,则学生的实际得分不一定能够反映其实际水平,若不扣分,则又无法确定错别字是否可以代表正确答案,即是错别字还是学生尚未足够具备所欲测量的知识。鉴于此,一般测验中,简答题所占的比例不大。

2. 简答题的编制要求

在设计简答题时,要注意以下原则:

(1)问题的叙述要明确,要确实能使学生用简单的语言来回答。

(2)问题要求学生提供的答案要简洁具体。题目的答案应该是一两个词语、短句、数字或符号等。

(3)不要直接引用教材上的陈述作为简答题的基础。直接在课本上摘录的材料要么冗长,增加学生的阅读量,要么脱离一定的背景,过于概括、模糊不清,都不能作为高质量的简答题。

(4)尽可能采用直接提问的形式提出问题。直接提问通常是在日常课堂教学中提问的方式,对学生更加自然,易于适应。同时直接的问题结构严谨,含义明确。

(5)在考查某公式的应用时,不要给太复杂的数字,以免给计算带来麻烦。

二、主观性试题的类型与编制要求

所谓主观性试题是指那些事先没有设定标准答案,学生可以自由作答,只要在他们所限的范围内,可以在深度、广度、组织方式等方面都享有很大自由的试题。试题答案的内容、形式和长度等都没有作明确的限定,学生有充分的自由,可以全面展示自己的理解、分析、论述和创造。主观性试题不仅可以对知识进行分解式考查,而且可以进行整体综合性考查;不仅可以反映学生答题的最后结果,还可以反映学生回答问题的思维过程。另外,主观性试题可以创设一个情境,允许学生在这个情境中,充分发挥自己的创造力。但是这种自由也导致评分的主观性。纸笔测验评价中的主观性试题主要有论述题与作文题。

(一)论述题

论述题就是向学生提出问题,需要学生用自己的语言组成一份较长答案的试题。这种试题的突出特点就是学生在回答问题时,有较大的自由度可以充分地运用所学的知识,用自己的语言自由的解释、连接和表达观点,并且可以加上自己独特的见解。因此,论述题能够较好地测量学生的组织、归纳和综合运用所学知识的能力,以及运用知识分析问题与解决问题的能力。

常用的论述题有限制反应论述题与扩展反应论述题两类。限制反应论述题对回答的内容根据讨论的主题作出一定的限制,对反应形式也在题目中作出一定的限制说明,这种试题事实上是简答题的扩展。扩展反应论述题允许学生挑选他们认为相关的事实信息,可以根据自己的最佳判断来组织相应的答案,整合并且评价他们认为合理的观点。这种自由反应能够评价学生分析问题、组织思想、用自己的语言表达观点等高级思维能力。

1. 论述题的特点

论述题在纸笔测验中有其独特的价值,其优点主要表现在:

(1)适合测量高层次的认知目标,特别是适合于评价分析、综合和评价三个认知目标层次,能够测量综合的、复杂的学习结果。同时适用于学校教育领域的各个学科,特别是社会学科、人文学科等。

(2)因为论述题的回答强调思维技能与问题解决技能的整合与应用,所以论述题测验可以增进学生的思考、应用及解决问题的能力,对于学生的学习态度和学习方式可以产生积极的影响。如可以使学生比较注意在教材内容上的内在联系和对所学到的知识进行有机组织等。

(3)由于回答论述题需要学生自己组织材料,所以论述题测验可以提高学生的写作水平。

(4)试题回答受猜测因素的影响很小。

另外,不少教师认为,论述题的编制比较方便。事实上,编制出高质量的论述题也不是一件易事。因为论述题要求运用某一特定学习结果所强调的概念理解和思维技能,所以在编拟试题时需要仔细分析课程目标与测量目标,同时还要考虑答案与评分等问题。

论述题的局限性主要体现在:

(1)试题内容取样较窄,影响测验的内容效度。由于论述题一般都比较大,其答案通常都需要学生提供较长的材料,所以在一次测验中试题的数量不可能有很多。因此,其内容取样范围较小且分布不均匀,测验试卷无法有效地代表学科的全部主要内容,所测结果无法真正代表学生的学习成就而影响测验的效度。

（2）评分的主观性强，难以对学生的回答作出稳定且可靠的评分。尽管事先都制定出标准答案与评价标准，但测验中常常会出现许多令评价人员意想不到的情况和答案。此时，不同的评阅者对同一份试卷所给的成绩将会有很大的不同，同一评阅者对两份等值的试卷所给出的成绩偏差也较大，这样的测量结果其信度比较低。

（3）因题目比较开放，学生的回答过于自由，回答的方向不尽相同，导致难于测得预期的结果，重点容易失控。

（4）学生的答卷过程与教师的评分阅卷都相当费时，对测验结果的反馈也较困难。

2. 论述题的编制要求

要提高论述题对高级认知目标测量的信度与效度，在编制论述题时要遵循以下原则：

（1）试题应该重点用来测量较高层次的教学目标，如综合、评价等目标层次，限于那些客观题不能测量的学习成就。如要求学生提出理由、解释变量间的关系、描述和评价资料、有系统地陈述结论等。在编制问题时，注意使用行为动词来陈述，以保证对高层次认知目标的考查。例如使用"说明"、"比较"、"解释"、"论证"、"批判"、"评价"等，而不用"谁"、"什么"、"何时"、"何地"、"列表"等词语，后者只能测量记忆等低层次认知目标。注重对高层次目标考核的同时，还要注意试题与教学内容领域的知识相关联，以尽可能保证内容效度。

（2）选取的试题材料应该与学生学习经历过的材料有类似性或是全新的材料。挑选的材料对于学生来说应该是似曾相识，但又感到陌生。如果使用的材料学生很熟悉，或者在平时的学习过程中经常接触，本来欲测量的高级认知目标就可能转化为低层次的记忆目标，使得测量结果效度的降低。要使学生对选取的材料既陌生又似曾相识，其关键在于材料在形式上或在内容主题上与学生在学习过程中接触的材料不相同，但涉及的概念、原理、获取信息的方法、解决问题的方法等又是相同或相似的。

（3）用明确、清晰的语言系统地陈述问题，使学生能够清楚地了解题目的要求。在试题中，明确提出任务，使每道题都能够真实地反映出学生的实际能力。如果问题表述模棱两可，提出的任务不明确，某些已经达到预期教学目标的学生可能会产生误解，不能作出正确的回答。同时，问题的表述清晰也可使学生回答问题不受阅读水平等其他因素的影响。

(4)试题的答案不能过于开放,应该具有统一定论。论述题本来在评分方面就存在一定的主观性,如果再加上答案没有统一定论,评阅者就会产生更大的困难,也使得评分误差增大而降低测验信度。当然这也并不意味着一切有争议的问题都不能出,对于有争议的问题,在命题时一般要对学生的作答范围、观点等作出一定的限制。

(5)避免选做题的使用。因为不同的论述题之间很难做到等值,如果让学生选择不同题目,则就失去评价他们表现的统一基础,其学生的得分是不同试题的得分,之间无法比较。而且学生总是倾向于选取他(她)较熟悉的试题,这样就更不容易反映其真实水平。同时选做题的使用会影响到测验的效度,对学生的学习习惯也会产生不良影响。

(6)对每个问题给以适当的完成时间限制。为避免学生将时间集中在某一个他(她)不会做的题目上而影响对其他试题的回答,从而影响测验成绩的真实性,最好在题目中给出回答该题所需的参考时限,以便他们能够安排好答题的速度。

(二)作文题

作文题实际上属于论述题,它是语言测验中不可缺少的一部分。作文是对学生的逻辑思维能力、形象思维能力、书面表达能力和思想水平的综合考查。作文题充分发挥了论述题的优点,但论述题的缺点在作文测验中也更加突出。由于它所考核的内容通常都很重要,并且不能由其他类型的试题来替代,因此,作文题的存在是必须的。

1. 作文题的类型

对于作文题,人们从不同的角度提出了许多不同的分类,此处仅简要介绍常见的三种分类。

(1)根据提供题目或提供材料的角度,分为命题作文和条件作文。

命题作文就是给出一个文题,对文题不作任何解释,对写作要求不附任何说明,让学生写一篇符合题目要求的文章。命题作文能够考核学生分析问题、解决问题及组织材料、书面表达等能力,但容易受一些学生猜题押题背范文的影响。

条件作文首先提供材料,如给学生一篇文章、一个故事、一幅图画等,要求学生根据材料确定的思路,或指定的题目,或自选题目、自拟题目,写一篇文章。与命题作文相比,条件作文对学生的思维做了较多的限制,克服了命题作文易于被押题者猜中而影响测验信度的缺陷,同时受学生本人生活经历的影响较小,从而使作文的质量能够真正反映学生的写作能力和文字表达水平。

(2)根据文体可以分为记叙文、议论文、说明文、应用文等。

(3)根据对所供材料的处理方式可以分为:

缩写型,即要求学生正确理解材料的中心和要点,弄清结构层次,择其要点,剔除其他成分,浓缩连缀成文。

改写型,即要求学生根据一定的要求,改变原文的文体样式和结构,或者变换中心人物,或者变换选材角度和立意重心,对原材料进行合理的取舍和补充。

续写型,即要求学生根据原材料的内容和思路加以合理想象和延伸,使续写的部分与原材料构成一个完整的整体。

撮写型,即要求学生围绕中心对原材料进行取舍,摘其材料的性质要点,组成文章。如内容提要、讲话摘要、会议记录的整理等。

2. 作文题的编制要求

实施作文题测验的目标是测量学生真实的写作水平,这种测量是一种根据特定要求进行书面表达能力的全面的综合测试。可见命题的质量将直接影响到测量结果的信度和效度。因此,在设计作文题时要注意以下几点:

(1)根据测验的目的和学生现在或将来的需要确定作文的文体要求。

(2)根据社会的需要、现实生活和学生的实际设计命题。

(3)根据学生的特点确定写作意图和选材范围,选材内容应该是全体学生都熟悉的材料,且符合学生的年龄特征和心理特征。

(4)给学生以自由发挥的余地。让每一个学生都有材料可写,既使低水平的学生能够谋篇成文,又能使高水平的学生有施展才华的空间,起到拉开档次,增加测验区分度的效果。

(三)主观题的评分

1. 主观题的评分方法

主观题的评分方法基本上有两种,总体评分法与分项评分法。

(1)总体评分法

总体评分法是一种比较符合中国传统的评分方式,它是按照一定的标准,根据学生对问题回答的整体状况给出一个总分。这种评分的基本观点是,学生的能力是一个统一的整体,这个能力之内产生一个单一的分数,即总体评分分数。但这种评分比较模糊、笼统,难于对得分作出合理解释,测验结果的信息反馈也较含糊。因为一个主观题,特别是作文题,考查的是学生多方面的能力,一个总分所提供的信息量太少,学生哪方面表现良好,哪方面比较欠缺,都不能得到有效反映。

(2)分项评分法

分项评分法是现代测验常用的评分方法,它是将问题分解为若干个答题要点或思路,对每一个要点赋予分值并给出赋值说明,然后将学生的回答状况与各要点进行对照打分。分项评分的基本原理是,评分应该以测验的目标为基础,评分等级应参照目标所确定的表现水平。

分项评分的结果能够推测学生所具有的能力的程度,所提供的信息量较丰富,便于对学生提出针对性的反馈与指导。

2. 主观题的评分建议

测验的目的不仅在于鉴定学科学业知识的掌握程度,更重视学生应用能力和创造能力的测查,其最终目的是促进学生综合素质的提高与创新能力的发展。但现有的学校学科测验,不仅内容局限方式单一,而且评分系统过于标准,追求细化量化,留给学生创造发展的空间太小,不利于创新人才的培养与发展。应创新评分方法,评分标准多元,以适应教育教学改革的需要。

评分标准亦称评分规则,是评分的工具,它对学生的作答反应作出质量上的区分,在某种意义上,通常包含有若干分值组成的量表,由这些分值构成一个质量的连续体。评分标准对学生的学习起着一定的导向作用,从某种程度上说是学生前进方向与发展目标的具体体现。在制定评分标准的方面,常用的评分标准有两类:整体评分和分项评分。整体评分根据整体印象做一般描述;分项评分则根据不同的特征或要点,对每个特征或要点赋予相应的权重,明确每个特征的优先程度,从不同的维度给出合理的分值。两种方法各有优势和不足。整体评分简单易行,能从整体上把握认识,特别对学生的创新思维能力的判定有独特功效,但信度较差,教学经验不够丰富的教师可能感到无从下手,不同的教师评分之间差异性可能较大,反馈的结论也过于笼统,不利于学生的自我调整与改进。分项评分虽然可信度较高,评分相对准确,某种程度上适合于学生自我评判自己的有关水平;对一些反常现象有较高的诊断价值,可以从中分析,找出原因,改进教学。但这种"全面开花"式的标准无疑鼓励了建立在平庸化之上的全面化,无形中压抑了个人的独创性,某一特征回答再有创见也只能获取该项特征的分值,不利于特殊人才脱颖而出。对分项标准的过分依赖将会使学生的发散思维、求异思维、创新思维受到制约。

评分标准不仅要能评价学生的知识掌握程度,更重要的是能评价学生掌握知识、能力、素质的综合情况。在成绩结构中注意引入创新能力的特征因素,可以设立"创新分",做到"一点突破"即学生能高水平的阐明一种观点就给予高评价。通过评价标准的导向作用,让学生明白,只依靠准确的记背不能得到最好的成绩,优秀的成绩必须要有自己的见解和创造。在这种标准的导向下,会引导学生在掌握好基础知识、基本技能的前提下获取更多的知识,了解不同的观点,阅读最新的材料,提出自己的看法与观点,使得学生提出问题、分析问题与解决问题的能力逐渐提高。

评分标准应体现多元性,做到分项与整体相结合,在判分标准的标准性与学生答卷的创造性之间留有一定的合理空间,既注意对学生的统一要求(各项主要基本特征的表现),又要关注个体差异(某方面的突出创造),还要考虑到发展的不同需要,以全体学生的发展和提高为目标。应考虑到许多内容要凭主观判断,事先无法用具体的分项标准来规则,若过于强调分项标准,很可能会将很有价值的回答排除在得分之外。此外,从一开始就将学生限制在所谓的标准之内,会严重损害学生的创新和自身潜能的发挥。评价应是"合理"的,如果测验评分标准不符合学生实际状况,即使在他人看来是科学正确的,但却不是合理的。

以上对客观性试题与主观性试题的特点及编制要求作了介绍说明,但应注意到,所谓的主观与客观是相对的,不是绝对的。任何纸笔测验,都必须反映客观实际,不同学生的不同成绩应该是学生间的客观差异的反映,如果使用某种试题材料获取的分数完全是主观的,丝毫不反映学生的真实水平,则这种试题就不会被采用,因而该类试题就不会存在。同时,任何测验的实施都会受到评价者的主观因素的影响,完全客观的试题是不存在的。不仅试题的内容、答案的编制受到评价者的影响,即使是一道选择题,其评分也可能受到评分者的影响,如有学生在选项上打钩,而规定是在指定的位置填写选项代号,此时,该同学在该题上的得分就可能随不同评分者的主观因素而定了。还有,字母填写含糊、不够清楚等也会如此。

每类试题都有其自身的独特优势,否则,就根本没有存在的必要;但同时又有其局限性,不然也就没有其他类型试题存在的必要了。

第二节 纸笔测验的测量目标

编制测验,首先要明确测验的目的或目标。有了明确的目标,测验评价才有清楚的方向和任务。确立测验的目标,实际上就是根据一定的教学需要,将评价中所要检查的内容界定出来,就是回答"测什么"的问题。这对于测验的组织者和实施者来说,都是一个必须搞清楚的重要问题。但是在日常的教育教学过程中,相当部分的测验存在着目标不明确,任务不清晰的现象,测验的随意性很大。评价者事先没有明确的计划,想到哪里就测哪里,随心所欲,导致测验的信度与效度都很低,并且加重了学生的负担。

一、测验目标与教学(教育)目标

(一)测验目标与教学目标的关系

目标是我们工作的目的、要达到的终点和努力要获得的结果。但目标并非终点这么简单,它也是我们用来评价自己的工作进展、确定方向是否正确的参照点。没有明确的目标,我们就不容易评价自身努力的效果,或很难认识到我们何时偏离了正轨、偏离多远以及如何才能回归正道。所以,所有类型的评价都是从确定或认清目标开始的。

教育教学目标是人类社会根据自身的需要确定的教学活动的标准、方向和要求,也就是人们在实际开展教学活动之前,预先设想和确定的关于教学活动最终期望达成的结果。严格来说,教育目标与教学目标是有区别的。从广义角度看,学生的行为变化是在学校、家庭、社会三个方面的教育环境作用下取得的,在这个意义上所论述的目标就是教育目标;而从狭义角度来看,当限于学校环境下的教学活动时,所论及的目标就是教学目标,即教育目标就是教学目标。

测验目标是指本次测验要测量的学生的能力层次,如理解能力、分析综合能力等。测验目的是指本次测验要解决的问题,如评定学生的学业成绩、选拔比较等。测验目标要根据测验目的来确定本次测验应考核哪些具体知识和不同的能力层次。

教学过程包含三个主要环节,即确定教学目标,具体实施教学活动,对教学效果进行测量和评价。一般从分析教学任务,确定学生原有水平与明确教学目标开始,继而设计教学方法并实施教学活动,最后对教学活动的结果进行测量和评价。如果测量和评价结果表明教学目标已经达到,就可以认为一个完整的教学过程已经完成,反之,就应该找出效果不良的原因,并有针对性地进行补救,直至教学目标达到为止。其中教学目标不仅是教学活动的依据,也是教学测量和评价的依据。当教学目标用于对教学效果的测量和评价时,教学目标就转化为测量目标和评价目标。在这个意义上来说,教学目标与测量目标是一致的。因此,教学目标是教学工作的出发点,又是教学工作的目的地,同时还是评价教学成效的基本依据。就教学测验而言,参加测验的是学生,测验目标自然就是学生的受教育教学的结果,同时测验目标就是教学目标。因此,确立了教学目标,就意味着测验目标的确立。

(二)测验目标的表述①

教学目标是测验目标的依据,要具体转化为测验目标,还需仔细研读课程标准,在此基础上确立测验目标,并予以具体表达。课程是教学的心脏,课程标准决定了心脏的功能。课程标准包括课程的性质、结构、目标和内容框架、教学原则和评价建议等,因此,课程标准是测验、评价的具体依据。

为获取测验的测量目标而研读相关课程标准时,应关注三个方面的内容。第一,分析课程的总目标中,哪些内容是能够通过纸笔测验予以测量的,哪些内容是不能通过纸笔测验予以评价的。只有那些可以通过纸笔测验可以评价的才可以作为纸笔测验的目标。其次,分析课程标准中列出的分阶段目标或分类目标中,哪些内容可以作为行为目标,这些行为目标能否与确定的测验目标相联系。注意,行为目标必须是具体的、系统的,必须有反映行为类型和水平的档次对行为尽可能详细的描述。第三,尽可能完整地列出可以作为测验行为目标的那些分阶段目标或分类目标。

在对课程标准的内容进行分析和研究,从中获得可以作为评价的测量目标和行为目标后,必须用文字对这些测量目标和行为目标进行表述,形成测验设计的部分文件。表述得当的测验目标通常是一个表达学生行为的陈述句,一般包含三个基本部分:第一是主语,即教育教学的对象;第二是谓语,是表述学生行为的动词,即行为目标。用特定的术语描述在经过教学之后学生行为的变化,如用"掌握"、"运用"、"理解"等具有明确意义的行为动词,避免使用那

---

① 雷新勇.大规模教育考试:命题与技术[M]上海:华东师范大学出版社,2006:98-103.

些含义模糊、难以观察和测量的行为变化动词。此外,目标必须完全是期望学生做什么而言的;第三是句子的宾语,指目标的内容,是测验目标必须详细说明的部分。可见,测验目标主要由后两部分即行为和内容组成。表述得当的测验目标,必须符合以下要求:

1. 测验目标涉及的是学生的行为,应该反映出学生经过一定阶段学习后,所获得的最终结果或达到的目标;行为目标应该反映学生经过一定阶段学习后,应该能够展示出的行为类型;测验目标和行为目标无须反映学生经历的学习过程,也不需要反映教师的教学过程以及学习的具体内容。尽管新课程评价强调过程性评价,但作为纸笔测验而言,评价的重点仍然是结果,测验所反映的还是终结性的学习结果,至于过程,可以通过其他评价手段来实现,也可以测验结果来间接反映学习的过程。

2. 测验目标表述应该具体、明确。应该可以观察和测量,以观察或测量行为目标的动词开头,该动词应该反映出学生行为表现的类型,或行为表现的水平,像"描述、识别、区别、理解、使用"等动词都代表了可以直接观察的行为表现;尽量避免用含糊的不切实际的语言陈述目标,像"意识到、相信、增强、热爱、乐于、关注"等动词,一般认为不能代表直接观察的行为表现,应该尽量避免使用。

3. 测验目标应能反映学习结果的层次性。教育教学目标具有不同的层次水平,低层次的目标是实现高层次目标的基础和准备,高层次目标是低层次目标的发展和延伸,测验目标也是如此。通过不同层次测验目标的对照,可以鉴别学生心理发展的水平,也可以鉴别学生之间心理发展水平的层次差异。过去,测验以知识立意,测验目标就是考查学生掌握了学科的哪些基本知识与基本技能;现在,测验以能力立意,测验的目标是考查学生的能力,即学生能够运用学过的基础知识和基本技能来解决哪些问题,即考查学生的知识与技能、方法与能力,注重高层次认知目标的考查。

(三)确立测验目标的原则[①]

1. 针对性。测验的主要目的是检查教师的教学质量与学生的学习成果,是对教学效果的综合评价。教学目标是衡量教学质量的评价依据,没有教学目标,评价就无从入手。因此,测验目标应紧紧围绕教学目标所确定的核心内

---

①蔡敏. 当代学生课业评价[M]上海:上海教育出版社,2006:34-36.

容与认知目标,使测验更好地服务于教学。

2. 清晰性。测验目标是进行学生学习评价的指南,它应该明确告诉学生(有时也包括教师)测什么、如何测等。因此,测验目标本身必须具体、清楚,具有可观察性,能够成为衡量学业水平的尺度。可观察性是指目标能够清楚地描述出期望的学习成果,对学生在学习过程之后应该表现出来的学习行为特征给予全面、详细的说明,并指出应当达到的程度。

3. 全面性。测验的内容不仅要检查学生的认知能力,还要注意考查学生的情感、态度和价值观念等方面的情况,运用多元智力理论指导学业成就测验。"只是狭义地考察学科知识和技能的学生课业评价的时代已经过去,评价目标的范围将会变得越来越广阔。"

4. 现实性。测验目标不是凭空产生的,而是源于学生的需要、社会的需求。所谓测验目标的现实性,是指目标本身要符合学生的程度和教学规律。既不能将目标定得太高,脱离了学生现有的知识基础和学力水平,超出了学生的能力范围;也不能将测验目标定得太低,考核的内容过于简单,不能促进学生的进取心,反而会产生自满情绪或厌烦心理;测验目标要符合教育教学规律,不能冲击正常的教学秩序,影响教学活动的顺利开展。

二、布卢姆的认知目标分类

一个测验所测量的学习结果,应能忠实地反映教育教学目标。鉴于此,编制测验时首先要选定所欲测量的教学目标,其次要使陈述目标的方式适合测验的编制。在分析并陈述教学目标时,最有影响、最适当的参考资料是布卢姆(B. S. Bloom)等人的教育目标分类学。为满足测验编制的需要,布卢姆等人首先将教育目标分为认知、情感和动作技能三个领域,每类目标又细分为不同的层次,排列成由低到高的阶梯。认知领域强调知识与智力的获得、保持和发展,无论本质上是简单的还是复杂的,知识的获得主要是一种认知功能;情感领域包括那些以情绪及价值为特征的行为;动作技能领域指肌肉或运动行为,跑步、使用工具、说话和书写等都是运动技能活动。[①] 该分类为教学提供了可操作的依据,便于客观地进行评价,因而受到教育教学工作者的普遍接受。由

[①] 吉尔伯特·萨克斯. 教育与心理的测量与评价原理(第四版)[M]南京:江苏教育出版社,2002:72.

于大多数学业成就测验都侧重于认知领域,因此,这里只介绍与学科测验编制密切相关的认知领域目标分类,其他两个领域目标分类可参见有关资料。

布卢姆等将认知领域的目标分为知识、理解、运用、分析、综合和评价六个类别,按照由低级到高级的难易程度形成一种递进的等级关系,前一类别是后一类别的基础,后一类别又涵盖了前面的类别(见表4.1)。

表4.1 认知目标分类系统

一、知识	1.1 具体事实的知识(符号、术语、日期、事件、人物)
	1.2 论述事实的方法与有关名称的知识(规则、分类、趋势、方法)
	1.3 普遍的与抽象的知识(定理、规律)
二、领会	2.1 转译(用自己的语言论述、翻译)
	2.2 解释(说明、总结资料)
	2.3 推理(预测结果)
三、运用	在新的情境中运用所学知识解决问题
四、分析	4.1 分析构成成分
	4.2 分析关系
	4.3 分析、组织原理
五、综合	5.1 形成观点
	5.2 拟定关系
	5.3 推导关系
六、评价	6.1 依据外在标准评价
	6.2 依据内在本质评价

(一)知识

这是最低等级的认知目标。这里的知识是指对具体事物和普遍原理的回忆,对方法和过程的回忆,或者对一种模式、结构或框架的回忆。知识目标确定记忆的心理过程。在回忆的情境中,要求学生习得的行为,与在最初的学习情况中要求学生习得的行为非常相似。在学习情境中,要求学生把某种信息储存在大脑中,以后所要做的就是回忆这些信息。虽然可能会要求学生对所记忆的材料作一些变动,但相对而言,这仅仅是知识行为或测验中的一小部分,测验情境中提问的形式与最初学生的情境中的形式有所不同,要求学生在回答问题时有一定程度的联想和判断过程。

在知识目标分类中,各种行为是按简单到复杂、具体到抽象这样一种顺序排列的。具体有以下几种知识:第一,具体的知识,是指对具体的、独立的信息的回忆。第二,处理具体事物方式方法的知识,指有关组织、研究、判断和批评的方式方法的知识。第三,学科领域中普遍原理和抽象概念的知识,指能把各种现象和观念组织起来的主要体系和范式的知识。

(二)领会

这是最低层次的理解,指个人把某种材料与其他材料联系起来,也不必弄清它的最充分的含义,便知道正在交流什么,并能够运用正在交流的这种材料和观点。在理解的过程中,学生可能会在自己的头脑中改组交流的内容,或者用自己觉得更有意义的某种形式作出明显反应时改组交流的内容,还可能有一些表示对简单扩大交流本身范围的反应。

领会包括转化、解释和推断三种行为或亚目标。"转化"是指个体能把交流内容转化为其他术语,或转化为另一种交流形式。转化提出是以一种语言或一种交流形式被译述或转化为另一种语言或另一种交流形式时的严谨性和准确性为依据的。"解释"是指把交流内容作为一种观念结构来处理,即对交流内容的说明或概括,是对测量的重新整理、排列,或提出新的观点。"推断"是指根据对交流内容中所描述的趋势、倾向或条件的理解作出估计或预测,以及根据交流中所描述的条件,对其内涵、后果、必然结果和效果进行推断。

(三)运用

运用是指将抽象的概念用于特定的和具体的情境。这些抽象的概念,可能是以一般的观念、程序的规则或概念化的方法等形式表现出来的,也可能是那些必须记住的和能够专门运用的原理、观念和理论。例如把其他论文中科学术语和概念运用到一篇论文所讨论的各种现象中去。需要注意的是,"运用"是比"领会"更高一层次的目标。"领会"的标志在于,当说明抽象概念的用途时,学生能使用该抽象概念。"运用"的标志在于,在没有说明问题解决模式的情况下,学生便会正确地把该抽象概念运用于适当的情境。

(四)分析

分析是指把材料分解成各个组成部分,弄清各部分之间的相互关系及其构成的方式,以指出那些用来传递意义或确定交流结果的技术和手段。分析技能是任何学科领域的一个目标。

分析包括三个亚目标或三级水平。第一级水平是要素分析,要求学生把材料分解成各个组成部分,鉴别交流内容的各个要素,或对它们进行分类。如识别未加说明的假设、区分事实与假设、区分事实陈述与规范化陈述的能力等。第二级水平即关系分析,要求学生弄清各要素之间的相互关系,确定它们的相互联系和相互作用。如用特定的信息和假定,检验各种假设的一致性,弄清论据中的逻辑错误能力等。第三级水平即组织整理分析,要求学生识别把交流内容组合成一个整体的那些组织原理、排列和结构。如识别文学艺术作品的形式和模式,使之成为理解其意义的一种手段的能力等。

（五）综合

综合是指将各种要素和组成部分组织起来,以形成一个整体。综合是对各种要素和组成成分等进行加工的过程,是一个用这种方式将它们组合起来,以构成一种原先不那么清楚的模式或结构的过程。通常综合包括对已有经验中各个组成部分与新材料的重新组合,把它们改组成一个新的、更清晰的整体。

综合包括三个亚目标。第一是"进行独特的交流",指提供一种交流条件,以便作者或演说者把观念、感情和经验传递给别人。第二是"拟定计划或操作步骤",即制定一项工作计划或提出一项操作计划,计划应满足任务的需要。第三是"推导出一套抽象关系",即确定一套抽象关系,用以对特定的资料或现象进行分类或解释,或者从一套基本命题或符号表达方式中演绎出各种命题和关系。

（六）评价

评价是指为了某种目的,对观念、作品、答案、方法和资料的价值及符合准则的程度作定量和定性的判断。准则既可以是内在证据,如逻辑上的准确性、一致性等,也可以是外部准则,如根据挑选或回忆出来的相应领域的最高标准等。

21世纪初,L·W·安德森等人在对布卢姆认知目标分类体系进行修订,在此基础上提出了新的分类体系,他们认为,这种分类将会更加有效地服务于教学、学习和评价。

安德森的认知目标二维分类,融入了认知心理学的新近研究成果,注重将学习、教学与评价有机地结合起来。这种分类体系的主要特征是将认知目标分为两个维度,一个是"知识"维度,一个是"认知过程"维度。在布卢姆的分类体系中,"知识"是最低层次的认知水平,与此不同,安德森将"知识"按照从具体到抽象分为"事实、概念、程序、元认知(或反省认知)"四个类别。事实性知识是指为了解一门学科或解决学科中的一些问题,学生必须知道的基本要素;概念性知识是指结构中基本要素之间的相互关系,使要素能协同发挥作用;程序性知识是指如何做事、探究方法,以及运用技能算法、技术与方法的准则;元认知知识是指了解一般的认知以及对自身认知的意识与了解。

此外,安德森等在参考布卢姆分类体系的基础上,将认知过程目标进行修订,将原先的"知识"改为"记忆","综合"改为"创造",即将其分为"记忆、理解、应用、分析、评价、创造"从低到高的六个水平[①](见表 4.2)。

表 4.2 认知目标二维分类体系

知识维度	认知过程维度					
事实性知识	记忆	理解	运用	分析	评价	创造
概念性知识						
程序性知识						
反思认知知识						

第三节 纸笔测验的编制

一、纸笔测验的设计

测验的编制是一项系统工程,需要按照一定的科学程序,并掌握测验编制的基本技能。

(一)测验设计的基本考虑

为提高测验的质量,在设计测验时通常要做以下两点考虑。

1. 明确测验的目的

这是测验编制者首先要明确的问题。因为测验是一种手段,无论是谁进行测验,都有一定的目的和要求。测验是用于评定学业水平,或诊断学习困

---

① L·W·安德森等.学习、教学和评估的分类学:布卢姆教育目标分类学修订版[M].上海:华东师范大学出版社,2008:25

难,还是选拔比较等;是终结性测验,还是形成性测验或诊断性测验。测验目的不同,测验题型的选择、题目所要求的难度水平等都有所不同,因而其设计策略也不一样。

2. 分析测验目标

测验除了要有明确的目的以外,还要有具体的测量目标。如前所述,测验目标应能体现教学目标,能有效地促进教学目标的实现。一个测验所测量的学习效果,应能忠实地反映教学目标。所以编制测验时首先要选定测验所欲测量的教学目标,其次要使其陈述目标的方式适合于测验的编制,使阐述的教学目标必须能够测量、适合于测量,否则就无法解决如何测量的问题。

教育教学目标包括许多不同方面、不同因素,具有多样性,这些不同的目标,既是相互独立的,又是彼此联系的,它们之间交互影响,形成一个复杂的结构。同时,每项教学目标又包含了许多不同的层次水平,本身也构成一个独立的结构。

对于成就测验,决定一门学科的教学目标应考虑到:第一,学科课程的性质;第二,先前课程已获得的目标;第三,学生的特殊需要;第四,其他与教学计划有关的因素。

尽管不同课程的教学目标之间互有差异,但一般的教学目标均包括以下学习结果:其一,知识;其二,心智技能;其三,态度、兴趣等情感要素。

虽然教学目标中认知领域的分类对于学习行为的选定,提供了很有价值的指引,但并不是每一个测验都必须包括所有的各项目标,并且各个分类目标的重要性也会因各门课程的性质不同而互有差异。

(二)设计测验蓝图

为了使测验的取样对教学内容与教学目标有较好的代表性,使之既能覆盖学科教材的全部内容,又能反映各部分内容和各认知目标层次的相对比重,还能确定各部分内容和各认知目标层次测验题目数量的比率,就必须设计测验蓝图。如果将测验比作一项系统工程,测验蓝图就可以看做是一份工程蓝图,它是编制测验试题的指导和依据。如果蓝图设计得科学、准确、合理,只要测验编制者严格按照测验计划编制试题,就能保证测验内容具有适当的代表性,从而保证测验的质量,实现测验的目标。

一份高质量的测验蓝图具有两个最基本的作用:第一,保证测验试题是所测量的教学内容的代表性样本,并且能反映出各部分内容之间的相对重要性,以便测验内容取样适当,提高测验的内容效度。第二,规划代表不同的知识内容和不同学习水平的认知目标层次的分配比例,在保证测验效度的同时,保证测验的难度合理。

测验蓝图一般用反映测验知识内容和认知目标层次的命题双向细目表表示。设计测验蓝图主要采用以下步骤:

1. 确定测验内容要目

通常将测验内容要目排列在命题双向细目表中最左边的一栏中(见表4.3)。

如何确定测验内容要目,必须依据课程标准或教学大纲和学生的实际而定。因为课程标准或教学大纲在整体上规定了该学科的性质及其在课程体系中的地位、教学目的和任务、内容范围以及选择内容的主要依据、编排学科内容的顺序等,另外还对教学时数、教学活动和课外活动、作业量和测验作出了安排,并提出了考试要求,运用教学方法、教学手段和教学参考书的建议和指导等。因此,课程标准或教学大纲不仅是教师教学工作的指南,同样也是设计测验的根本依据。

课程标准或教学大纲虽是测验内容的出发点,但并不意味着课程标准或教学大纲中设定的教学内容都可以成为测验内容。教学目标是通过教学效果来体现的,教学的良好效果表现在给学生的增益上。若一项内容不能给学生如何增益,则说明该项内容没有什么教学效果,因而教学目标实现程度无法测量。教学内容总体上总会对学生产生增益的,但根据测验目标分解为若干内容以后,未必所有的内容都会对学生产生增益,有些可能在教学之前学生就已经达到了规定的目标,这些就不应该再列入测验内容。

2. 确定考查的目标层次

通常的做法是将要考查的目标层次从低级到高级依次安排在命题双向细目表顶端第一行的有关格子上(见表4.3)。确定考核的目标层次,最好要从学科内容特点出发,以课程标准或教学大纲中确定的教学目标为依据,参考借鉴布卢姆(及安德森等修订的)关于认知领域的教育目标分类方法,有创造性地设定,以符合实际需要。例如针对初中数学教学进行的全国抽样测试,把掌握目标确定为"了解、理解、掌握、灵活运用"四个层次,并对这四级水平的含义作出了明确的界定,同时采用典型例题予以说明。

3.确定各项测验内容要目下的权重

根据课程标准或教学大纲所规定的教学时间和分配比例,以及测验性质和其他因素,对列入测验范围的内容要目或知识点,赋予合适的相对比重或权重。该比重是测验试题数量、测验时间、分数分配的依据。

4.形成命题双向细目表

把每一项考试内容的分数比重逐一分配到若干必要的测验目标层次上去,形成网格状的分数分配方案,即命题双向细目表。如表4.3,即为某中学化学课程终结性测验的命题双向细目表。在对目标赋予相对比重时,应强调高级认知目标的相对重要性,以促进学生智能的发展。布卢姆在考察了许多国家的学校教学和测试情况后提出,对一般的学科测验来说,"知识、理解、应用、分析、综合、评价"的权重大约分别为"15%、25%、30%、15%、10%、5%"。当然,各目标层次的具体权重还应考虑学科特点和测验对象的实际情况。

表4.3 高中化学课程终结性测验命题双向细目表

目标\内容	识记	理解	应用	分析综合	探究	(总分)
基本概念	1	5	4			10
基本理论		8	5	7	2	22
元素化合物	3	5	6	5	2	21
有机化合物	1	5	3	4	2	15
化学计算		3	4	8		15
化学实验	1	6	2	6	2	17
(总分)	6	32	24	30	8	100
(备注)						

二、测验编制的一般步骤

(一)选定测验的材料

在测验蓝图制定后,测验编制者就应该着手收集相应的测验内容材料。在第一节我们对各种测验题型及其功能进行了分析,可以发现,测验题的本质是为评价学生的基础知识、基本技能、基本能力等教学目标提供工具,从而具有度量工具的功能。而它的结构形式则是由相应的学科知识来表述的,并且对同一教学目标的测验题可用不同的知识内容加以表述,表述测验题的知识称为测验题的材料。在测验内容要目确定后,选择材料的途径主要有两种:一是将测验所涉及的内容逐步分解到课程标准或教学大纲所规定的知识点,然后选择适量的、重要的知识点作为测验的材料;二是对测验可能涉及的原始知识点进行聚类分析,根据知识点间的相似系数,依次进行合并,再利用适当的阈值将测验目标分成恰当的类,以确定测验的材料。

无论采用哪种途径和方法收集测验材料,都必须注意以下几点:

(1)测验材料要适合测验目的。选择材料时必须依据测验的目的,以提高测验的正确性。如小学毕业考试,其目的是考查学生是否掌握了小学阶段所学科目的基本知识,选材时就应注意材料的代表性和广泛性,以全面性为准。

(2)测验材料要能够代表课程教学的全部内容。测验的内容覆盖面越广,其内容效度越高。但由于时间所限,只能采用一部分教材内容作为测验材料。因此,这一部分材料必须是该学科教材全部内容的一个良好的代表性样本,必须有足够的覆盖面,能突出基本内容和重点内容,各部分材料的比重与测验蓝图设计的比重基本相吻合。

(3)测验材料要有普遍性,要以统一的课程标准或教学大纲为选材依据,应该是大多数乃至全体学生都已学过的内容,从而对全体学生具有公平性。

(4)测验材料要适合学生的程度并能鉴别学生的学习水平。各年级学生的程度不同,所以选择的材料必须大部分都适合相应年级学生的程度,难易适当。同时,能够将不同程度的学生区分开来,因此材料应该有一定的难度分布范围。

(5)测验材料要富有进取性并切合社会生活的需要。测验中的有些材料要比学生的程度稍低,使程度最低的学生也能完成,使其树立尽量多做的信心;同时要有一部分材料对程度最高的学生也具有一定的挑战性,从而促使其进一步努力。测验的材料要切合实际,具有真实性、情境性、时代性。

(二)编写测验试题

编写试题是一个反复的过程。在这个过程中,测验编制者需要对试题进行反复修改,其中包括订正意思不明确的词语,删改一些重复和不恰当的试题,增删有关题目等。

在编写测验试题即命题时要注意以下几点:

(1)试题的内容取样具有代表性。试题能够体现测验的内容范围和要求,有较大的覆盖面。

(2)试题的数量恰当。既要使大多数学生能够在规定的时间内完成解答,又要使他们感到时间并不十分充裕。

(3)试题的难度合适。试题的难度必须要适合大多数学生的水平,由易到难,有一定的分布范围,能够测量出不同水平学生在知识和能力方面的差异。一个测验应做到既有能反映课程中基本要求的试题,又有用来考查学生学习知识的灵活性和运用所学知识综合分析问题、观察问题和解决问题的综合题,还要有需要学生运用所学理论、思想或功能,经过逻辑推理、判断或证明才能作出正确回答的提高题。至于各类难度不同试题的比例,根据测验目的和测验学生而定。

(4)各个试题之间保持相互独立。不要使一个试题的解答对另一个试题的解答有暗示作用。

(5)试题的表述清楚明白。试题中用词不能模棱两可,文字要简明扼要,对解题要求的叙述必须准确明了。

(6)题型多样化。各类试题所占比重要恰当,既要有客观性试题,也要有主观性试题。评价人员可根据测验各部分所要考查的目标,结合各种题型的特点,遵循有关题型的命题要求,选择和确定测验的具体题型。

(7)评分标准合理。命题时就要考虑到有利于清晰可辨、公平合理的评分标准的制定。

(三)试测与命题质量分析

初编的测验题目虽然在内容与形式上符合要求,但是否具有适当的难度和区分度,则必须通过试测并进行题目分析,以便为进一步筛选题目提供客观依据。

1. 试测

题目初步确定之后,可以在一定的范围内进行试测,以鉴别试题性能的优劣。试测的目的在于获得学生对测验题目作何反应的资料,它既提供哪些题目意义不清、容易引起误解等信息,又能提供鉴别测验题目质量优劣的指标。

试测时应注意以下几个问题:

①试测对象,应该取自将来正式测验准备施用的群体。例如,对于一个学业成就测验,参加试测的学生必须是和以后正式施测的学生属于同一年级,并

且具有相同的课程背景。也可以将编制的试题分成若干时段纳入平时小测验中,以达到施测的效果。

②试测的情境,应与以后正式施测的情境保持一致。

③试测的时间,应能保证学生有足够的时间完成,以便搜集充分的反应资料,使得统计分析结果可靠。

④试测的情况记录,及时对学生在试测过程中各种反应情况予以记录,如学生完成试测的时间状况、题意有哪些不清之处、对哪些题目产生误解、长时间的停顿等,都要一一加以记录,以备以后修改试题参考。

2. 题目质量分析

测验的题目质量分析就是对试测结果进行统计分析,确定题目的难度与区分度,分析测验结构的合理性。根据分析结果对测验题目进行选择、修改,最后选择质量较好的测验题组成测验。

(四)合成测验(组卷)

经过试测和题目分析,对各个题目的性能已有可靠的质量,据此可以选出优良的题目,按照题目类型及难度层次,加以适当的编排,合成测验试卷。对于比较正规的测验,要同时编制若干份同质等值的测验试卷,即编制复本,以备交替使用。

编排试题、合成试卷时应注意以下几点:

①先易后难。即题目的排列按照先易后难的顺序。在测验的开头应安排几道容易的试题,然后逐渐增加题目难度。这样可以使学生熟悉答题程序,解除紧张情绪,建立信心,较快地进入测验情境。同时还可以避免学生在难题上耽误过多时间而影响后面的试题解答。在测验的最后安排少量难度较大的试题,以测出学生的最高水平。

②同类组合。即尽可能将同类型试题组合在一起,这样每一种类型的试题只需要作一次解答说明,同时也使得学生可用相同的方式来回答问题,还可以简化计分工作和对测验结果的统计分析。

③注重测验题目编排技巧。常见的测验题目编排方式有两种:一是并列直进式,将整个测验依据试题材料的性质,分为若干个分测验;对于同一个分测验的题目,按其难度由易到难排列。二是混合螺旋式,先将各种类型的试题按照难度分成若干不同的层次,再将不同性质的试题予以组合,作交叉式的排列,其难度则逐渐递进。这种编排的优点主要是让学生不至于在一段时间内

只对同一性质试题作答,补充学生的作答兴趣。

(五)编写试题的答案、评分标准及测验说明

对于解法多样的试题,要给出几种典型的答案及评分标准。最后,就整个测验的答题说明、各类试题的答题说明、答题时间及其他注意事项作出详细表述。

(六)测验试卷的复查

在完成上述各项工作后,还必须再对整个测验试卷进行全面审查。检查每道题的质量指标是否满足要求,评分方法是否科学合理,难度分布是否恰当。特别需要注意的是,试卷题目的内容分布、目标层次等与命题双向细目表是否相吻合。如果相差较大,应重新调整,尽可能与测验蓝图保持一致。

第四节 纸笔测验评价的质量分析

一、测验的难度

测验的难度是指学生完成测验题目任务时所遇到的困难程度。一个测验题目,如果大部分学生都能答对,则该题目的难度就小;如果大部分学生都不能答对,则该题目的难度就大。在教育测量中,通常以难度系数 P 来定量刻画某题目的难易程度。

(一)难度的计算

按照测验题目的记分方法不同,题目难度的计算方法也有所不同。

1. 二分法记分题目的难度

(1)通过率

如果不考虑学生作答是否因为猜测成功的机遇,二分法记分测验题目的难度通常以通过率来表示,即以答对或通过该题目的人数的百分比来表示:

$$P = \frac{R}{N} \tag{4.1}$$

式中,P 代表题目难度,N 为全体被试数,R 为答对或通过该题目的人数。

以通过率表示题目的难度时,通过人数越多,P 值越大,其难度越小;通过人数越少,P 值越小,难度越大,题目越难。所以有人也称 P 值为容易度。事实上,这里的难度值 P 与我们通常所理解的难度意义正好相反。

(2)极端分组法

当参加测验的学生人数较多时,则可以先将参测学生依照测验总分从高到低排列,分成三组,总分最高的 27% 学生称为高分组(N_H),总分最低的 27% 学生称为低分组(N_L),分别计算高分组和低分组的通过率,然后求题目的难度。

$$P=\frac{P_H+P_L}{2} \quad (4.2)$$

或

$$P=\frac{1}{2}(\frac{R_H}{N_H}+\frac{R_L}{N_L}) \quad (4.2')$$

式中,P_H、P_L 分别表示高分组和低分组的通过率;R_H、R_L 分别表示高分组和低分组通过该题目的人数;N_H、N_L 分别代表高分组和低分组的人数。

2.非二分法记分题目的难度

对于论述题,每个题目不止有答对和答错两种可能结果,而是从零分至满分之间有多种可能结果。对这类题目,常常用下面的公式来计算其难度。

$$P=\frac{\bar{X}}{X_{\max}} \quad (6.3)$$

式中 $\bar{X}$ 为被试在某一题目上的平均得分,$X_{\max}$ 为该题目的满分。

(二)测验难度水平的确定

进行难度分析的主要目的是为了筛选题目,题目的难度水平多高合适,取决于测验的目的与测验的性质。

一般的标准化常模参照测验,目的在于尽可能地区分学生的个体差异,要求测验结果能够将学生水平尽可能拉开,此时,测验题目的难度值应尽量接近 0.50。如果一个测验的大多数题目的难度范围在 0.30——0.70 之间时,测验就能够最大限度地获得有关个体间差异的信息。[①] 但在标准参照测验中,测验的目的在于检测学生是否已达到教学目标规定的要求。如果教学十分有效,测验的大多数题目难度系数都会很大,反之,则可能很小。因此在实际工作中,若测验的目的是为了了解学生在某方面知识技能的掌握情况,可以不必过多地考虑难度,只要评价者认为是重要的内容都可以选用,甚至那些 100%

---

① Roben M. Kaplan Dennis P. Saccuzzo.心理测验[M].赵国祥,等,译.西安:陕西师范大学出版社,2005:113.

通过或通过率为零的题目都可以采用。例如,在某单元教学之前,要了解学生对所要教学的内容准备情况所作的预备测验,几乎每个题目都将产生很低的通过率,但这些题目不应淘汰,因为它们表明了哪些内容需要学生认真学习并加以掌握。而在教完某部分知识以后,为了检查学生的掌握情况所进行的测验,即使每道题目都有很高的通过率,这些题目仍然是可用的,它们表明学生的掌握程度。如果测验的目的是用于选拔、录用有关人员,就应该将题目的难度控制在接近录取率左右,即较多地采用那些难度值接近录取率的题目。例如,要从初中生中选拔15%的人参加全市的数学竞赛,则就应提高题目的难度,使P值接近0.15;而如果测验的目的在于选出20%的差生进行特别辅导,就应该选择难度值在0.80附近的题目。

另外,测验的性质不同,测验题目的难度值要求也不一样。一般来说,速度测验的难度不宜太高,并且每个题目的难度值都应该基本相等;难度测验则要求难度值在0.50左右。无论是速度测验还是难度测验,都应该防止学生得满分,因为在这种情况下,我们无法了解学生的最高水平。

二、测验的区分度

(一)区分度的意义

区分度是指测验题目对学生水平差异的区分能力。通常一个测验多少都带有将学生的水平加以区分的意图,那么构成测验的每一个题目就应该为这一目标作出贡献,区分度就是描述题目的这种功能的质量指标。具有良好区分度的题目,能将不同水平的学生区分开来,也就是说,水平高的学生在该题目上得高分,水平低的学生得低分。反之,区分度低的题目则对不同水平学生不能很好地鉴别,水平高与水平低的学生,所得分数差不多,甚至正好相反。所以测量专家们把试题的区分度称为测验是否具有效度的"指示器",并作为评价题目质量、筛选题目的主要指标与依据。但需要指出:评价测验题目区分度高低依赖于对学生水平的准确测量,只有学生的水平高低已很清楚,才能判定测验题目能否对学生的水平予以正确区分。因此,必须寻找一个能够准确反映学生水平的客观标准,即通常所说的效标分数。测验题目区分度的效标分数更多的是用测验总分,称作为内部效标。

区分度(D)的取值范围介于-1.00至$+1.00$之间。通常D为正值,称作积极区分;D为负值,称作消极区分;D为0称作无区分作用。具有积极区分作用的题目,其 D 值越大,区分的效果越好。

(二)区分度的计算

题目区分度的计算方法很多,各种方法在含义上略有差别。在使用时,我们可以根据测验的目的,以及题目记分和测验总分两个变量的性质不同,而选择不同的计算方法。当然,有时可以同时用几种计算方法相互验证。

1. 鉴别指数法

这种方法较适合于二分法记分的测验题目。

当效标成绩是连续变量时(通常学科测验总分都认为是连续变量),可以从分数分布的两端各选择 27% 的被试,分别计算出在该题目上各自的通过率,两者之差就是该题目的鉴别指数(D),即

$$D=P_H-P_L \tag{4.3}$$

式中 P_H 与 P_L 分别为高分组与低分组在该题目上的通过率。

D 值是鉴别题目测量有效性的指标,D 值越高,题目越有效。1965 年,美国测验专家艾伯尔根据长期经验提出用鉴别指数评价题目性能的标准,如表 4.4 所示。

表 4.4　题目鉴别指数评鉴[①]

鉴别指数 D	题目评价
0.40 以上	很好
0.30—0.39	良好、修改会更好
0.20—0.29	尚可、仍需修改
0.20 以下	差、必须淘汰

由于编制测验不容易,一般情况下人们宁愿修改题目,也不愿轻易舍弃题目。当然上述标准也不是绝对的,还必须根据测验的目的、性质、要求来决定题目的取舍。

在题目难度和鉴别指数分析中均提到划分高分组与低分组,一般情况下,是根据效标成绩或测验总分将学生排队,取 27% 的高分端学生组成高分组,另外 27% 的低分端学生组成低分组,其余 46% 的学生可以不作分析。有人曾

[①]王孝玲.教育测量[M].上海:华东师范大学出版社,2005:122.

证明(Kelley,1939)当分数是正态分布时,这种分配方法很有效,它既可以使两个对比组间的差异尽可能大,又可以使两组人数尽可能多。当效标分数较正态分布平坦时,高低分组各占的比率应略高于27%,约在33%左右。一般情况下,其比率介于25%—33%之间。但如果是较为正规且参加人数较多的测验,习惯上仍采用27%。如果比率太小,如10%,则所选出来的两组过于极端,两者之间的差异非常明显,人为夸大了题目的区分程度;当样本团体人数过少时(n<100),则不宜用27%的规则,甚至可以用50%作为分界点,即把上、下两半被试作为高分组与低分组。使用极端分组法主要是为了计算方便,但是这种方法只利用了一部分信息,浪费了很多信息,所以统计结果比用全部资料计算的准确性差一些。当题目与效标之间是直线关系时,这种分析法对结果的准确性来说影响不大。但当题目与效标之间并非直线关系时,使用极端分组法会丧失许多有价值的信息,甚至可能得出错误结论。

2. 相关法

用鉴别指数分析题目区分度虽然易于理解,计算方便,但结果不精确。在大规模或比较正规的测验中,多采用相关法,即以题目分数与效标分数或测验总分的相关作为题目区分度的指标。相关越高,题目区分度越高。

(1)点二列相关系数

点二列相关适用0、1记分(或二分变量)的测验题目,而效标或测验总分是连续变量的数量资料,其计算公式为:

$$r_{pb}=\frac{\bar{X}_p-\bar{X}_q}{S_t}\sqrt{pq} \tag{4.4}$$

式中,r_{pb}为点二列相关系数;$\bar{X}_p$为通过该题目学生的平均效标分数;$\bar{X}_q$为未通过该题目学生的平均效标分数;p为通过该题目学生的人数百分比;q为未通过该题目学生人数的百分比;S_t为全体学生的效标分数的标准差。

用点二列相关计算出的数值需进行显著性检验,才能确定其意义。要检验r_{pb}是否达到显著水平,常用的检验方法有两种:①采用对积差相关系数检验的方法进行检验(可参阅有关统计学教科书)。②用t检验的方法比较二分变量对应的两组连续变量的平均数的差异是否显著,如平均数($\bar{X}_p$与$\bar{X}_q$)的差异显著,则相关系数也显著。

(2)二列相关

二列相关适用于连续的测量变量,但其中一个变量因为某种原因被人为分成两类。例如,当一个测验的题目分数是连续的,而效标或测验总分数被分为高、低或及格、不及格两个类别时,可以采用二列相关法;当效标或测验总分是连续的,而题目分数被人为分成对、错或通过、未通过两类,也可以采用此方法。其计算公式为:

$$r_b = \frac{\bar{X}_p - \bar{X}_q}{S_t} \frac{pq}{y} \quad (4.5)$$

式中 r_b 为二列相关系数;$\bar{X}_p$、$\bar{X}_q$、p、q、S_t 的意义同点二列相关系数公式(4.4)说明;y 为正态分布下 p 与 q 分割点正态曲线的高度。

运用二列相关法求题目区分度时,要求二分变量在人为二分前的测量必须是正态分布,如果样本分布不是正态,总体分布也应该是正态的。对于连续变量的分布,虽不要求是正态但必须是单峰且是对称分布形态。

(3)φ 相关

φ 相关的统计方法适用于两个变量都是二分名义变量的资料;在有些情况下,一些连续变量也可以用此方法计算相关程度;φ 相关不要求变量呈正态分布。所求指标为 φ 系数。

在用 φ 系数作为区分度指标时,要求题目反应与效标变量都是二分状态。一般是根据效标成绩或测验总分的高分组和低分组,通过和未通过某一题目的人数列成的四格表来计算。计算公式为:

$$r_\varphi = \frac{ad - bc}{\sqrt{(a+b)(a+c)(b+d)(c+d)}} \quad (4.6)$$

式中 r_φ 为 φ 相关系数,a、b、c、d 分别为四格表中四项所包含的人数。

(4)积差相关

对于论义式测验题目,因得分具有连续性,在参加测验人数较大时,可以认为题目分数服从正态分布。可将题目得分与效标分数求积差相关系数以得到题目的区分度。但使用这种计算所得的区分度,如果效标采用的是测验总分,则区分度值的大小受该题目分值大小的影响,因为题目得分本身就是测验总分的一部分,题目分值越大,其区分度值就越高。

以上介绍的四种相关法,在实际题目分析中,究竟采用哪一种,依照变量的性质而定。虽然根据不同方法计算所得的数值各不相同,但其统计意义基本上差不多,结果的分析是一致的。

(三)区分度与难度的关系

在讨论难度指标时,曾提到测验题目的难度对测验题目的鉴别力有一定的影响,即难度与区分度有着密切的联系。以鉴别度指数 D 为例。例如,某题目的通过率为 1.00 或 0,则说明高分组与低分组全部通过或者没有人通过。此时,两组的通过率没有差异。因此,$D=0$。假如题目的通过率为 0.50,则有可能是高分组的所有学生都通过了,而低分组却无人通过,这样 D 的最大值可能达到 1.00。假如题目通过率为 0.70,有可能高分组通过率为 1.00,低分组的通过率为 0.40,就可使得区分度的值为 $D=0.60$。根据同样方法可求出不同难度的题目可能的最大 D 值,见表 4.5。

表 4.5 D 的最大值与题目难度的关系

题目通过率(P)	D 的最大值
1.00	0.00
0.90	0.20
0.70	0.60
0.60	0.80
0.50	1.00
0.40	0.80
0.30	0.60
0.10	0.20
0.00	0.00

从表 4.5 中可以看出,难度越接近 0.50,题目潜在的区分度越大,而难度 P 越接近 1.00 或 0 时,题目的潜在区分度越小。这也就是人们在常模参照测验中,要求题目保持中等难度的道理之一。

为了使题目具有较高的区分能力,似乎应该使所有的题目都保持在 0.50 的难度最为理想,但是在实际编制测验时,却不能这么做。因为一个测验中的题目大多趋向于与有关的内容或技能具有某种程度的相关。假若所有的题目都完全相关($r=1$),并且都是 0.50 的难度水平,在一个题目上通过的人,在其他各题目上也会通过;在一个题目上失败的人,在其他题目上也将失败,那么一半学生将通过每一个题目,另一半学生将全通不过。在这种情况下,测验将只有两种分数,即满分与零分,成 V 型分布。这样,从整体来说,测验所提供的信息便相对减少,对学生水平的区分能力也相对较弱。事实上,如果测验的所有题目都是中等难度,只有在题目的内在相关为 0 时,整个测验分数才产生正态分布。实际测验中,一般各题目之间都具有某种程度的相关,考虑到这一点,我们在利用题目分析选择试题时,应使题目的难度分布广一些,梯度大一些,使整个测验的难度分布呈正态分布,且平均水平保持在 0.50 左右。这样能把各种水平的人都区分开来,并且区分得比较细。

另外,题目的区分度也是相对的。计算题目的区分度,关键在于选好效标,效标本身不可靠,所得的区分度也就没有什么意义。在效标已选定的情况下,区分度的具体数值通常与以下几方面有关:第一,不同的计算方法,所得区分值不同。因此,在分析同一个测验时,各个题目的区分度值要尽可能采用同一种指标,否则不便分析比较;第二,样本容量大小对于运用相关法计算区分度值有较大的影响。通常,样本容量越小,其统计值越不可靠;第三,分组标准影响鉴别指数值(D)。极端组划分的标准不同,求得的区分度值也不同。分组越极端,其 D 值越大。通常取 27% 作为极端分组划分的标准;第四,参加测验人员的同质性程度影响区分度值的大小。测试学生团体越具有同质性,即个体之间水平越接近,其试题的区分度值就越小。反之,若是施测于具有较大异质性的团体,即使是对另外一个同质团体来说区分度很小的题目,也可能有很高的区分度。因此我们在评价题目的有效性时,应考虑到测验的目的、功能以及施测团体的总体水平,不能将区分度值作为筛选试题的绝对标准。表 4-4 所提供的标准只不过是在编制测验时的一个参考标准而已。

三、测验的信度

(一)信度的涵义

测验的信度指的是测验结果的可靠性、一致性和稳定性程度。换句话说,若能用同一测量工具反复测量某人的同一种特征,则其多次测量结果之间的一致性程度就叫信度。

纸笔测验作为教学评价工具,必须具有较高的信度。就像一个好的测量工具,只要遵守操作规则,其结果就不应随工具的使用者或使用时间等方面的变化而发生较大变化一样。信度是衡量一个测验质量高低的重要指标之一,信度不合要求的测验是不能使用的,人们在编制和使用测验时都特别重视测量的信度。如果信度很低,测验的随机误差就很大,测验的结果就会与学生的真实水平发生较大偏差。而且,这种偏差完全是随机决定的,这就让人无法相信测量的结果。但需要指出的是,测验中的系统误差与测验信度无关。因为系统误差只对测量结果产生恒定的影响,而不会使测量结果上下波动。

教育测验的对象是学生,在测验过程中,学生的反应会受到各种主观因素的影响,例如,紧张、焦虑、疲劳、猜测与练习效果等,此外,测验结果还会受到评分者与测验的外部环境等各种主客观因素的影响。因此,对同一对象两次或多次施测的结果不可能完全一样。任何一个测验都会受到各种各样的无关因素的影响,通常将这些无关因素所产生的影响结果称为测量误差。任何测验在实施的过程中总会有误差,只是程度大小而已。信度实际上就是对测验误差程度的一种描述。误差越小,信度越大,误差越大,信度越低。

(二)信度的类型

1. 稳定性系数(再测信度)

用同一个测验,对同一组学生前后两次进行测验,两次测验分数的相关系数称为测验的稳定性系数或再测信度。再测信度的计算公式为:

$$r_{XX}=\frac{\sum(X_1-\bar{X}_1)(X_2-\bar{X}_2)}{\sqrt{\sum(X_1-\bar{X}_1)^2\sum(X_2-\bar{X}_2)^2}} \qquad (4.7)$$

式中 X_1,X_2 为同一组学生两次测验的得分,$\bar{X}_1$,$\bar{X}_2$ 为两次测验得分的平均数。

再测信度的计算在使用时,两次测验之间的时间间隔要适宜,相隔时间不要太短,也不宜太长。再测法适用于速度测验而不适用于难度测验,同时要提高学生的积极性,使他们认真负责的参加每次测验。

再测信度能够提供评价结果是否随时间而变化的资料,可作为预测被评价者将来行为的依据。但学生在两次测验的间距中会发生一定的变化,造成测验结果的不一致,人们很难据此证明测验的可靠性。如用同一测验两次测评学生的学科成就,如果测验间隔时间短,学生的测验分数会受练习和记忆因素的影响;如果间隔时间较长,则无法排除学生的发展、变化对测验分数的影响。在实际操作中,如果用再测法来评鉴测验的信度时,应注意各种限制条件可能造成的影响。

2. 等值性系数(复本信度)

两个等值但内容不同的测验,在最短的时间内,对相同学生施测,两个测验的得分的相关系数即为测验的等值性系数或复本信度,其计算方法及公式与公式(4.7)相同。这里的所谓等值是指测验在题型、题数、难易程度、测试时限以及内容、形式等方面相同或相似。

复本法可避免再测法受时间间隔影响的缺点,应用范围较广。虽然在测验编制时就强调要建立测验复本,但要建立两个完全平行的复本还是比较困难的。在实际的测量评价中,制定出两套各项指标完全相等的平行复本较少见,即使像中考、高考这样高利害测验其复本也很难做到完全等值。另外,在做第二测验时仍会受到练习和记忆等因素的影响,一些解题的策略等技能技巧也会产生迁移效应。

3. 分半信度

所谓分半信度是指将测验中的全部题目分成相等的两半(通常采用奇偶分半法),计算考生在两半测验上得分的相关系数。这种计算只是根据一半题目求取的指标,所得结果只是半个测验的信度。为估计全部题目即整个测验的信度,应作适当校正。通常人们都采用斯皮尔曼—布朗(Spearman—Brown)校正公式,校正公式为:

$$r_{XX} = \frac{2r_{hh}}{1+r_{hh}} \tag{4.8}$$

r_{XX} 为整个测验的信度,r_{hh} 为两半测验的信度(相关系数)

分半法的主要优点是不需要进行两次测验;但它的使用有一些要求,如要求两半测验是等值的,不仅要测验分值相等,而且要求全体考生在两半测验上得分的平均数、标准差相等。

在实际工作中,上述要求不太容易满足,一些学者又提出了更好的估计分半信度的方法。这些估计方法不需要计算两半测验分数的相关,也不需要进行校正,使分半信度的估计更加简单。

弗拉南根(Flanagan)提出的校正公式为:

$$r_{XX} = 2\left(1 - \frac{S_a^2 + S_b^2}{S_t^2}\right) \tag{4.9}$$

式中 S_a^2, S_b^2, S_t^2 分别为两半测验即 A 测验、B 测验与整个测验分数的方差。

分半信度通常是在只能施测一次或没有复本的情况下使用。而且,在使用斯皮尔曼—布朗公式时,当一个测验无法分成对等的两半时,分半信度不宜使用。

此外,由于将一个测验分成两半的方法很多(如按题号的奇偶性分半、按题目的难度分半、按题目的内容分半等),所以,同一个测验通常会有多个分半信度值。

4. 内部一致性信度

内部一致性信度目的在于了解测验题目的同质性,即测验内部所有题目之间的一致性程度,也称作同质性信度。这里,题目间的一致性含有两层意思,其一是指所有题目测的都是同一种特征(如同一学科内容),其二是指所有题目得分之间都具有较高的正相关。一句话,同质性信度就是一个测验所测内容或特征的相同程度。当一个测验具有较高的同质性信度时,说明测验主要测的是某个单一特征,实测结果就是该特征水平的反映。如果一个测验同质性信度不高,则说明测验结果可能是几种特征的综合反映,这时,测验结果不好解释。一种好的办法是把一个异质的测验分解成多个具有同质性的分测验,再根据考生在分测验上的得分分别作出解释。

内部一致性信度是为了解决不同分半方法求得的信度系数不尽相同的现象,而提出的估计信度的方法,也是使用最广泛的信度指标。

对于试题为 0、1 记分(即只有对错两种分数的试题)的测验,一般采用库德(Kuder)和理查逊(Richardson)提出的 KR—20 公式估计内部一致性信度。

$$r_{xx} = \frac{K}{K-1}\left[1 - \frac{\sum_{i=1}^{K} p_i q_i}{S_t^2}\right] \quad (4.10)$$

式中 K 为测验的题目数,p_i,q_i 分别为第 i 题的通过率(题目难度系数)与答错率(未通过率),S_t^2 为测验总分的方差。

对于非 0、1 记分题(论文题等主观性试题)的测验,可采用克朗巴赫(Cronbach)提出的 α 系数估计内部一致性信度。

$$\alpha = \frac{K}{K-1}\left[1 - \frac{\sum_{i=1}^{K} S_i^2}{S_t^2}\right] \quad (4.11)$$

式中 K 为测验的题目数,S_i^2 为第 i 题得分的方差,S_t^2 为测验总分的方差。

由于学校教育教学评价中的大部分测验都采用主观题与客观题相结合的形式,所以通常都采用 α 系数估计内部一致性信度(事实上,KR—20 公式只是 α 系数在 0、1 记分下的特例)。

四、测验的效度

(一)效度的涵义

效度是指测验结果的有效性或正确性程度。所谓有效性,是指一种测验能够正确地测量出它所要测量的特性或功能的程度。

任何测验都是为了一定的目的而编制的,效度的高低,就是看它达到测验目标的程度,即测验是否测出了我们所需要测量的东西。如果能够正确地测量所要测的东西,那么这就是高效度的测验。测验的效度是相对的,首先是相对于一定的目的来说的,一个测验只有对一定目的而言才是有效的,否则就是无效的;其次,效度只是程度的不同,没有所谓的全有或全无。一般来说,测验的编制都经历精心的设计,测验不可能完全无效;另外,由于教育测量的间接性,测验在实施过程中,会受到各种因素的影响,从而影响到测验的有效性。

(二)效度的估计

由于测验效度是就测验结果达到测验目的的程度而言的,所以测验效度的估计在很大程度上取决于人们对测验目的的解释。对目的的解释不同,其种类就不同。效度的种类很多,目前广泛使用的是美国学者 J·W·弗伦奇(French)和 B·米奇贝尔(Michbel)提出的分类法,把效度分为内容效度、结构效度和效标关联效度三种。

1. 内容效度

内容效度是指一个测验实际测到的内容与所要测量的内容之间的吻合程度,亦即测验内容对要测的全部内容的代表性程度。例如在一门课程的教学结束以后,为检查教学效果,要对学生进行学科测验,但测验内容不可能包含全部教学内容,只能从中选取一个代表性样本,编制学科测验,再根据测验结果来推测这个教学效果。如果测验题目对全部教学内容具有较高的代表性,其推断才是有效的。内容效度高,就可以把考生在该测验上的分数推论到他在相应的知识总体上去,说明其学业状况;反之,内容效度低,则这种推论将是无效的。

内容效度主要运用于学业成就测验,以及某些用于选拔和分类的职业测验。如果运用于后者,测验所要测的内容就是实际工作所需的知识和技能,编制这种测验应首先对实际工作作细致的分析,否则,题目取样的代表性就难以令人满意。

确定内容效度的方法主要是逻辑分析法,其思路是请有关专家对测验题目与原定内容范围的吻合程度作出判断。首先,明确测验的内容范围,包括知识范围和能力要求两个方面。这种范围的确定必须具体、详细,并要根据一定目的规定好各纲目的比例(测验设计的命题双向细目表)。其次,确定每个题目所测的内容,并与测验编制者所列的命题双向细目表(测验蓝图)对照,逐题比较并予以记录。最后,考察题目对所定义的内容范围的覆盖率、判断题目难度与能力要求之间的差异,同时考察各种题目数量和分数的比例以及题目形式对内容的适当性等,对整个测验的有效性作出总的评价。

此外,克朗巴赫还提出过内容效度的统计分析方法。其具体方法是:从同一个教学内容总体中抽取两套独立的平行测验,用这两个测验来测同一批学生,求其相关。若相关低,则两个测验中至少有一个缺乏内容效度;若相关高,则测验可能有较高的内容效度(除非两个测验取样偏向同一个方面)。

还有一种判断内容效度的方法是再测法。即在学生学习某类知识之前作一次测验,在学过该类知识后再作同样的测验。这时,若后测成绩显著地优于前测成绩,则说明所测内容正是学生新近所学内容,进而证明该测验对这部分内容而言具有较高的内容效度。

2.结构效度

结构效度是指一个测验实际测到所要测量的理论结构和特质的程度,或者说它是指测验分数能够说明心理学理论上的某种结构或特质的程度。结构效度主要适合于心理测验效度的确定。所谓结构就是指心理学或社会学上的一种理论构想或特质。它本身观察不到,并且也无法直接测量到,但学术理论假设它是存在的,以便能够来解释和预测个人或团体的行为表现。例如,吉尔福特(J·P·Guilford)认为,创造力是发散性思维的外部表现,是人对一定刺激产生大量的、变化的、独创性的反应能力。根据这一理论,他认为创造力测验应重点测量人的思维的流畅性、灵活性和创造性。测验编好后,若有足够的证据来证明它确实可以测到这些特性,就可以认为该测验是结构效度较高的创造力测验。

估计结构效度的方法主要有:

(1)测验内部寻找证据法。首先,考察该测验的内容效度,因为有些测验对所测内容或行为范围的定义或解释类似于理论构想的解释,所以,内容效度高实质上也说明结构效度高。例如,在编制语文能力测验时,许多编制者给内容的定义等同于"语文能力"的解释。其次,分析被试(或学生)的答题过程。若有证据表明某一题目的作答除了反映所要测的特质以外,还反映其他因素的影响,则说明该题没有较好地体现理论构想,该题的存在会降低结构效度。例如,有些表面上是测人的性格的题目,实质上还涉及较多的道德观念,则认为该题会降低性格测验的结构效度。再次,通过计算测验的同质性信度的方法来检测结构效度。若有证据表明该测验不同质,则可以断定该测验结构效度不高。当然,测验同质只是结构效度高的必要条件。

(2)测验之间寻找证据法。首先,考察新编测验与某个已知的能有效测量相同特质的旧测验之间的相关。若两者相关较高,则说明新测验有较高的效度。这种方法叫相容效度法。其次,也可以考察新编测验与某个已知的能有效测量不同特质的旧测验间的相关。若两者相关较高,则说明新测验结构效度不高,再次,我们还可以通过因素分析的方法来了解测验的结构效度。

(3)考察测验的实证效度法。如果一个测验有实证效度,则可以拿该测验所预测的效标的性质与种类作为该测验的结构效度指标,至少可以从效标的性质与种类来推论测量的结构效度。

此外还可以采用多种特质——多种方法矩阵法。具体可参见有关教育测量的论著。

结构效度一般不能用一个简单数字来描述其高低,只能用逻辑推论的方法确定,因此,结构效度是一个有争议的概念。有人赞赏它反映了效度的本质,也有人批评它无法直接考察。

3. 效标关联效度

效标关联效度是指测验分数与作为效标的另一个独立测验结果之间的一致性程度。一般用本测验分数与效标测验结果(分数)之间的相关系数表示。

所谓效标,是用来检验测验效度的外在标准。效标一般采用权威性的测验结论以及被测者的实际表现。在教育教学评价实践中,常用的效标主要有学业成就、等级评定、临床诊断、专门的训练成绩、实际的工作表现以及其他现成的有效测验(得分)。这些效标可以是连续型变量,也可以是离散型变量;可以是自然的现成指标,也可以是人为设计的指标;可以是主观判断,也可以是客观测量;可以是自我评定,也可以是他人评定等。

根据效标证据收集的时间,可以把效标关联效度分为预测效度和同时效度。预测效度是以被测者以后的表现为效标,了解测验预测的有效程度,其主要作用在于预测某个个体将来的行为。例如高考主要用来选拔适合接受高等教育的人员,如果考生高考得分与以后大学阶段的学习成绩存在较高的关联,说明高考成绩能够有效预测考生在大学阶段的学习状况,则认为高考这种测验具有较高的效标关联效度。由于测验的目的并不仅仅用于预测,因此预测效度只适合于选拔的场合。同时效度是以已经获得的其他经验性资料为效标,了解测验结论与这些效标之间的一致性。这种效度主要用于诊断现状,可做到以更简单、更省时、更廉价和更有效的测验分数来取代不易搜集的效标资料。

无论是同时效度还是预测效度,其目的都是想通过对测验在一个有代表性的样本上,用实证的方法来证明测验有效,以便用简便的测验去预测类似于样本的其他团体或个体的行为。因此,有人把二种效度都称作预测效度,并把我们当前编制的测验称作预测源。

(三)提高测验效度的方法

严格地说,凡是与测验目的无关的、稳定的和不稳定的变异来源都会影响测验的效度。也就是说,测验本身的构成、受测对象的特点、施测的过程、阅卷评分、分数的转换与解释等一切所有与测验有关的环节都可能影响测验的效度。主要影响因素有如下几个方面:

1. 测验的构成

当组成测验的试题样本没有较好地代表欲测内容或结构时,测验的内容效度或结构效度必然不会高。若题目语义不清、指导语不明、题目太难或太易、题目太少或安排不当等,都会降低测验效度。一般而言,增加测验的长度可以提高测验信度,进而为提高测验效度提供了可能。但是,并不是尽可能多地增加题目数量就会提高效度。测验长度与效度有一定的联系,题目数量的恰当增加才会取得理想的效果。

2. 测验的实施过程

测验在实施过程中,未能按照规定的要求,或出现意外干扰,评分、计分出现差错等,都会降低测验效度。

3. 接受测验的被试(或学生)

一般情况下,参加测验的对象,其应试动机、情绪、态度、身体状态等,都会影响测验信度,造成较大的随机误差,进而影响测验的效度。就整个被测团体而言,如果缺乏必要的同质性,则也可能会得到不恰当的效度资料。有时候,同样一个测验,对年龄、性别、文化程度、职业等方面不同的被试团体,常常表现出不同的预测能力,即具有不同的测验效度。事实上,被测团体的年龄、性别、文化程度等特征,常常成为干涉变量。在考察效度时,要特别注意测验在不同团体上的效果,避免出现测验偏倚。

4. 所选效标的性质

由于同一个测验可以有不同的效标,同一个观念效标也可以有不同的效标测量,因此在评价测验效度时,所选效标的性质是很重要的考虑因素。有的学者指出,智力测验分数与教师对学生等级评定之间的效度系数只要在 0.30—0.50 之间就可以了,因为教师的评价会受到与智力无关的其他因素的影响。与此类似,相同科目的测验成绩与教师评价之间的相关应达到 0.60—0.70。所有这些不同的要求,主要是因为所用效标的不同而提出来的。在考虑效标与分数的相关时,还应注意测验分数与效标之间是否线性相关,因为相关系数计算的前提是二列变量之间具有线性关系。

5. 测验的信度

测验信度反映测验的随机误差,任何随机误差的增加都会降低测验的信度,信度的降低必然导致效度的降低。所以在考察测验效度时,一定要注意测验的信度。信度不高的测验不可能具有很高的效度。

第五章　表现性评价

传统纸笔测验具有评分客观、易于检测实施、适应范围广等诸多优点,但其评价更多的是指向认知领域的学习结果,对技能、情意领域的测量存在某些先天限制。而教学中必须兼顾认知、技能、情意等多方面的学习结果,需分析"应该怎样表现"与"真正表现行为"之间的差异。而表现性评价方法便是一种可以评价中小学学生各类真正学习表现的有效方法之一。

第一节　表现性评价概述

一、表现性评价的含义与特点

(一)表现性评价的含义

"表现性评价"一词并不是在教育领域最先提出的,它最早应用于企业管理领域和心理学领域。在当今信息化时代,现代教育更加注重对学生解决问题的能力、实际操作能力的评价。在这种趋势的影响下,20世纪90年代初期美国教育界率先掀起了一种新的学生评定方法—表现性评价。表现性评价也称"替代性评价"或"真实性评价",它是在对传统的学业成就测验进行批判的基础上形成的,强调重视过程评价、重视质性评价、重视非学业成就评价等最新的评价理念,主要是指通过观察学生在完成实际任务中的表现,对学生的知识、技能及发展水平做出价值判断的评价方式。目前不同专家学者对表现性评价有着不同的定义界定,比如:有学者指出,通过学生自己给出的问题答案和展示的作品来判断学生所获得的知识和技能的评价是表现性评价[1];也有学者认为,表现性评价是指通过观察学生在完成实际任务时的表现来评价学生已取得的发展成就的评价。美国教育测量专家斯蒂更斯(Stiggins)给表现

---

[1] 李永珺等.新课程评价中的表现性评定[J].教育发展研究,2002,(12).

性评价下的定义则得到了普遍的认可:"表现性评价为测量学习者运用先前所获得的知识解决新异问题或完成特定任务能力的一系列尝试。具体来说就是运用真实的生活或模拟的评价练习来引发最初的反应,由高水平评价者按照一定标准进行直接的观察、评判。其形式主要包括建构式反应题、书面报告、作文、演说、操作、实验、资料收集、作品展示。"[①]

传统的事实性知识性的测试测验,主张让学生给出唯一明确的或最佳的答案,与之相比,表现性评价对学生综合能力的要求更强,它主张教学评价要回归于学生在教育教学过程中的完整而真实的生活,突出在完成实际任务过程中学生发展变化的评价,从而更真实地反映教育现象。表现性评价不仅可以反映出学生知识技能的掌握情况,而且可以通过对学生行为表现的观察分析,判断学生在创新能力、实践能力(问题解决能力)、与人合作交流的能力以及健康的情感、积极的态度、正确的价值观等方面的发展状况。表现性评价主要包含了三层内涵:第一,学生不是从预先规定好的选项中选择答案,而需要自己来创造思考答案或利用自己在教育教学活动的行为表现来反映自己的学习过程和结果;第二,教育教学评价者需要真实观察学生的实际操作过程并真实地记录学业成果;第三,最终的评价目的要能够促进学生在实际操作中更好地学习知识和发展能力。

(二)表现性评价的特点

表现性评价更加尊重学生主体性、创造性,更加强调评价任务的真实性,与传统的纸笔化测试不是完全对立的(如表 5.1 所示),它既具有传统纸笔测

表 5.1 表现性评价与纸笔测验评价特点比较

纸笔测验评价	表现性评价
选择型试题　补充型试题	限制型作业　扩展型作业
低←——任务的真实性——→高	
低←——任务的复杂性——→高	
低←——需要的实践性——→高	
低←——评分的主观性——→高	

[①] Stiggins Riehard. Designed and development of Performanee Assessment [J]. Edueational Measurement: Issues and Practiee. 1987,(6):199—201.

验评价的一些优点,也有以下典型的特点。

1. 评价过程强调对教学、学习与评价的整合。传统评价模式注重评价外在的教学和学习过程,通常是与教学、学习分离的。表现性评价则贯穿于教学和学习相统一的日常教学过程中,通过及时性的反馈,检查课程实施是否达到预期目标,从而促使师生共同进步。另外,在表现性评价中,评价教学和学习的工具是用来测量学生知识和技能运用的真实性任务。就学生来说,表现性评价自然地包含在其学习过程之中,学生在完成表现性任务的过程中,可以自我审视,自我评价,借鉴学习,倾听意见,不断改进,进而寻求主动发展。就教师来说,教师可以通过评价观察学生的个性和特长,了解学生在某方面做出的努力及取得的进步,可以更好地明确学生发展的不同需求,及时发现学生迫切需要解决的问题,以便及时调整并改进教学,给学生提供适当的帮助。

2. 评价内容突出全面性。表现性评价不仅仅局限于传统纸笔测验通过检测学生掌握知识的情况来反映学生智力因素发展情况,还突出检测学生运用知识解决实际问题的情况,以及学生各种非智力因素的发展情况,并且对学生学习信息的反馈是多元化的。比如,关于中小学学生演讲的评价问题,纸笔测验能有效地测量学生对有关演讲知识的了解,但却不能全面了解学生的实际演讲能力。表现性评价却可以通过设计演讲任务、观察学生的演讲过程而突破这一局限。

3. 评价不仅注重对结果的测量还关注学习过程。传统纸笔测验一般是注重对学习结果进行测量,很难对学习过程进行综合评价。例如,做选择题时,学生是真正掌握知识还是凭猜测选出正确答案,这个过程在传统纸笔测验中很难判断。表现性评价则既能对学习结果作出评价,也能对学习过程进行评价,这是区别于其他传统测验的特点之一。表现性评价充分体现了现代学习理论,把学生看做是教学和学习的积极参与和意义建构者,可以记录学生能够做什么,也可以记录学生是如何完成某项任务的,而且更关注后者。表现性评价认为观察的过程可以判断学生是否有思维的科学性,在整个评价过程中是否有更好的或创造性的方法出现等,因此评价过程比评价结果更有意义,而且在表现性评价中有对学习过程进行评价的相应标准。

4. 评价任务具有情境特征。设置真实性、情境性的评价任务是表现性评价的另一重要特点。学生能够处在一个真实、完整的问题中学习,并自主产生解决问题的需要,然后通过自己主动学习和反思来体验解决问题的全部过程,将这些体验融入自己的经验体系中去。而在传统的评价中,考试或测验是评价学生最常用的方式,学习被看做是被动的吸收客观知识的过程,因此,学生记忆力的考查成为关注的重点,很难顾及到学生的真实感觉,无视学生的理解及心理变化过程。表现性评价强调学生学习过程的情境性,能够让学生通过与环境、与他人、与文化的相互作用,将学生的行为与思维、情感和人格协调起来运作,从而形成自我效能感。学生在愉快的状态中进行学习,并能运用自己的感知和能力来形成自己对知识的理解,在整个学习过程中的思维是高效的,感觉是敏感的,他们在亲身经历中赢得了真实、丰富的体验。学业评价的最终目标是促使学生更全面的发展,表现性评价任务是将学习融入真实的情境中,引导学生在教育性的情境中体验知识和体验情感,从而达到评价促进学习的目的。

5. 学习过程中能够给予学生提供即时性反馈。表现性评价的基本要求是在评价活动进行过程中给学生提供反馈,这可以为学生未来的学习提供支持性的信息。表现性评价与教学是相互融合的,由此,它更提倡教师在评价过程中给学生提供更多的倾听和鼓励,重视引导学生自己对各种现象的独特理解,提供即时性的反馈,为学生创造自我监控、自我反思的机会。表现性评价认为,教师对学生学习表现的反馈不仅仅是简单的表扬、批评和建议,最好的反馈是纯粹的描述,并且要尽量避免对学生表现作出正面或负面的评价。教师要在反馈中告诉学生完成任务的程度,还需告诉学生表现与预定目标之间的差距,要求学生主动反思自己的学习效果,并指导帮助学生明确促进自身持续进步的目标。

6. 重视评价考察学生的高级思维或解决实际问题的能力。布卢姆教育目标分类学中,对应用这一目标是这样定义的:能够运用基本概念、定理、定律、模型等曾经学过的材料,把它们合乎规则地运用到具体的新的情境中以便解决新问题的一种能力。表现性评价主张设置真实、新颖的情境以考查学生应用知识解决实际问题的能力。学生在完成任务的过程中不但能够检验出自身知识水平,而且能够考查到与个人经验、亲身实践相关的默会知识。设置的这些任务一般是在现实生活中有可能会遇到的问题,任务的完成则需要运用多学科的知识和技能的综合能力。例如,学习可能涉及查找相关文献资料、问卷、访谈、制图、实验、演讲、表演以及制作产品等一系列活动。因此,表现性评价不是单一的考查学生的知识与技能,更是考查学生利用所学知识解决现实生活中遇到的实际问题的能力,是对学生高级思维的考查。

7. 注重学生学习的个体差异性。传统纸笔测验不考虑学生的起点行为、学生成长环境的优劣、学生的努力程度、学生的进步情况、学生的学习动机与兴趣等因素，而是一味要求学生达到某个标准或以某个标准作为奖惩的依据，突出一致性和公平性，很难能顾及到学生的个别差异。表现性评价则重视引发学生的动机与兴趣、激励其主动的行为表现，充分考虑学生自身的学习特质与能力、现有的想法和技能，重视个体差异而导致的表现差异。

8. 评价时间的弹性化。表现性评价与传统纸笔测验相比，时间更加灵活弹性，能够充分地引导学生自主学习，强化自身的时间管理能力。与生活情境相近的表现性评价，可以要求学生在某段时间内完成，时间可由学生自行分配，而不强制要求学生在一节课内全部完成，学生可依据评价目的决定表现方式，自由支配完成时间。

二、表现性评价的主要类型

表现性评价内容丰富，形式综合，因而存在多种类型。Gronlund(1993)依据测验情境的真实程度，将教学情境中常用的表现性评价分为以下五种类型：

其一，纸笔表现性评价：此评价由纸笔来表现，但比传统纸笔测验更强调在仿真情境中知识与技能的应用，设计、拟定、撰写、编制、制造、创造等行为动词被加以使用，如拟定活动流程、撰写读书报告、设计一份海报等；

其二，辨认测验评价：要求学生辨认解决实际作业问题所需的知识或技能，如辨认电动机实验所需的工具装备或程序，辨认某机器出现故障的原因，辨认未知的化学物质成分，辨认口语的正确发音，辨认解数学题目的正确步骤；

其三，结构化表现性评价：要求学生在标准、控制的情境下完成实际作业，这种测验中的情境结构性较高，要求每位学生均能够表现出相同反应。

其四，模拟表现性评价：要求学生在模拟情境中完成与真实作业相同的动作，强调实际作业的正确程序，如在教学实习时要求学生进行教学活动设计，逐一写出准备活动、发展活动、设计活动的过程，并考虑所达成的行为目标、花费时间与评价，之后可以通过角色扮演的方式(由设计者当教师，其他同学当学生)进行模拟试教。

其五，工作样本表现性评价：工作样本表现性评价在五种类型中真实性最高,它要求学生表现实际作业情境所需的真实技能,如学生制作电子版书信、分析一份调查资料、操作机器、修护仪器等都是常见的工作样本表现性评价。

Linn 与 Gronlund(1995)、Linn 与 Miller(2005)、Linn 与 Gronlund(2009)都在不同程度上强调真实性的问题,注意学生的实作表现,或关注实作表现的限制程度,如打字;测验可要求完全按照传统信件格式来打,也可要求学生自由创造、发挥。依据表现的限制程度,这里将表现性评价分成两类:扩展反应表现性任务评价和限制反应表现性任务评价。

(一)扩展反应表现性任务评价

扩展反应表现性任务要求学生在任务本身所提供的信息基础上,从不同渠道去查找信息。比如,学生通过到图书馆查阅相关资料,观察、收集和分析实验中的数据,设计一个调查问卷,使用计算机检索文献等方式搜集资料。他们将学会筛选出最为相关的资料与任务。这一过程带来的结果有不同的形式。如,图表的设计与呈现,照片或图片的使用,或模型的建构等。这些作品可以在过程中,以及以后的修改和装饰中不断完善。这种自由能够使学生充分证明他们选择、组织、融合以及评价信息和观点的能力,但这样做会带来效率的降低、内容覆盖面窄,往往最大的难题是对表现的评估。教师要做好观察他们查找信息的过程与程序,这是评价的重要的组成部分。"扩展性的表现性任务"不仅要求学生在实验室观察,还主张学生去图书馆资料室查询相关资料,从不同渠道收集信息。

"扩展反应实作作业"要求学生以真正的表现证明自己的技能,注重"做"而非仅仅只是"知",有时两者有差异,如文字处理人员能在计算机前正确操作文书编排,却很难说出计算机文书编排的原理,欲提高此评价的有效性,应谨慎选择评价作业与表现性评价方式,必须选择能达到评价目的的作业内容与评价方式。总之,表现性评价测量学生完成对应重要教学目标任务的能力,"限制反应实作作业"通常聚焦于明确的技巧,而"扩展反应实作作业"较着重问题解决、各种技巧与理解的统整。

(二)限制反应表现性任务评价

"限制反应表现性任务"要求学生的表现较为局限,明确指出希望学生表现的形式与限制。Linn 与 Gronlund(2009)举出此类评价的八个例子,具体为:(1)写一封求职信。(2)大声朗读一段故事。(3)用五块直的塑料片随意连结构成三角形,并记录每一个三角形的周长。(4)指出两溶液中哪一种含糖,并提出解释支持您结论的结果。(5)画出两城市每月平均降雨量的图。(6)用法文询问前往火车站的方向。(7)在未标示城市名称的欧洲地图上,写出正确的城市名称。(8)宜静知道班上有半数同学受邀参加大雄的生日聚会,同时,半数受邀参加阿福的聚会,宜静心想加起来刚好百分之百,所以她想自己肯定会被邀请参加其中的一个聚会:请解释为何宜静的想法是错的,请尽量用图解释。

"限制反应表现性任务"也会出现"开始有时采用选择题或简答题,再由此答案的解释延伸,有时由为何不选此答案来解释延伸"的形式,此形式虽为客观式测验的延伸,但此问题要求必须与日常生活情境相近,兼顾过程与结果。"限制反应表现性任务"的优缺点与限制式的申论题颇为相似,比"扩展反应实作作业"具有结构性,预期的表现更加明确。学生回答时间较短、学生能回答较多问题、可评价较广泛领域的学习结果。较高结构性使得计分较为容易但却难以评价数据统整能力和创造力(Linn&Gronlund.1995;Linn&MiⅡer.2005)。

表5.2 表现性任务的类型[①]

任务类型	可被测量的复杂学习结果
限制性的表现任务	能力: 大声朗读 用外语问路 设计一个表格 打字 使用一种科学仪器
扩展性的表现任务	能力: 建造一个模型 收集、分析和评估数据 创作一幅画和演奏一种乐器 组织观点、创作一种视听作品,一个内容完整的演讲 写一个具有创造性的小故事 修理一台机器

[①][美]林,格朗伦德.教学中的测验与评价[M].国家基础教育课程改革"促进教师发展与学生成长的评价研究"项目组,译.北京:中国轻工业出版社,2003:183.

三、表现性评价的优点与不足

（一）表现性评价的优点

表现性评价是一种尝试接近真实情境的测验方式，强调"做"而不局限于"知"，兼顾评价的过程与结果。具有以下优点：

1. 兼顾评价的过程与结果。表现性评价可以弥补传统纸笔测验过于僵化、内容与现实脱节、重视结果忽略过程等不足。表现性评价不仅能评价完成任务的结果，还能评价任务完成的过程。例如，对于一个实验，既要关注实验的成功以及充分的论据，还可以通过观察学生设计实验、使用仪器和实验技巧等方面，对学生的表现进行评价。

2. 联系实际生活。表现性评价内容更加接近真实生活，促使知识能力可以更充分应用于日常生活。

3. 评价认知思考与问题解决能力。表现性评价更强调评价"做"的过程与结果，可以评价高层次认知思考及问题解决的能力。

4. 反映完整的学习结果。表现性评价可以让教师了解学生对问题的了解程度、投入程度及解决的技能和表达自我的能力，同时也能兼容跨领域跨学科知识，所以能够较完整地反映出学生的学习结果。

5. 引导学生的高层次认知学习。表现性评价与真实的生活较为相近，不仅能评价传统纸笔测验无法评价的高层次认知，也能增进学生学习动机、提高学生参与和投入的程度、协助学生建构有意义的学习情境，发展问题解决、批判性思考和表达自我的能力，增进学生组织、统整和有效表达想法的能力。

6. 促进学生成为意义建构的主动参与者。高质量的表现性评价重视学生的背景知识。表现性评价要求学生将某项学习结果运用于日常生活情境，可以自由决定完成时间，要学生自由选择应用于何种日常生活，还可以自行选取呈现成果方式等等，这些都将促使学生在学习的过程中自我决定与负责，而非分散知识的接受者，这体现了当代学习理论的思想。

7. 具有诊断功能，掌握学生学习缺点。表现性评价兼顾过程与结果，能完整反映学习过程，更能觉察学生自身的缺点，进而诊断其学习困难。需要指出的是，用其他方法无法测量的复杂的学习结果，表现性评价也可以测量。比如以评价学生演讲为例，纸笔测验能够有效地考查学生所了解的在公共场所演讲的有关要求，但是却不能考查学生实际演讲的能力。

8. 强调评价与教学结合。有时表现性评价可作为一种教学策略,不仅有助于活跃课堂教学气氛,亦可激发学生的学习兴趣。表现性评价作业能厘清教学目标,尤其是学生在校内外自然情境下的复杂表现。一般来说,良好的教学活动与表现性评价作业难以分离,越符合教学目标的表现性评价越可行。

9. 可以对涉及校内外自然情境中的复杂表现的教学目标实现情况进行评价。通过使用与教学目的密切相关的表现性任务,可以澄清教学的目标并以此鼓励学生发展复杂的理解能力和技能。

表 5.3　客观性测验与表现性评价的优点比较[①]

	客观式测验	表现性评价
测量的学习结果	对测量事实性知识是有效的,有些类型(如选择题)可测量理解、思考、技能及其他复杂的结果,对测量选择或组织材料、写作能力和某些类型的问题解决技能是无效或不适当的。	可测量理解、思考技能及其他复杂的学习结果,尤其对测量原创性反应特别有用,适用于测量真实情境中对应重要教学目标的作业表现,但对测量事实性的知识是无效的。
试题的准备	一个测验需要相当大量的试题,试题的准备既困难又耗时。	一个评价只需要少量的作业。
课程内容的取样	因为一个测验可以包含大量的试题,因此提供密集的课程内容取样	因为一份评价只能包含少量的作业,通常课程内容取样有限。
学生反应的控制	完整结构化的作业限制学生反应的类型,可预防学生虚张声势和避免受到写作技巧影响,但选择型试题受猜测影响。	以自己的方式自由反应,使学生得以呈现其原创性,并使猜测减少到最低。
评分	客观评分	判断评分
学习上的影响	通常鼓励学生对明确事实发展出丰富的知识,并对事实发展出精细分辨的能力。若设计适当,可激励学生发展理解、思考技能和其他复杂的结果。	激励学生专心于学科中较大的单元,特别强调组织、统整和有效表达想法的能力。
信度	设计良好的测验,通常可获得高信度。	信度通常偏低,主要原因是评分的不一致与有限的作业样本。

[①] M. D. Miller. R. L. Linn and N. E. Gronlund. Measurement and Assessment in Teaching [M]. Upper Saddle River. NJ:Merrill, 2009. P156.

（二）表现性评价的不足

表现性评价虽然有很多优点，但实施中仍有不足，具体如下：

1. 设计复杂。表现性评价应用于分析认知层次，与一般纯粹设计评价不同，不只是测量学生简单了解认知层次，要求学生了解评价内涵，更要求应用于实际生活能力。

2. 施测计分费时。表现性评价的实施、计分需要大量时间，比客观纸笔测验费时而且较难用机器计分。

3. 测试花费贵，很难大量实施。表现性评价的花费比纸笔测验高，需要购置一些器材或仪器，需要足够的空间配合才能实施。

4. 题数少内容没有代表性。与纸笔测验常用的选择题相比，表现性评价的题目数量不多，内容代表性会受到影响，代表性可能较差。

5. 计分主观性强且较复杂。一般来说，表现性评价的评分比起客观纸笔测验来说更为主观复杂，重点也更难以把握，容易受到评分者个人主观因素影响，易给教师实施造成困扰。

6. 信度和效度不高。表现性评价容易受个人主观因素影响，评分一致性通常不高。因此，信度较低，取样题数少、代表性不强将降低效度。

第二节　表现性评价的设计与实施

表现性评价与传统评价的主要区别在于所用的测量任务类型的不同。所以，表现性任务的设计决定了评价能否达到预期的目的、是否取得成功。下面简单介绍表现性评价的设计原则和实施步骤。

一、设计原则

（一）表现性的任务真实性高

表现性任务要真实。这里所说的"真实"是指表现性任务需要尽量接近实际生活情境中的任务原型。设计的任务距离真实生活情境较远，也就是说仿真程度较低，那就难以保证学生在完成任务过程中表现出所要测量的知识和技能，也就难以保证评价不偏离目的。表现性评价的原理就是要用较为真实、复杂的任务引出学生的"原创性"反应来评价，而且评价的主观性也较强。因此，所设计的表现性任务一定要尽量真实。譬如英语的口语测验，让学生给英国或美国人当导游即是生活中真实的任务。我们所设计的任务要尽量接近这样的真实情境，由此所引出的学生反应也就更接近生活中的真实反应，评价效果也就较好。

（二）任务与目的相关度高

设计表现性任务时确保评价任务与评价目的高度相关。表现性评价通常也没有客观的标准来衡量任务的合适程度，涉及的任务一般比较复杂，因此，在设计任务时首先要考虑的就是保证评价任务与评价目的的高度相关，这是保证表现性评价质量的关键。但这个原则在具体运用过程中往往很难做到，比如，通过"关于克隆"这一交流主题，提供材料，设计任务，测量学生的交流能力。"克隆"对有些学生来说是一个完全陌生的概念，这让学生理解相关的资料可能会很费时、费力，于是，这个表现性任务在某种程度上测量到的可能是阅读能力，而不完全是交流能力了，这里的"阅读能力"我们称之为"无关目标"。因此，设计表现性任务应尽量避免"无关目标"的干扰，保证所设计的任务与评价目的高度相关，始终把注意力放在评价的目的上。

（三）内容表述清楚、简单易懂

表现性任务一般是具有一定挑战性的，学生完成任务要投入一定的精力。因此，表述任务的语言要清楚易懂，避免导致理解歧义而产生不一致的行为表现，以至于不能用统一、可靠的方式进行评价。所以，设计的表现性任务，特别是导语部分，一定要清晰、简洁易懂，尽量避免使用可能引起歧义的语言，如要坚决杜绝语文上的同一句话在不同语境下有不同理解等类似情况。语言的简洁易懂也可以避免学生在任务的理解上浪费过多精力。

（四）表现性任务可操作

设计表现性任务要注意的另一原则就是可操作性，即任务的可行性，在客观条件允许的范围内，表现性任务还要考虑学生的承受能力，如考虑学生的学业水平、实践能力、经济水平、身体状况等，需综合考虑人力、财力、物力、空间、时间和设备等多方面的因素。

（五）关注较复杂的高级技能

表现性评价应该关注那些需要复杂智力技能并能反映多方面教学成果的任务。选择那些能够反映多方面教学成果的内容时，不要过于简单，要在任务的完成过程中尽量涉及问题提出、收集、组织、分析和处理信息等高级思维技能。表现性评价是个比较复杂的过程，教师和学生都需要投入大量的时间、精力。因此,本着高成效原则,设计表现性任务时,教师要侧重考虑那些用纸笔测验不能很好地测量到的知识或技能。

二、设计实例

表现性评价是指通过完成一些实际的任务,反映出学生的真实表现,以此评价学生掌握和运用知识、能力的方法。具体设计实例如下:

表现型评价设计案例①

用盒子里的材料,和你们小组的同学一起来做一个和我们课堂上使用的测验电器一样的验电器。验电器做好后,用橡皮尺和羊毛布料来完成下面这些问题。

A. 带电的尺子靠近或远离验电器时,验电器的叶片会怎样变化? 解释一下为什么。

B. 当用带电的尺子去接触验电器,然后用手指去碰验电器时,验电器的叶片会怎样变化? 解释一下为什么。

C. 当用带电的尺子靠近验电器的叶片但是不直接接触叶片时,会发生什么样的情况? 解释一下为什么。

D. 用火柴将验电器旁边的空气加热时,验电器带电的叶片会发生什么情况? 解释一下什么。

在实验报告单上的相应部分将下面每个问题的情况填写好,预测将要发生的情况。

a. 你们观察到的现象是什么?

b. 你们预测得到验证了吗?

c. 用课堂上学的知识解释你们观察到的现象。

---

① Borich G D,Tombari M L. 中小学教育评价. 国家基础教育课程改革"促进教师发展与学生成长的评价研究"项目组,译. [M]北京:中国轻工业出版社,2004:193.

表5.4 不同学习阶段表现性评价的设计表

目标	表现性任务	任务形式	年级层次
培养学生观察和分析事物的能力	观察和描述自然事物的形态特征	用放大镜或显微镜观察花的结构、细胞，尝试用图和文字说明和描述	三年级
经历观察、体验、调查、推理等实践活动，让学生获得一些初步的教学经验，提高学生运用所学知识和方法解决问题的能力	本班级要去动物园、儿童公园和太阳岛三个景点游览，时间为7:00—17:00，请你设计一个游览计划，包括时间安排、费用规划、路线设计等	其一．要了解有关信息，包括景点之间的路线图及乘车所需时间、车型与租车费用、同学喜爱的食品和游览时需要的物品等；其二．借助数、图形、统计图表等来表述相关信息；其三．计算乘车所需的时间、每个景点的游览时间、所需的总费用、每个同学需要交纳的费用等	四年级
培养学生搜集、分析新的信息的能力，提高学生归纳结论的能力	请用温度计、简易风向仪、雨量器进行观测，搜集有关数据，并分析数据得出某些结论	定时观察、测量并记录一天、一周、一月的天气状况，绘制气温曲线图，整理统计和分析数据，并归纳结论	五年级

三、表现性评价的实施

表现性评价具体包括评价目标的确立、表现性任务的制定、评分标准的确定及评价中信息的收集和判断等环节，是一个完整的教学评价过程。

（一）确立评价目标

教师要完成一个成功的表现性评价，必须先有一个明确的评价目标，这是首要的步骤。只有目标明确，才能保证通过完成所设计的任务测验到所要评价学生的知识和技能。评价目标是实施教学评价的前提，影响到评价方案的设计以及评价信息的收集。一般来说，评价目标应该以课程标准、教学内容和学生的实际情况为基础进行设计，在表现性教学评价中，要包含知识与能力、过程与方法、情感态度与价值观三个方面。但不同学科不同性质的课程目标是不同的，比如语文与英语要求的是运用语言的能力，"显微镜实验操作"表现性任务的目的是要了解学生操作显微镜的技能水平等。也就是说,教师要十分明确通过这次评价你要知道什么,得到什么,或者说要推论到什么。下面是一个教师所确定的评价目的。

  李老师的学生刚刚学会了怎样应用十进制数学技能,李老师想知道他们是否真正掌握了这一知识点。为了能够真正测量出学生是否真正掌握了,他决定设计一个表现性任务来进行评价。通过这次评价要清楚地知道学生对十进制的掌握达到了什么程度,掌握不好的学生问题出在哪里,基本掌握的学生为什么没有达到灵活运用的程度,掌握好的学生在学习过程中有哪些可取之处。根据掌握程度将学生分为这几类,还有没有其他情况出现。

  上面例子中对学生知识掌握的程度、问题所在、优势是什么等描述得十分具体。在实际应用中,教师应该像上例中李老师那样将自己的评价目的表述明确清晰具体。确定评价目的虽然简单,但很重要,在设计表现性任务中必不可少。如果教师只是将评价目的作一个笼统的描述,例如,我想知道学生是否真正理解了什么是"光合作用"、是否会用学过的单词来写作文等,那么,在实际的任务设计过程中就很容易出现任务与目的的偏差,很难起到较好的指导作用。为了保证学业成就评价的质量,我们建议在主要目的确定的情况下,教师应该再进一步将评价目的细化、具体化(如上例中李老师的做法)。评价目的确定后最好用文字写出来,以便在设计任务的整个过程中,时时刻刻提醒自己。

  (二)明确评价内容

  评价目的确定之后,教师需要考虑的是哪些智力技能和社会技能应该纳入评价范围,也就是确定评价的内容。通常来说,表现性评价测查的是获得和组织信息时的认知过程、问题解决策略的应用以及表达能力等,设计表现性评价的目的在于评价一些很难依据传统评价来测验的高级智力技能,这其中的每个方面可以再次细分。教师必须弄清楚自己想要评价哪种能力,这些技能是否与评价目标相符合。通常在表现性评价中可以选取多个高级智力技能,最好两至三个,不要超过五个,以免在设计任务时出现偏差,精力分散。教师可以在保证主要评价内容的情况下,附带一些其他评价内容。例如:上例中李老师在确定了自己的评价目的后,依据目的将主要评价内容确定为:获得和组织信息的能力、问题解决策略。其他要评价的技能不是主要的,在设计任务时不作主要考虑。另外,表现性评价常常以小组或其他学习交流的形式进行,这时教师可以考虑对学生的社会技能进行评价。

(三)合理设计表现性任务及指导用语

这里的表现性任务是指表现性评价过程中评价者要求学生完成的具体任务。而所谓的表现性评价实际上是对被评价者在完成表现性任务过程中的表现情况进行观察与评估。因此,保证表现性评价信度和效度的基本前提是设计出适当的表现性任务。在表现性评价中,学生学习质量进行评价的依据是教师通过观察看到的学生在任务完成过程中的行为和结果,所以,表现性任务是表现性评价的基础和核心。表现性任务要能让学生运用知识、解决问题、拓展能力。如果设计的表现性任务很难为学生运用知识、解决问题等提供合适的机会和空间,那么,表现性评价的效度就值得怀疑,评价本身也就失去了价值。

表现性任务因为主题、目的或学科内容的不同,可以有多种形式,这里介绍一些设计任务时所必须考虑和牢记的标准,对教师编制表现性任务时可能会有一些指导作用。

1.类推性。即学生的行为表现在不同情境中的类推性。如果所设计的任务可以在类似问题中举一反三,则说明这一任务抓住了测量评价的事物本质,由此推断,这个表现性任务就是可取的,反之则应该放弃。例如:《身边的音乐》一课的音乐教学中,老师让学生找找自己身边的音乐,进行分析,并合作表现。如果某学生并不擅长表演,但能够很准确的分析音乐的情绪情感,就不能仅由此来类推出该学生对于音乐的理解能力。而相反的情况下,即让学生为设置的场景配一些合适的音乐就可以有此推论了。

2 关注点的多重性。这与"确定评价的内容"这一步骤中高级智力技能不宜涉及太多并不矛盾。由于表现性评价的设计费时费力,在设计任务时要充分考虑在明确主要目的的情况下,一次能兼顾多个目标更好。表现性任务多数是侧重考查学生综合应用知识的能力,因而所设计的表现性任务要求综合性比较强,要求可以测量多方面的智力技能和教学成果。一般情况下,解决真实情境中的问题需要多种能力的综合运用,学生表现出来的能力也是多方面的。将内容和技能通过多个学科结合在一起,是在学业成就的课堂教学评价中达到多重评价目的一种理想方式。教师可以尝试设计一些复杂的表现性任务来吸引学生,要求学生综合运用数学知识、写作能力、科学知识、艺术能力等来完成。如下面两个例子。

案例1：音乐演唱，看似只有唱的能力，但事实上是一种综合能力的表现，比如掌握呼吸方法的能力、表现音乐情绪的能力、对伴奏能否做出正确反映的能力等等，因而演唱也是一项综合的表现性任务。其他如让学生表演音乐剧或协作调查报告等任务综合性就更强了。

案例2：在一个跨学科的单元中涉及刘易斯和克拉克的冒险，一位教师就要求学生仿照刘易斯和克拉克，在旅途中创建一本自己的旅游日记。要求学生假设自己是刘易斯和克拉克，给家里写一封信，记录他们沿途看到的鸟类、树叶和醒目的路标等，并把他们写的东西用图画记录下来。这里就涉及了科学、艺术、写作、社会学等多重关注点。

3. 任务适宜性。学生完成的任务程序和内容要合适，才能让学生展示他们在学习过程中发展起来的高级思维能力，达到表现性评价的目的。所以，设计的表现性任务必须对于学生来说要有一定的挑战性，活动既要有一定的难度，难度也不能太大，即任务要适宜。教师在设计任务的时候一定要考虑学生是否具备了完成这个任务活动的知识、技能、类似活动经验等，学生在自己已有知识经验的基础上进行探究是可取的。另外，在设计任务时，应该同时考虑在任务要求及其表述方面符合儿童的发展水平。可以避免学生由于在任务理解方面出现偏差，确保学生评价活动能够真实地反映学生在某些方面学习状况。

4. 问题解决方式的开放性。表现性评价充分展示学生的能力，实现学生的自主性是一个重要目的。在解决问题过程中，鼓励学生选择查找资料的方式（如向专家学者求助、查阅相关文献资料、报纸、科学刊物等）和呈现成果的方式（如视频、辩论性文章、口头报告、图表展示、故事、对话等）。虽然这种方式会花费大量的时间和精力，但这种方式能让学生感觉到对学习拥有自主权，因而能充分调动学生的积极性，最大程度地展示学生的能力，同样也能将学生最大的优势和不足测量出来。因此，设计的表现性任务要允许学生自由选择解决问题的方式，完成这个任务的方式应该是多元化的，答案应是多样性的。换句话说，设计的表现性任务必须允许学生有一定的自主权，为学生展示他们的能力提供足够的时间和资源。

5. 联系学生实际生活。表现性评价这种评价方式十分注重让学生在运用知识的过程中去体会知识本身所具有的价值。青少年比较关心与他们生活密切相关的问题，只有在日常的生活中有过类似的活动经验，他们才能对任务要求有更加透彻的了解,才有可能按照要求去完成任务。因此,在设计表现性任务时,教师就必须弄清问题:任务与学生生活的真实情境是否接近?但是教师应该注意的是:只要是取材于实际生活,这样的任务是否都可以使用?事实上并不是所有取自实际生活的材料都可以使用。这就涉及接下来介绍的原则。

6. 任务的真实性和意义性。表现性任务相对于纸笔测试试题要尽量真实。这就要求任务源自学生熟悉的日常生活,它的背景、活动来自于生活,同时,保证任务能让学生自己真正参与到问题解决中去。因此,教师要开发对学生有意义的任务:

√ 对大部分学生都具有个人意义;

√ 有能力将学生在课堂活动和样例中学到的知识和技能转化为相似的却对他们而言是新的情境或任务;

√ 能够要求学生应用他们在课外掌握的知识和技能;

√ 与你所教学生的日常经验相符;

√ 将熟悉的内容和新颖的内容适当地整合,让学生感受到一定的挑战,不要让你的任务使学生觉得很费力或是很陌生。

7. 指导语要清楚准确。任务设计完成以后,就要考虑设计指导语,教师应当用最简单最准确的话来描述评价任务所需要的思维程序,主要把握两点:要让学生很容易就能清楚自己要做什么,需要注意些什么(具体可以参考科学课程中的表现性评价举例)。简而言之,就是要求任务的表达方式与考察目标相一致,不应采用模棱两可的啰嗦陈述、过难的词汇、过于复杂的句式结构等。撰写任务指导语,要根据学生的学习水平而定,确保学生能理解你期望的反应是怎么样的。在完成任务的过程中为了使学生知道他们需要表现什么,需要告知学生关于任务及评分的内容。

8. 其他要注意事项。教师还应尽量注意以下几个问题:学生能够完成任务主要是教师教学努力的结果,还是学生自己学习努力的结果?这些任务要求学生展示的是否是他们在课堂上曾经学习并练习过的知识和技能?教师是否能结合学生的实际情况,对学生在这一任务中的表现给予较为准确、可靠的评分?学生是把整个评价过程作为课堂学习的一部分,还是把评价任务看成是能够得到分数的东西?这些问题的澄清可以保证教师评估的是教师和学生都关注和感兴趣的,也可以说明学生的努力程度或教师的教学效果。

科学课程中的表现性评价举例：

磁铁

任务描述

用磁铁鉴别物品有无磁性，然后解释它们之间的区别。

设备/材料

一块磁铁和下面的七种物品：塑料扣、钢铁垫圈、钢制曲别针、铁钉、透明的大理石、塑料杆和硬币。

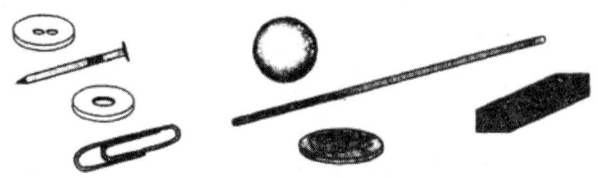

给学生的指导语

用磁铁测试这些物品，然后把它们分成两组。列出两组物品并解释它们之间有什么不同。

评分构想

把物品进行正确分组即可得分。有四类可能的解释：即，一组是由钢或铁制成的，一组是与磁铁相互吸引的，一组是由钢铁制成又与磁铁相吸的，一组是其他的解释。

表 5.5　音乐教学目标、学生水平与表现性任务的设计表[①]

教学目标	学生水平	适合的形式	表现性任务
音乐创能力	小学	课堂中创作小游戏	运用图画、线条等记录声音
	初中	个人或小组项目	独立或合作创作短曲
识谱能力	小学	简单的节奏游戏	用拍手、跺脚、口念模仿简单节奏
	初中	表演	用学过的歌曲学唱乐谱
对音乐表现要素的理解能力	小学	模拟表现	用人声或借助器具模仿火车行进，感受速度与力度的变化
	初中	口头表述	描述出所听到的两段乐曲的对比与变化
对音乐与社会生活的了解	小学	实验	参与一项当地民俗活动中的音乐表现
	初中	调查	调查某一音乐社会现象

[①] 罗琴.论音乐教学中的表现性评价[D].华中师范大学硕士学位论文,2006:28.

(四)制定评估规则

任务内容和任务指导语设计完成后,接下来教师要考虑的是如何制订评估规则,这是非常重要的一步。评估规则是对表现性评价评分标准和尺度的详细描述。一般来说,表现性任务的完成要求学生有建构性反应,任务的答案是多样性的,不是简单的对与错,主要评估的是学生的建构性反应,主观性很强。因此,制订表现性评价中评估规则就显得非常重要。以下简单介绍制订评估规则的常规步骤。

1. 评估标准的确定。关于如何选取评估标准?斯廷金斯曾建议:在设计某项任务之前,评估者应想象一下学生较差的行为表现是什么样的。他指出,如果不能对合理的行为表现有一个清楚的认识,区别什么是差的和出色的表现,那么教师不可能指导学生如何完成任务,也不可能去评价他们的行为。通过对完成任务的清楚认识,选取那些能够反映学生进步的、能够对优秀和较差的表现进行区分的评价标准。需要指出的是,教师不能出于时间和精力的考虑,将评估标准限制在一些容易评判的方面(如标点、语法),而忽略了更加重要的方面(即表达的清晰性、知识建构、策略思维等),避免将表现性评价变成为仅仅对知识的评价,进而公正地反映出学生参加测验所表现出来的能力。另外,评估标准不宜太多,假如指标很多,可以依据重要性适当选择几个。表现性评价在很大程度上是主观性较强的评估,评判所依据的具体标准将会直接影响到教师对学生反应,因此评价标准的选择在表现性评价中非常重要。制定评价指标与标准要在仔细分析构成表现成果的每个细节的基础上,将关键的表现行为列举出来,作为观察与判断的基本关注点。另外,还要确定指标的等级量表,明确评价内容、行为表现和表现水平等,这些都需要根据具体表现性任务的特点确定,以保证评价有据可循。

2. 评估方式的确定。一般是整体评价或者分项评价,两项各有优缺点,在实际应用中,可以取长补短,将整体评价与分项评价结合起来使用。整体评价方法的优点是速度快,缺点则是向学生反馈评价结果时很难说清学生的不足或优势在哪里,尤其是对表现差的学生往往则需要详细的反馈。对比来说,分项评价法可以提供有针对性、精确的反馈。整体评价多用于评价拓展性书面作业,在考虑了学生各方面表现后给学生一个整体的分数或评语,是对整体行为表现水平的描述,如用于评价艺术表演、评价唱歌、相声、跳舞、幽默小品等。分项评价则是可以对学生在不同评估标准上的表现分别进行评价。如教师可以先对学生的反应进行整体评价,再对学生的反应进行分项评价,然后提供有针对性的反馈。

3. 评估规则的制订。评价方式的选择和评价细则的制订是这一阶段要完成的任务。选择评价方式在某种程度上就是选择选择合适的评价方法,或者说一个合适的评价工具。表现性评价内容具有多种形式,不同的内容形式需要不同的评价方法。由于表现性评价的目标具有多重性,教师往往需要运用多种评价方式。因此,教师在具体应用时要根据任务内容、自己的需要等来进行选择。

评价细则是一套用来评价学生表现和反应的具体标准。常见的评价细则是对学生表现的言语描述,包括学生在高级的、熟练的、半熟练和初始水平上的所有表现,可以赋予学生每一水平的表现一个分数(如下面给出的例子)。评价细则中对学生表现的质量区别到底有何表现要有具体的描述,要细致到什么程度,取决于不同教师自身的需要。评价细则要简洁地描述出各种不同反应的质量差异,这样使教师与学生使用起来较为方便。另外,如果需要整体评价的,还需要对学生的整体表现制订评价细则。如下列:

让一年级的孩子按照季节顺序,把四幅有关树的画安排在四个箱子里,并在箱子上写出每个季节的名字。

评价细则

2分:学生从任意一个季节开始,把画的顺序安排对了。

1分:学生开始了任务,但是没有完全完成任务。

0分:学生没有作出适当的反应。

将评价细则和评价方式结合起来,就制订出了一套完整的评估规则。如将等级量表评价方式和评价细则结合,就可以产生如下例的评估规则:

三个分别装有水、酒精、盐水的瓶子,要求你把三者区分开,并进行解释。对学生的评价分为四个等级:优秀(4分)、良好(3分)、中等(2分)、较差(1分)。评估规则如下:

对方案的解释

优秀(4分):完整、清楚、合乎逻辑。

良好(3分):本质上是对的,但是不完整或不完全清楚。

中等(2分):含糊不清,但是有弥补的余地。

较差(1分):与方案无关、不对或没有解释。

4. 评分误差要尽量避免。表现性评价的误差一般来自两个方面：第一，评价工具方面的缺陷所导致的误差。这一般是由于评估规则描述得不够清楚引起了评分者的歧义，或评估标准制订得不太确切；第二，人为原因所导致的误差。人为原因导致的误差即晕轮效应，通常来说，评分者平时留下好印象的学生在评价中容易得到高分，反之则分数会偏低。另外，还有一种宽松误差、严格误差和集中误差，如，教师容易对学生的评价都集中在量表的某个位置上，分数普遍较高、较低或者都停留在中间。对这两方面的误差，在表现性评价中都要尽量避免。第一种可以通过严格制订评估规则，第二种除了对评价者进行一定的培训外，还可以采取平均多个教师评分的方法来避免。

（五）评价的具体实施

任务及评分规则都确定以后，下一步就是需要考虑如何实施的问题。为了保证评价的有效性，需要考虑几个重要的问题。

1. 学生参与评价。学生参与到评价中（自我评价）可以让学生更好地理解教学目标，有效地诊断自身优势和不足，发展自我评价的技能。在表现性评价中，让学生自评他们的行为，用来判断自己的进步，另外，将学生评价与教师评价进行对比是非常有用的，师生通过讨论比较，教师不仅了解每个学生给自己等级评定的理由，还能对双方的差别进行分析。

2. 测验规则的确定。测验规则指测验过程中的一些规则。其中最常考虑的因素是：

时间：给学生多少时间来计划、修改及完成任务。

参考资料：学生在完成任务时，可以使用哪种参考资料（字典、课本、上课笔记、电脑软件）。

其他人：学生在测验或完成项目时能否向同学、教师或相关专家寻求帮助。

设备：学生在完成任务时能否使用电脑、计算器以及其他的设施。

评估标准：你是否会明确地告诉学生用来评价他们的学习成果或表现的标准是什么。

在确定这几个因素时，可以考虑现实生活中人们在完成这种类型的任务时受到的限制；怎样制订这些规则能够让学生表现出最佳水平。如下例：

李老师的测验规则[①]

时间:学生可以用午饭前一个小时来准备他们的商店、给商品标价以及制造玩具钱。午饭后,每个小组要进行买卖活动的展示。展示的时间大约为10分钟,还包括提问的时间。

参考资料:学生可以使用艺术品、杂志以及任何从家里带来的实物。可以用教室里的字典来检查拼写是否正确。

其他人:教师会把全班分成4~6人的小组。学生要尊重和协助其他组的同学。

设备:学生可以用彩色纸和剪刀来做玩具钱,用图画画出用于出售的商品,用个人的计算器来找钱。

评分标准:明确告诉学生。如果标价正确和玩具钱清楚准确,学生就会得到5分。展示买卖活动的过程总分也是5分。分数的给法主要看运算的准确性和解释是否清楚。如有额外的表现,或者正确回答同学或教师的问题可以得到总分为2分的奖励。

3.保证活动的顺利进行。需要考虑活动进行的全过程,一般要考虑以下几个方面。

任务的组织:活动开始时,教师应使用合适的方式向学生描述表现性评价以及这次活动的目的和意义;指导学生复习学过的相关知识和策略,以帮助他们顺利完成任务;确认学生在开始活动前已经明白了任务的具体要求。

初步指导:在学生独自或分小组活动前,教师需要考虑怎样进行解释,如何进行示范,可以考虑用几个具体的例子来引导学生。

调动积极性:学生的参与程度对表现性评价的质量很重要。活动开始时,要给学生一定的鼓励,以激发他们的好奇心和兴趣。

过程性的调节:学生开始自由活动之后,要采用一定的方法进行监控,尽量使他们能从曾经的错误中学到经验,或在他们完成任务过程中出现混淆或错误概念等现象时,给学生提供及时的过程性反馈。为便于监控,可以采取"鱼缸布局"的方式,即参加者聚集在一间屋的中间,其他学生和教师从一个更大的、外层的圆圈中进行观察。

---

①[美]G. D. Borich & M. L. Tombari. 中小学教育评价[M]北京:中国轻工业出版社,2004:201~202.

总结：在任务即将完成时，教师可以帮助学生将表现性评价的内容和其他的科目以及将来要学习的内容、课堂外的丰富世界联系起来；帮助学生在大的学习背景下了解眼前的任务并解释他们的成绩。

（六）评价结果的反思。反思评价是表现性评价的一个最重要环节，是指对评价结果的反思，包括教师和学生两方面。教师要反思自己在教学中的不足、反思表现性任务设定得是否合适以及信息收集是否全面等，这样才能真正实现促进教学发展的目的。促进学生发展或教师教学进步成为可能需要"反思"。所以，教师要在评价学生结束后，促使学生反思自己完成表现性任务的全过程，反思自己行为表现的得与失，及时调整并改进自己的行为。

第三节 表现性评价的典型案例及分析

前面介绍了表现性评价设计的整个过程以及实施时的注意事项，下面给出具体表现性评价样例。

案例1：口语交际表现性测验简介[①]

无论是在校园内还是校园外，学生日常生活中都要完成许多类型的讲话任务。本表现性测验关注下面几种类型的任务，分别是描述物体、事件和经历，按顺序说明某个操作步骤，在突发事件中提供信息和说服某个人。

要完成一个讲话任务，讲话人必须向听话人简短地陈述某些信息。这一过程包括决定要说什么、将信息组织起来、根据听话人和场合的情况改编信息、选择传递信息所用的语言，最后正式表达。讲话的效果可以根据讲话人符合任务要求的程度来予以评估。

任务样例

描述任务：想想你最喜欢的课或课外活动是什么，向我描述一下，让我也了解了解。（某一学科、某一社团或某一运动项目怎么样？）

突发事件任务：假设你独自在家，忽然闻到一股烟味，你打电话给消防队，而接电话的正好是我。现在你假装正在和我通话，你要告诉我帮助你所需的各种信息。（直接对我说：从说"你好"开始。）

顺序任务：想一想你会烹调什么。告诉我，一步一步地，怎么完成这一过

---

① [美]W. J. Popham. 促进教学的课堂评价[M]. 北京：中国轻工业出版社，2003：144、215。

程。(爆米花、三明治或煎鸡蛋怎么样?)

说服任务:想想你希望在学校看到的某一转变,比如说校规的变化。假如我就是学校的校长,试着说服我学校应该这样变化。(说说走廊通行的规则或报名选课的程序怎么样?)

总任务:在某个课堂活动中,要求学生在同学面前做一个规定内容的口头沟通(即席演讲或精心准备的演讲)。

评估标准

每次口头沟通根据四个标准进行评价,表达、组织、内容和语言。每个评价标准需要考虑2—3个因素。评价标准中的因素,(如有必要)在下面加以说明(解释)。

这些标准运用的严格程度随口头沟通的性质而变化。例如,评价即席演讲比精心准备的演讲期望要低一些。同时也应该考虑学生的年龄。

在考虑每一个评估标准的因素时,你可以使用"合格"和"优秀"来加以区分。合格学生的表现是指与期待的发展或教学进度一致的水平。因此,从一定意义上说,某一因素"合格"大体意味着学生的表现正处于被期望的等级水平,而"优秀"则意味着学生表现明显超过期待的等级水平。四个标准中的每一个都可以给1—3分。因此,任何一个演讲都能获得4—12分的总成绩。尽管这些规则被分解开来加以使用,但如果不考虑每个标准的分数分配,它们还是能被完整地运用。

表达

口头沟通表达方式的评定依据三个因素,即音量、音速和发音。

优秀演讲(3分),所有三个因素至少合格,并且有2~3个因素为优。

熟练演讲(2分),三个因素至少都合格。

部分熟练演讲(1分),三个因素不是都合格。

组织

口头沟通的组织评定依据两个因素,即交流中多个观点间的顺序和相互关系,也就是演讲中观点间的顺序和联系是否清楚。

优秀演讲(3分),两个因素都为优。

熟练演讲(2分),两个因素至少都合格。

部分熟练演讲(1分),只有一个因素合格。

内容

口头沟通内容评定依据三个因素,即内容的量、内容与指定主题的相关性,以及内容对听众和情境的适应性。

优秀演讲(3分),所有三个因素至少合格,并且有2~3个因素为优。

熟练演讲(2分),三个因素至少都合格。

部分熟练演讲(1分),三个因素不是都合格。

语言

口头沟通语言评定依据两个因素,即语法和词语选择。

优秀演讲(3分),两个因素都为优。

熟练演讲(2分),两个因素都合格。

部分熟练演讲(1分),只有一个因素合格。

案例2:河南驻马店市某初级中学九年级A班的英语口语表现性评价[①]

(一)A班简介

该班共有56位同学,其中男生25人,女生31人,住校男生15人,住校女生20人。大部分学生的学习习惯和日常行为习惯较好,班级的学习状况处于年级的前列。同学们时刻谨记"刻苦、勤奋、团结、拼搏"的班风,无论是上课还是自习,该班都会让人感受到一种浓厚的学习氛围。该班的英语老师兼班主任是37岁的Y老师,Y老师也是英语教研组组长,身兼数职的她始终不忘在班中营造一种快乐轻松的学习气氛,让求知熏陶同学的思想,使其能树立正确的人生观、价值观。她不仅是个称职的班主任,还是个优秀的教师,在课堂上,她的风趣和幽默能深深的感染和吸引学生,使自己教的轻松,学生学的愉快。具有感染力的讲课风格和扎实的专业技能让Y老师在地区说课大赛、全市教师英语演讲比赛、地区优质课大赛等多项大赛中获得优异成绩。

(二)A班实施英语口语表现性评价的背景

Y老师毕业于河南师范大学英语系,从教12年来,Y老师一直勤勤恳恳的工作在自己的岗位上,作为一名为祖国输送人才的园丁,她为自己感到骄傲,但她也有自己的顾虑:怎样摆脱"应试教育"的束缚,怎样在提高学生英语成绩的同时让学生真正学会英语。2002年秋季全国部分地区开始大力推行的新课程改革为Y老师减轻了顾虑:英语课程改革的重点就是要改变英语课

[①]朱虹.表现性评价研究.[D]河南大学硕士学位论文,2009:59—64.

程过分重视语法和词汇知识的讲解与传授、忽视对学生实际语言运用能力的培养的倾向。作为经验丰富的教师，Y老师深知英语口语课在英语教学中举足轻重的地位，口语水平的高低直接影响着学生听、读、写水平的高低。要想提高口语水平必须"对症下药"，必须了解学生口语的现状，而传统的、静态的考试无法实事求是地考查学生口语能力水平。Y老师通过参加新课程培训、学校教研活动、名师经验交流会等各种活动不断地充实自己，在2006年秋Y老师根据口语的动态性和生成性等特点在口语课上大胆尝试运用了表现性评价，想借助关注学生实践能力的表现性评价来发现和发展学生英语口语方面的不足和潜能，并以此来促进学生英语整体水平的提高。

(三) A班实践表现性评价的历程

表现性评价作为一种实践活动是个具有层级结构的体系，依据A班实践表现性评价的目的性和意识性不同，笔者将其分为三个阶段：

1. 尝试型实践

在06年暑假里，Y老师通过学习新课程标准，对表现性评价有了初步的了解。新学期开始，Y老师就告知学生，对他们的评价不仅仅是期中考试和其终考试，还包括对平时课堂上表现的评价。在接下来的教学中，Y老师有意识的观察学生的学习投入情况，并制定了学生课堂表现记录表。Y老师根据课堂观察给学生的表现打分，并在每周五下午第三节将学生一周内的课堂表现成绩公示在黑板上，以期起到鼓励和警示的作用。

2. 反思型实践

经过一个多月的尝试与摸索，Y老师深刻认识到评价学生学习过程的重要性，也意识到自己对表现性评价的认识过于肤浅，对表现性评价的理念、操作步骤等理解不够深刻。Y老师迫切地希望自己能够有效地将表现性评价运用在自己的口语课堂上，她知道：教师自身的经验和反思是教师教学专业知识和能力的最重要的来源即：经验＋反思＝成长。于是，Y老师在工作之余开始对自己的教学进行反思，并将自己的反思记录在"反思日志"中，期望通过对自己教学的反思和批判，将自己原有的表面性的经验进行提炼、升华，不断更新教学观念，改善评价行为，同时形成自己对评价中出现的现象和问题的见解，逐步提高评价实施的自主性和目的性，克服尝试阶段评价的被动性、盲目性，从而更高效的运用表现性评价。

附：Y老师的反思日志

经过一个多月的实验,我发现评价的实施能给学生带来愉悦的情感体验；能促进学生之间的合作与交流；将静态的被动学习转变为动态的主动学习,提高了学生的学习积极性和主动性,也培养了学生的自我评价能力。在这样的课堂里,学生有更多的参与和合作的机会,可以互相帮助、互相学习。学生通过各种各样的活动,不仅掌握了口语的基本技能而且得到了很多尝试实践的机会,提高了学生综合运用口语的能力。(2006年10月14日)

在评价实施过程中,要清楚自己的作用,不能手把手的教学生也不能任其自由发展,要做好评价的组织者、引导者、管理者、实施者,还要与学生成为合作伙伴。(2006年10月27日)

口语学习究竟要掌握哪方面的能力？怎样对这些能力进行评价？怎样确定表现的好与坏？怎样在不伤害学生自尊心的情况下让他们了解到自己的不足？(2006年11月3日)

表现性评价的好处很多,但在实践中出现了一些棘手的问题：一节课就45分钟,完成一项表现性任务需要占用大量的课堂时间,评价的实施的确可以提高学生的学习效率,但我怎么完成教学任务呢？现在我的教学已经跟不上教学进度了。虽然不能忽略能力的提高但目前学生升学的唯一途径还是中考,该怎么在培养英语运用能力的同时又能提高学生的英语成绩？

(2006年12月23日)

3. 创造型实践

经过不断的实践和反思,Y老师意识到：表现性评价重视的是学生在执行任务过程中的能力培养和在完成任务过程中的参与和交流活动。为了有效运用表现性评价,教师必须明确自己的职责,首先要做一个研究者,以研究者的眼光分析评价理论和评价实践中出现的各种问题,对自己的行为进行反思,对积累的经验进行总结。其次,要做一个创造者,在以教材为基础的原则上,"用"教材而不"教"教材。因此,Y老师根据教材内容设计了很多表现性任务,突破口语学习仅仅靠"听、读、背"的模式,将真实的情境引入到口语学习中,把课内的口语技能学习和社会的语言活动相结合,既关注口语能力的获得也关注学习的过程。除此之外,Y老师规定本班英语成绩由两部分组成：笔试成绩占80%、口语表现性评价的等级占20%,以此来提高学生参与评价的积极性。Y老师在反思中积累经验,在积累中实现创造,经过几个月的实践积累,Y老师和同学们一起起草了各种评价量表及表现性评价报告单,并在实际运用中根据具体情况的变化进行适当的调整。

(四)表现性评价的实施

1. 表现性评价的引入

(1)教师引导学生正确认识英语口语学习

在正式介绍表现性评价之前,Y老师首先引导学生明确口语学习的动机,帮助学生从"应试"的心理阴影中走出来,改变学生"考什么,学什么"的目的,让学生知道英语的学习是全面的,不能将各部分割裂开来,英语口语的学习是促进学生英语学习的重要因素。

(2)教师让学生了解表现性评价的目的

①用客观公正的方法综合评价学生的口语学习;

②及时反映英语口语学习和应用过程中存在的问题,为改进学生英语口语能力提供确实的依据,同时为学生发展提供方向性和具体性指导;

③激励学生主动学习,使学生获得成就感、增强自信心;

④教给学生正确的评价理念,使他们懂得如何客观的进行自我评价和评价他人,正确对待评价结果;

⑤诊断教师在口语教学过程中存在的问题。

(3)教师向学生介绍口语表现性评价的主要内容及方式

英语口语的学习和表现性任务的设计都要充分考虑本班学生的语言水平、学习能力、社会经历以及发展要求,通过设计各种表现性任务,让学生根据所提供的语言素材、情景与任务要求,自己组织语言,进行演讲、对话、讨论、辩论、报告、采访、角色扮演、即兴发言等方式。改变传统的"听、读、背诵"等学习口语的方法,通过让学生"想说、敢说、会说"的方法来学习口语,并在完成任务的过程中考查学生对语音语调、词汇语法、内容结构、流利程度的掌握。

2. 评价过程的规划

Y老师精心编写了口语表现性评价实施活动表,将实施评价的具体安排和师生活动罗列出来,打印后发给每个学生,让他们明确自己在评价的各个阶段的具体任务。

3. 实施口语表现性评价的步骤

(1)告知评价目标和评价标准

评价目标:英语口语的掌握和运用;

评价标准：发音标准，语速适中；

表达内容完整，能够充分表达自己的观点且不会让人产生误解；

用词贴切，很少出现语法错误；

语言表达流利、连贯。

(2) 告知表现性评价任务

任务的选择以所学教材为主，完成任务所需词汇、句型以及文化知识也主要围绕教材。任务的呈现方式有：对某个话题发表评论、交换看法、展开讨论、提供建议或意见或是自述、讲故事、角色扮演、简短发言、即兴发言等等。

(3) 告知评分规则

把表现性评分规则交给学生是表现性评价的关键环节。在本例中，其具体实施过程如下：

① 帮助学生明确口语能力的几个要素

给学生播放几段标准英语录音（演讲、电影对白、课本听力资料、考试听力材料、诗朗诵等），每播放完一段录音就问他们，这段录音中的口语好在什么地方，并把学生的回答写在黑板上。

给学生播放几段匿名的 A、B、C、D 四位学生的录音，并让学生讨论哪个学生的口语表现最好，并说出理由，把学生的回答写在黑板上。

将黑板上学生的回答分类，告诉学生老师已经设计了一个评价口语评价要素清单，然后向学生展示提前设计好的口语能力评分规则，并听取学生对评分规则的要素和要素权重的意见或建议。

② 让学生根据整体评分规则和分项评分规则中的规定给 A、B、C、D 四位同学的表现评定等级并打分，以帮助学生进一步了解口语能力的各个要素的内涵。

(4) 开展评价活动，收集评价信息

将学生分成若干组，对几位同学的表现进行评价，评价方式有自评、小组评和教师评。

(5) 师生对学生的表现进行评价并最终达成评价结果

学生完成任务后，Y 老师先让他们根据评价目标、评价任务和评分细则填写自评表和互评表，然后将他们的评分表收上来，并将自己对该生或该组每个成员的评价告知全班学生。

(6)指导学生反思评价结果

将学生的自评和互评结果一一分析、总结,在第二次口语课上,把相关反馈信息,填写在口语表现性评价报告单中,指导学生在填写评价报告单中反思自己的成就和不足,明确今后努力的方向。同时,将评价信息告知学生家长,并征求家长的反馈意见,以便更有效的开展评价活动。

第六章 成长记录袋评价

成长记录袋评价法在国外教育实践中的运用已有十几年的历史,近几年来也开始受到我国教育理论和教育实践工作者的重视。在新课程改革实验中,成长记录袋评价作为一种充分体现发展性学生评价理念的评价方法而被大力倡导,受到老师和学生的广泛欢迎和认可,表现出相当大的生机和活力。

第一节 成长记录袋评价概述

一、成长记录袋评价的概念与特征

(一)概念界定

成长记录袋(portfolio),来源于意大利语 portafoglio,有文件夹、公事包或代表作选集等多重含义,是许多领域中专业人士收集整理其资料、作品等用以展示其技艺和成就的一种方式,如摄影师、画家、记者、模特、建筑师等都曾将成长记录袋用于这一目的。也有人将其译为档案袋、学习档案、档案录或成长记录等。把一段时间内的作品、成果与相关的资料系统地收集起来,放在一个合适的容器如文件夹、档案袋(目前还有软盘、光盘等)里,每过一段时间,根据所收集的内容对学生的进步或进步过程等进行评价,以这样的方式进行的评价就是成长记录袋评价。

在教育评价领域中,成长记录袋是指在特定的目的之下的用以促进学生学习和发展的一系列资料的汇总,其中包括学生一段时间内的作品、成果与相关的资料。当前,"评价应是教学的一个有机组成部分,而不能与教学相分离"的观点,已成为绝大多数赞同使用成长记录袋评价(portfolio assessment 国内也有人译做档案袋评价,笔者注)的教育者的共识。在课堂教学中,成长记录袋指学生学业作品的系统收集。通过收集学生成果(如作业、艺术作品等)来反映学生学业水平的增长、长时期的成就以及在特定学业领域的重大成就,并由此来促进学生的学习,这样的评价就是学业成就的成长记录袋评价(portfolio assessment)。

(二)主要特征

对传统评价失去兴趣的教育者对成长记录袋非常青睐。蒂尔尼(Tiemey)、卡特(Carter)和德赛(Desai)(1991)就列举了成长记录袋评价与以标准化测试为主的传统评价的区别。(如表6.1所示)

表6.1 成长记录袋评价与标准化测验的区别

成长记录袋	测验
反映学生参与的多种读写活动	依据有限的读写任务来评价学生的读写能力
让学生参与自己进步与成就的评价,并提出进一步学习的预期目标	由教师根据学生的答题情况评分
在尊重学生个体差异的基础上评价每一学生的成就	用统一标准评价所有学生
评价过程是合作性的	评价过程是非合作性的
自我评价是重要目标	没有自我评价方面的目标
关注学生的进步、努力与成就	只关注学生成就
将评价与教、学结合起来	教、学、评价是分离的

资料来源:Material from Portfolio Assessment in the Reading-Writing Classroom, by Robert j. Tiemey, Mark A. Carter, and E. Desai, Published by Christopher-Gordon publishers, inc 1991, used with pemission of the publisher.

教学中运用成长记录袋评价不但可以评价学生学习的过程和成果,也能呈现学生学习的轨迹与进步,所以教师在运用过程中要尽量避免"为了收集而收集",应对成长记录袋中收集的作品进行合理的分析,并向学生做出积极的解释反馈,从而不断促进学生的发展。具体来说,成长记录袋评价具有以下特征:

1. 目的明确。成长记录袋不是简单的文件夹、资料袋,应依据教学目标或学生的发展目标来确定。成长记录袋评价是根据明确的目标让学生搜集作品等数据,教师可依据教学目标与计划、评价目的,让学生对有针对性和有代表性的学习过程或成果的资料进行收集,以展现其学习情况的过程。成长记录袋之中所有内容的搜集和整理的过程都应该是服务于这个目的。如果为了展示学生的成就或特长,那么成长记录袋收集的内容主要是学生最满意、最重要的作品;如果为了描述学生在某一段时间内学习某方面的发展过程,发现其在学习过程中的优势和不足,那么收集的内容就既要包括学生的最优作品,还要收集过程性的东西。成长记录袋评价顺利实施和有效进行,需要明确评价的目的性。

2. 突出培养学生的反思能力。学生的自我评价和反省是当前评价改革重视的主要方向之一。成长记录袋是质性评价,它的完成过程是每一个学生对自我学习情况的总结过程,应该尊重学生的个体差异,突出培养学生的反思能力和与他人沟通交流的能力。教师首先给学生明确评价的目标及相关要求,整个过程都由学生自己承担责任,直至最终将满意的作品放进成长记录袋。学生通过反省自己的学习过程来不断发现自己的优势与不足,在教师的指引下,由学生自主完成资料的搜集、遴选、整理、反思。

通过自己反省而获得的结果,可以培养学生主动学习的态度和对学习负责的精神,进一步增强学生改进的愿望与信心,让学生学会终身学习。成长记录袋是让学生评价自己的作品,提供给学生展示其作品的机会,让学生自己思考成长记录袋的作品选择和体验修改完善过程,从而增强学生的反思能力,培养学生认真负责的态度。老师应该根据学生的能力对自我评价进行有针对性的指导,避免学生的自我评价与反省能力因年龄局限而出现巨大差异,在要求学生进行自我评价或反省时,必要时应提出具体标准。

3. 强调教和学的整体性。教师教学的过程和学生学习的过程是成长记录袋评价过程中最关注的一部分。教师指导学生学习的过程,也是教师明确目的和任务目标、指导学生完成任务、收集评价数据进行分析的过程。从这个层面来看,学生可以适时地在成长记录袋中添加自己的作品并及时地给予反馈。成长记录袋评价的真正价值存在于每位教师的课堂中,教师和学生可以就某一个或某几个教学目标进行讨论,确定成长记录袋应当收集的内容,这个讨论的本身就强化了教学与评价之间的联系。

4. 体现多元化特点。评价目标的多元化、评价主体的多元化、评价数据呈现方式的多元化和评价功能的多元化等体现了评价的多元化特点。成长记录袋评价不仅可以评价情感领域的目标,还可以评价认知领域的目标。可以评价结果性目标,还可以评价过程性目标;收集的评价数据的呈现方式可以是多种多样的,可以是绘画、简报、照片、作文、实验报告等能反映特定目标的表现。在成长记录袋评价的过程中,评价人员不仅是教师对学生学业表现进行评价,还可以包括学生本人、家长和同伴,甚至还可能包括社区等相关人员,评价人员应该多元化。此外,成长记录袋评价可以是形成性评价,也可以是总结性评价。

5. **学生的作品是主体。** 成长记录袋的一个突出特色是成长记录袋内收集的是学生在某一学科领域内的一系列作品,可以展现学生的成绩、进步与不足。还可以描述学生学习中的过程与方法,反映学生学习的感情、态度、兴趣。因此,成长记录袋一方面是一个无所不装的容器,把学生的分数单、试卷、荣誉等堆积在一起,还可以从中看到学生在其一领域的进步与发展的方向。学生在某一特定领域内的作品就构成了"成长记录袋"的内容主体,是成长记录袋的重要信息来源。例如,"写作成长记录"是语文课的重点,需要选择典型作文的成稿过程材料,包括头脑风暴式的记录——第一份写作提纲——早期写作草稿——带有老师、学生家长评语的修改稿——最终成稿等,让学生看看一学期或一学年自己写作水平的提高。

成长记录袋根据教育教学的目标,有目的地将各种学生表现的相关作品,和其他证明收集起来,通过合理的分析与解释,一方面反映学生在学习与发展过程中的优点与不足,另一方面反映学生在达到目标过程中付出的努力与进步,并通过学生的反思与改进激励学生取得更高的成就,促进学生的自主发展。

信息窗   **成长记录袋建立应遵循的原则**

1. **个性化原则**

成长记录袋必须体现学生的个性特点,反映出学生的成长过程,使学生体验成功,感受进步,获得激励。如果忽视学生的主体性,就难以客观、真实地评价学生的差异,造成千篇一律、千人一面的评价结果。

2. **有效性原则**

成长记录袋适用于小班,内容不必太多、太细,应根据学生具体情况有取舍地选择评价内容,形式要简单明了,省力有效。比如阶段性学习评价表,可预先设计复印好;比如小红条、光荣榜、家访记录都无须在纸上面划得花花绿绿,一张红纸写上标题即可。而那些不切实际的、条件不允许的内容与形式,如录像带,就不一定非要使用。评价方法应尽量多使用分项、分量定性打等级的方法,采用自评、互评、师评、家长评四结合、使评价活动简单易行,易于学生掌握与操作,便于老师开展工作。

3. **发展性原则**

建立成长记录袋进行评价的最终目的是为了以评促学,促进学生整体水平的提高,促进学生素养的发展。它是师生共同实践、反思、发展、再实践的过程。一方面,教师应引导学生通过成长记录袋逐渐养成良好的学习习惯,提高学习兴趣,培养自我反思能力;另一方面,教师也应借助学生这面镜子,在各种反馈活动中改进自身的不足。

二、成长记录袋的主要类型

依据成长记录袋的使用目的、使用者、参与者、针对对象以及结构的不同,成长记录袋可以分为以下几种类型。

(一)展示型成长记录袋

展示型成长记录袋通常完全由学生负责选择自己最好的或最喜欢的作品(包括学生个人在家里或学校制作的作品),向他人展示在某一阶段在某一领域所取得的成果,可以为家长与教师充分了解学生在某一时期内取得的成绩及长处提供便利。展示型成长记录袋是一种激励性的终结性评价,其主要目的是学生对自己作品的反思。由于主要使用者是学生自己,每个学生所收集的都是自己满意或最佳的作品,因此能够反映学生的个体差异或特长,激发学生的内在学习动机。由于教师对成长记录袋里的内容缺乏严格控制,加上学生选择内容的差异,因此,展示型成长记录袋往往与教师关注的教学重点不一致,不能提供教师需要的关于教师或学生在教学要求方面的进步信息,一般情况下可以用在展示学生在各个方面的成就与所长。

表6.2 展示型成长记录袋示例[①]

课程领域	可收集的内容
语文	优秀的作业、最佳书法作品、最好的单元检测试卷、最满意的手抄报、最满意的作文、最佳的口语交际活动的录音、最满意的阅读笔记、评价等。
数学	优秀的作业、最好的测验试卷、印象最深刻的问题解决过程、最佳的活动报告或数学小论文、自己特有的解题方法等。
英语	优秀的作业、最好的试卷、最满意的口语录音、参加角色扮演和英语剧演出的录像、最满意的英语作文等。
艺术	自己制作的音乐曲谱、最满意的海报、最喜欢的自拍照片、最满意的手工制作、最满意的其他美术作品、参加音乐、舞蹈、戏剧的录音或录像等。
科学	学生做的最佳的实验成果;开发的最佳原创假设、对教师提出的科学问题的最佳解决、对科学文章的最佳评论等。
历史	学生写的最佳历史研究论文、学生参与的一定量的最佳争议和讨论、学生写的关于当前事件的最佳评论等。

---

① 李慧燕.教学评价[M].北京:北京师范大学出版社,2013:70.

(二)过程型成长记录袋

过程型成长记录袋对教师、学生或家长而言,可以为学生的不断发展"积累"信息与证据;让教师和学生及时准确地掌握学习进展的实际情况,以便调整下一步的学习。一方面过程型成长记录袋可以作为促进学习的工具,培养学生的学习兴趣与积极性;另一方面,也能够在一定程度上及时诊断学生在学习过程中取得的成绩及存在的问题,记录学生在某一领域的进步过程与轨迹,从而帮助学生发展对自己学习过程或经历进行反思和评估的能力。

表6.3　过程型成长记录袋示例[①]

年级:小学二年级
学科:语文
学习领域:阅读
目标:运用成长记录袋促进阅读水平的提高,培养课外阅读习惯;积累词汇量;促进词汇的运用;扩大知识面。
做法:
1.教师规定全班学生每周要读3~4篇课外文章,并按照教师设计好的格式做读书笔记;
格式:

读书笔记		
班级:	姓名:	学号:
读书时间:	年　月　日	
书名:	文章题目:	
学会的生字:	学会的精彩短语:	
你喜欢的句子:		

2.学生按照教师的要求把写好的读书笔记放入自己设计的成长档案中;
3.每周一,教师会利用一定的时间让学生交流他们新学的生字、好词、好句。因此,教师要求学生在周末时,要对自己一周的读书笔记重新温习,找一找自己学会了哪些词汇及其表达方式,是否已经用于写作或口语交流中等。

对作品本身产生过程的记载以及对作品的反思是过程型成长记录袋的两个方面,它一般重视体现学生学习过程,不像其他类型成长记录袋只需呈现最好的或最终的作品。第一,过程型成长记录袋须包括学生对作品的反思过程,方便了解自己在一段时间内的成长。第二,过程型成长记录袋包括作品从初

[①] 李慧燕.教学评价[M].北京:北京师范大学出版社,2013:70.

期到最终定型的全部过程。在使用该类型成长记录袋的过程中一般对作品的反思要比最终选择作品更为重要,也更能培养学生的思维能力。过程型成长记录袋收集的内容与时间多由教师根据自己的教学目标与学生的学习现状来确定,由学生按照教师的规定与要求把作品收集起来,作为发展表现的证据;学生要负责选择和提交符合要求的作品或其他有关证据,同时逐步地检查在一定领域中取得的进步以及需要进一步改进的地方(教师可以提供必要的帮助)。也就是说,学生的任务并不仅仅是收集汇总作品而已,他们还要对自己的成长进行基本的思考与评估。

（三）目标型成长记录袋

与过程型成长记录袋相比,目标型成长记录袋除关注培养学生的学习兴趣外,更强调发挥学生的学习自主性、主动性、独立性与创新精神;除了能够让学生在学科学习的某一领域有所提高外,更注重培养学生的反思能力及学习的监控能力。所以,目标型成长记录袋更多地关注学生的创新性。

表6.4 目标型成长记录袋示例[①]

年级:小学四年级 学科:数学学习领域:数学思考与解决问题 目标:根据数学课程标准,数学思考与解决问题是两大重要的目标,数学教师决定运用成长记录袋来提高学生应用知识的能力,促进学生数学思考与解决问题能力的提高; 要求: 1.根据四年级的具体目标,学生需要在生活实践中寻找与运用学过的数学:生活中的分数/空间和图形,图表中的数据,不确定现象; 2.学生需要独立地计划和创建解决数学实际问题的成长记录袋; 3.成长记录袋收集的内容或作品及数量由学生自己决定,但必须能代表自己在上述学习内容上掌握与运用的水平; 4.学生对所收集的每一件作品都要说明收集的理由,包括对产品产生过程的说明、优点及其存在的问题,进一步改进的建议; 5.如果可能的话,家长及其同伴都可以作为评价的另一个主体,对所收集的作品提出反馈并提出改进建议; 6.学生的反省记录特别重要。在学习的不同时间里,教师要求学生充当专门的评价家,让学生描述自己作品的特征,自己在成长过程中的进步、已经实现的目标、存在的不足、还需要做出的努力等,这些都可以作为反省记录的内容,通过这种反省,一方面,为学生的成长提供了重要契机;另一方面,也培养了学生自我反省和自我教育的习惯。

---

① 李慧燕.教学评价[M].北京:北京师范大学出版社,2013:70.

一方面，教师可以依照教学计划与内容列出成长记录袋的主题，由学生自己计划和编制其中的内容（与过程型成长记录袋形成了明显的区别），教师对收集的内容不作具体与严格的规定，以便学生展现出选择作品的标准与制定计划的设想。这种设想可通过多种多样的形式加以表达，可以是附带说明的一系列草图，也可以是在计划过程中（需加以说明）录下的几盒录音带。另一方面，学生在完成某一学习计划的过程中创作的各种类型的作品集是目标型成长记录袋的内容。如果说，对一项作品产生过程的记录体现了学生在某一学科领域中学业成就的深度，那么成长记录袋中的系列作品，则反映了学生取得学业成就的广度和范围。比如，在语言艺术中，一个目标型的成长记录袋可能包含了被报纸杂志录用的诗歌、散文、论文、参加朗诵或演讲比赛的录音、日记或评论等。

（四）评估型成长记录袋

评估型成长记录袋通过评价学生所收集的作品来评定其在某一学科领域（如写作、解决问题等）的成就，内容主要由教师选择。评估型成长记录袋可用于水平性或选拔性评价。需要指出的是，将成长记录袋用于评估目的，就必须将收集内容结构化，以便不同的记录袋之间具有可比性。教师是评估型成长记录袋的主要评分者，教师在评分过程中需要遵循一定的标准，清楚哪些对学生是重要的，充分了解学生，这对提高教师的教学水平、制定有效的教学策略以及反映对学生表现的期望有一定的帮助。

表6.5 评估型成长记录袋示例[①]

年级：小学一年级 学科：艺术 学习领域：音乐、美术、戏剧、舞蹈等 领域目标：按照艺术课程标准中艺术与情感的第一学段内容标准，对学生收集的与音乐美术等学习领域有关的作品进行评定，并把评定结果作为艺术与情感分目标的成绩，即用评估型成长记录袋代替一年级学生的艺术期末考试，真实地反映学生一学期内在艺术各学习领域的成就、进步与不足。 内容特点： 1. 艺术教师按照艺术与情感分目标中的第一学段内容标准制定一系列具体、细致的评价指标然后颁发给每位学生与家长，让他们充分理解与把握这些指标。

---

① 李慧燕.教学评价[M].北京：北京师范大学出版社，2013：70.

> 2. 艺术教师根据学习领域的教学内容相应地安排每个学生收集自己制作的作品。
> 3. 按照制定的评价指标,用录音、图画、父母笔录等形式记录下学生对自己所收集的作品的感受与体会,对作品的满意程度以及改进的设想,放入档案袋中。
> 4. 教师根据学生的作品以及反思资料,为学生的下一件作品提出改进的建议并进行具体的指导,促进学生学会运用一些基本的艺术技能来创造性地表现与交流自己的情感与思想。
> 5. 按照制定的评价指标,教师、学生自己、同伴或家长对成长记录袋中与学习领域有关的每一件作品及反思资料进行等级评价,要说明评价的理由以及改进的建议。
> 6. 期末时,教师根据学生的作品、反思资料与交流、进步情况等对艺术与情感这一分目标进行终结性的评价。

(五)文件型成长记录袋

文件型成长记录袋最早来源于幼儿教育。它包括系统的、正在进行的记录和学生进步的样本。其目的是记载学生一段时间内的学习情况,采用的方法是教师观察、轶事记录、访谈以及学生活动,材料往往是教师放进档案袋的。文件型成长记录袋极少用于评估,它主要是描述学生一段时间内的进步以及教师的期望。教师和家长是文件型成长记录袋的主要使用者,他们通过这些信息了解学生成长的更全面的信息,以帮助学生设定今后的目标,制订教学以及家庭支持的计划。

三、成长记录袋评价的优势和局限性

(一)成长记录袋评价的优势

1. 评价内容的丰富性。传统的评价内容主要考虑的是知识和技能方面的因素,较为单一。成长记录袋评价则不仅考虑知识、技能方面的测量,还涉及学生成长的非智力因素方面以及学生的学习过程、学习方法等多方面的内容。换句话说,凡是能体现学生学习过程和学习成果以及个性发展等方面的内容都可以放入成长记录袋之中。

2. 评价主体的多元性。传统的评价主要是教师对学生的评价,主体单一。成长记录袋评价的主体不仅包括教师,还包括学生自己、同学、学生家长及管理者。所有的评价主体是相互作用的一个评价整体,不是相互孤立的。

3. 评价过程的开放性。传统的评价过程是封闭的,而成长记录袋评价的过程则是开放的。在成长记录袋评价的过程中,充分体现公正、公平和公开的原则,使评价结果保持较高的信度和效度。

4.评价结果的形成性。传统的评价结果往往是终结性的,只提供评价的结果,忽视评价过程。而成长记录袋评价是一种动态的、发展的评价,非常注重过程的评价,要求对学生在每一个学习过程中的表现及进步进行全面评价。尤其是过程型成长记录袋可以展示整个任务完成的过程并给予阶段性分项任务的评价和整体性评价,以展现学生进步的过程。

5.赋予学生更大的自主权。成长记录袋评价允许学生以各种各样的形式来呈现学习成果,激发学生的兴趣,让学生享有充分的自主权,进而充分发挥学生的创造力。传统评价中,学生更多的是被动地去应对教师设计的题目,按照预定指示去完成一道道题目,而成长记录袋评价中,学生成为评价的主导者,教师只需强调评价目标、程序或截止日期,其余均可由学生自主创建。

(二)成长记录袋评价的局限性

1.信度和效度问题。传统评价中衡量评价质量的最重要两个指标是信度和效度,但判断成长记录袋评价的信度和效度问题与传统评价不同,评价标准的制定很难做到清晰、一致和准确。成长记录袋评价的信度主要应从两个方面考虑:一是成长记录袋里材料的真实性,如果材料本身不真实,则一切评价都失去了应有的意义。而现实情况是,我们很难保证成长记录袋内容的真实性。二是评价者之间对成长记录袋评分的一致性程度。成长记录袋的效度则主要是指学生的作品对其能力或思维结构的表征程度。在某一学生成长记录袋中的作业样本可能并不一定能代表实际上他知道什么和能做什么,即是说成长记录袋评价的效度很难保证。

2.针对不同学科的适用度问题。评价的学科、项目的性质、评价的目的、教师的工作安排和学生的精力等方面的因素都会影响到成长记录袋评价的效果。因此,成长记录袋评价的适用度是不同的,不能一概而论、统一要求,而要具体问题具体分析。比如,一般认为:在艺术类的学科中采用成长记录袋评价比较合适;在开放性的评价中采用成长记录袋评价比较合适;对非选拔性评价目的评价采用成长记录袋评价比较合适;小学低年级和大学高年级采用成长记录袋评价比较合适;学生学习压力相对较轻的阶段采用成长记录袋评价比较合适。

3.工作量庞大的问题。国外有学者调查研究发现,成长记录袋应用的最大障碍就是时间问题。成长记录袋内容的收集、编排、保存等工作可以由学生在教师指导下完成,但成长记录袋会议则必须由教师亲自主持(通常需要15

~20分钟的时间)。一般来说,成长记录袋会议的内容主要是对学生的作业进行回顾与反思,教师要强调学生对自己的作品进行自我评价,并在必要时帮助自我反思能力比较薄弱的学生发展相应的能力。如果让教师为每个学生每月召开一次正规的成长记录袋会议,即使班额较小,也需要花费教师大量的时间,从而加重教师的负担。这种评价方式比传统的纸笔测验方式明显更耗时、耗力。也正因为如此,有的教师虽已看到成长记录袋的潜在优势,但仍然驻足观望,没有主动将其应用于评价实践之中;有的教师虽然可能创建了成长记录袋,但却没有时间去整理和分析收集起来的一大堆东西;有的教师做得比较深入,已经尝试与学生一起回顾和反思所收集的资料,但由于时间仓促,效果也不是十分理想。

信息窗①:　　　　成长记录袋的优势与局限

教学方面的好处:
- 关注个体差异,因材施教。
- 使评价与课程目标保持一致。
- 使教、学与评价成为一体。

对学生的意义:
- 允许学生有更多的参与,促进学生的主动性与内在动机。
- 评估自己的作业,并对自己在一定时间内的学习进行反省。
- 允许学生有较多的创造空间、充分发挥自己的特长。

对教师的意义:
- 有助于教师检查自己的教学效果,学生的学习过程、方法与结果。
- 有助于教师形成对学生的准确期望。
- 有助于教师提供学生发展的客观数据、证据。

作为教师和研究人员需要思考的问题不是成长记录袋的优势有多少,而是如何在教育教学实践中科学地创建和使用成长记录袋,以充分落实和发挥其各种优势和作用,切实帮助学生在学习中发展与提高。

局限性:
- 成长记录袋的应用需要教师付出额外的时间和精力,加大了老师的负担。
- 成长记录袋的内容太多,标准化程度较低,不便于整理、分析。
- 评价的效度难以保证,很难达到客观、真实。
- 主观性太强,很难保证公平、公正,容易"走后门"。

---

① 田慧生. 课堂评价的理论与实践[M]. 乌鲁木齐:新疆青少年出版社,2009:126.

表 6.6　成长记录袋与传统学生档案的比较[①]:

	成长记录袋	传统学生档案
目的	一般具有事先设定的、与教育或教学目标相适应的目的,并且可以随着情境、对象的不同而灵活地加以调整	更多地以学生的人事信息记录为目的
内容	学生完成的各种原始作品与资料(作业、反思、方案、活动表现、照片、实验报告等)所汇集内容可以根据评价目的加以选择和调整	一般不收集学生的原始作品,主要呈现普遍性、共同性的基本个人信息和结果性、终结性的信息
学生的角色	参与作品收集、进行自我评价、参与同伴评价	主要由学生之外的教师或其他管理者收集、整理
意义	通过大量作品及资料的收集,客观、全面地反映学生的进步状态,分析存在的问题,促进学生发展	提供人事变更、学习经历、生活情况、社会经历等基本信息
特性	开放、共享、灵活	相对封闭、固定

第二节　成长记录袋评价的设计与实施

成长记录袋的设计是成长记录袋评价的核心,它直接影响到评价的方向、评价目的的最终实现等。

一、设计步骤

(一)明确使用目的

教师在设计成长记录袋评价之前要首先明确评价的使用目的,因为它决定成长记录袋评价的类型。课堂教学中的成长记录袋评价更多的是运用记录学生学习过程的努力和成长状况以增进学生自我反思自我管理的能力,同时也便于教师诊断学生的学习情况,方便提供决策依据。过程型成长记录袋是为了监控学生学习进步情况,因此,成长记录袋必须保留早期作品以观察其成长。展示型成长记录袋为了展示学生的成就,那么成长记录袋将要收集的内容应随着最佳表现的作品数而改变。评估型成长记录袋为了给学生评定学业成

[①]李慧燕.教学评价[M].北京:北京师范大学出版社,2013:77—81.

就等级,相对应的就是重在检测学生是否达到了预期的学习目标。

(二)确定评价目标

成长记录袋所要收集的表现或作品是为了反映学生达成学习目标的程度。缺乏清楚明确的评价目标,教师和学生往往弄不清楚需要什么样的表现,或者收集什么样的成果或作品,所以,教师应当将学习目标具体化为明晰的评价目标。在确定评价目标时,教师可以综合考虑以下几个问题。

(1)按照不同类型,成长记录袋基本目的可以分为三种:描述学生的进步、展示学生成就、确定学生是否达到预期的表现水平。不同的目的决定了成长记录袋所选作品的类型,也决定了评估的标准和方式。

(2)为了教学还是为了评价、激励学生。前者主要服务于教师,后者则主要服务于学生,两者都是创建成长记录袋的两个基本目的。主要目的的不同,作品选择的侧重点就有所不同,但好的评价也可以是两者的有机结合。例如,主要目的是激励学生学习时,就要注重学生该怎样选择作品,选择哪些作品,不必在学生作品的可比性上投入太大精力;当主要是为确定学生成绩提供参考时,那么作品类型的可比性就相对重要。往往在教学实际中进行学业成就评价时,评价目的不可能那么单一,教师要考虑其侧重点。

(3)促进学生具体哪些方面的发展。成长记录袋评价是通过学生的自我反思与评价激发学生进步的动力,从而促进学生某方面的发展。教师要考虑清楚主要促进学生哪方面的发展,通过成长记录袋评价可以促进学生个性品质、智力技能、操作技能、社会技能的成长发展。成长记录袋的作品内容一般有一定的创造性,是学生的真实成果,所以教师应该更多关注用传统纸笔测验不能很好测量的智力技能,如知识结构、认知策略、程序性技能和元认知、问题解决策略、组织能力等。

(三)确定收集内容及样本数量

确定成长记录袋的作品样本和样本数量,取学生什么样的作品很关键,关系到成长记录袋评价的目的能否实现。我们要依据的是能否提供反映学生真实情况的有效证据,来决定东西是否应该放进成长记录袋。但是如果有些评价目标很难用书面材料方式呈现,则应将表现活动通过录像拍照等形式呈现于成长记录袋中,来取代书面的成长记录袋,或将采用表现活动的形式。另外,还要确定在成长记录袋中根据不同类型的内容要提供多少个样本。例如,要收集一篇议论文,两篇自传,三篇记叙文,这个数量确定的依据是什么?首先要看是否能涵盖要评价的目标,另外,还要考虑评价的信度来选择合适的样本数量。为了保证作品选取的有效性,可以按照下面程序进行。

(1)确定样本的类型。首先需要根据成长记录袋评价的目的确定样本的基本类型。选不同时期不同水平的同类作品,可以寻找学生进步的依据;要制订一定的标准,按标准选取作品,可以评估学生水平。要挑选最佳作品,展示学生成果。比如,要测量学生的数学综合应用水平如逻辑思维能力,就最好选取应用题。教师除了需要选取最能反映要测量的智力技能的作品外,还应该考虑到学科的问题。

(2)考虑作品样本的适当性。在挑选出可以反映智力技能的作品后,还需要考虑作品样本的适当性。如,难度是否超过了学生的已有能力的范围?这些作品对学生来说适合吗?是不是没有难度?用来鼓励的学生自我评价是否合适?如果不是所有的作品都符合这些条件,那就把不符合要求的作品都剔除。

(3)确定选择样本的数量。可以根据需要和任务的不同而自由选择成长记录袋评价的作品数量,没有统一的要求。原则上是涵盖面越广越好,即使适合一个成长记录袋评价目的的作品较多,也不能全部选入成长记录袋中。可以依据作品反映所测内容的程度水平由高到低进行排列,最后根据时间、精力、需要加以选择。这样就可以最终确定哪些作品可以进入成长记录袋了。但一般认为,要保证学业成就评价有一个可信的估计,至少需要五个涵盖不同方面的任务或产品。另外,每一类型的数量,保证能够说明问题即可,根据实际需要决定。比如,写作成长记录袋可以收集一篇自传、两个描述性故事、三个对话。最后,教师要注意在选择作品时的两个问题:一是不要必拘泥于传统学生作品,可以选入成长记录袋的内容很多;二是让学生参与选择,可以在一定程度上保证样本作品会更加适合学生。

(四)设置评价标准

成长记录袋评价由两类标准组成:其一,根据评价目标的不同,成长记录袋内容领域中所要反映的每一个评价目标及其每一个作品的评价标准也是不同的。其二,对成长记录袋整体的评价包含整个成长记录袋的设计呈现和内容完整性等。明确标准后,学生才能根据评价标准进行作品与成果的选择。所以,成长记录袋评价成功与否的关键是明确成长记录袋评价标准。成长记录袋评价标准的制订最好能提供机会让学生参与,教师与学生一起来确定评价成长记录袋内容质量的标准,这样更符合创建过程型成长记录袋或展示型成长记录袋的目的,因为这些标准也是学生今后进行互评自评和他评的依据,是教师作出评价反馈的依据。当成长记录袋评价用于集体间的比较,如班级与班级或年级与年级间的比较,那么成长记录袋的评分规则应该由全体教师来共同制定。

成长记录袋的评估过程主观性很强,所以为了保证评估的公正性和一致性,制订评估标准的是一个非常重要而且复杂的过程。由于不同的成长记录袋内容,评估的标准也会有不同,所以,下面列举出几条制订评价标准的基本原则。

(1)必须有明确清楚的描述和具体的操作说明。这里指对评价指标的解释必须清楚、明确、易懂,具体操作性强。此外,对评价指标的描述说明,能够使人一目了然。

(2)评价指标的独立性。评价指标是可以评价所要测量的智力技能的标准。虽然对要评价的智力技能已经有很详细的描述,但在所确定的评价目的中,对这些智力技能进行评价的指标必须相互独立,尤其是测量的主要技能。一旦评价指标混乱,评价就容易出现偏差,学生的努力和进步也很难据此评价。

(3)成长记录袋作品样本和成长记录袋整体评价都必须有标准。除了成长记录袋的整体分数可以根据各个作品样本的分数合成而来外,还需要对成长记录袋的整体情况有一个明确的定性评价,这时就需要有一个对成长记录袋整体进行评价的标准,这个标准的制订过程与作品样本的制订过程一样。

(4)让学生主动参与进来。可以通过尝试先让学生制订,然后教师修改,吸收学生对评价标准的意义理解,帮助学生更好地了解评分标准,从而使学生更容易接受评分标准。

(五)编写清晰明确的评价说明及使用指南

为提高成长记录袋评价的效度,在确定收集的内容和评价标准后,教师要开发和撰写成长记录袋评价的说明和使用指南,用以帮助学生、家长及相关评价人员清晰地了解成长记录袋制作的过程与评价方式、评价标准及注意事项等。成长记录袋的使用说明包含给教师的成长记录袋使用说明(包括:评价目标、评价方法、评价标准、计分方式、补救教学和注意事项等)以及给学生或有关人员的成长记录袋评价说明(包括:成长记录袋内容、评价标准、注意事项或完成期限等)。

二、设计实例及说明

下面我们介绍我国台湾地区小学三年级语文课程"我的家庭、感谢老师"成长记录袋设计,并加以适当的说明,以便更形象地呈现成长记录袋评价设计的相关因素及其步骤,为大家设计成长记录袋评价提供参考。

表 6.7 成长记录袋设计示例[①]

"我的家庭、感谢老师"成长记录袋所要达成的目标是: (1)语文学习领域能力指标:能经由观摩、分享与欣赏,培养良好的写作态度与兴趣,"能概略知道写作的步骤,逐步丰富内容,进行写作"。 (2)艺术与人文学习领域能力指标:"尝试以视觉听觉及动觉的艺术创作形式表达丰富的想象力与创作力。" 结合主题内容和学生经验将上述两条目标具体化为以下七条学习目标: (1)能自行设计、整理学习档案。 (2)能运用所学新词撰写"我的家庭故事"。 (3)能写一封信给家人。 (4)能运用适当句子来描写"教师上课或生活情形"。 (5)能制作贺卡表达对老师的感谢。 (6)能善用美术于卡片设计中。 (7)能自省档案作品。 针对七条学习目标设置了需要学生完成的针对性任务: (1)整理与呈现学习档案。 (2)用新词撰写"我的家庭故事"。 (3)写一封信给家人。 (4)用句子描写"教师上课或生活情形"。 (5)制作教师贺卡。 (6)善用美术设计。 (7)反省档案。

最后,将这七项任务设计为六份任务学习单:"我的家庭、感谢老师档案目录"、"我的家庭故事"、"给家人的一封信"、"我的老师"、"教师节贺卡"、"档案的反省和感想"。通过这六份任务学习单,来完成所有任务。由于篇幅原因,

---

① 李坤崇.教学评估:多种评价工具的设计及应用[M].上海:华东师范大学出版社,2011:207—219.

我们在这里只呈现"我的家庭、感谢老师档案:我的家庭故事"任务学习单。

同学们,请你运用最近三课所学到的"新词",发挥你的创意,编一个生动有趣的家庭故事,让我们一起饱眼福。

表6.8 "我的家庭、感谢老师档案:我的家庭故事"任务学习单[①]

评价项目	评语	评价项目	评价
1.故事题目生动、富有吸引力		4.每课至少正确使用一个新词	
2.内容切合主题、富有创意		5.注意用字、标点符号正确	
3.段落分明,善用佳句、佳词			

第 课新词		第 课新词		第 课新词	

故事题目:

在上述这份学习单中,我们同时看到了内置的评价重点项目。这些分维度的评价项目描述,较之传统的一张学习单评价整体向度而言,更为具体、明确,也更具有引导的功能当然,这还不是对学生完成的作品进行评价的评价规则。"我的家庭故事"评分规则的开发,是将确定好的评价项目根据学生的经验水平分为不同的等级,进行分别描述,见表6.9。

[①] 李坤崇.教学评估,多种评价工具的设计及应用[M].上海:华师大出版社,2011:207—219.

表6.9 "我的家庭故事评分规则"[①]

学习单名称与评价重点	目标层次	很好(○)	不错(√)	加油(△)	改进(?)	补做(×)
1. 故事题目生动、富有吸引力	产生	题目生动有趣,富有吸引力	题目贴切,但不够生动有趣	题目生动,但不合适或有错别字。	题目很不明确。	未做
2. 内容切合主题	产生	内容主题鲜明,主题发展顺畅,富有创意	贴切主题、内容顺畅,为一般水平。	主题发展虽顺畅,但流于平常,支持立论较弱。	内容不合主题或无重点。	未做
3. 段落分明,善用佳句、佳词	组织	组织段落有条不紊,转折流畅;能善用成语、俗语或优美句子;词汇丰富优美,甚少重复。	组织段落分明;适切运用成语、俗语或佳句;词汇丰富,出现较多重复。	整体组织较不完整或僵化,段落转折不太流畅;词汇不多、平淡	组织凌乱无序,缺乏方向,只将观念、论点、事件凑在一起;词汇极少、重复甚多。	未做
4. 每课至少正确使用一个新词	组织	正确使用三课新词。	正确使用两课新词。	正确使用一课新词。	均未正确运用。	未做
5. 注意用字、标点符号正确	区辨	用字、标点符号完全正确,毫无错别字。	错别字、无用标点符号共在两个以下。	错别字、错用标点符号共在五个以下。	错别字、错用标点符号共在六个以下。	未做

"我的家庭、感谢老师"档案袋使用与评价说明(学生版)

同学们,教师节快到了,请设计一份有关家庭、学校的语文学习档案,作为祝贺老师教师节快乐的礼物。请你根据下列的"学习档案内容",制作一份精美的档案。开始前,先给自己一个爱的鼓励。

一、学习档案内容包括下列几项重点

(一)档案目录

[①] 李坤崇. 教学评估,多种评价工具的设计及应用[M]. 上海:华师大出版社,2011:207—219.

(二)我的家庭故事
(三)给家人的一封信
(四)我的老师
(五)教师节贺卡
(六)档案的反省与感想
二、注意事项
(一)请自己制作具有创意、美观大方、符合主题档案的封面
(二)事先决定档案的大小
(三)可自己制作一本档案簿,也可购买文件夹、数据簿
(四)档案的形状、样子可自己决定,但尽量多点变化,和别人不同
(五)档案内容的美化可自行发挥,但力求美观,有创意"我的家庭、感谢老师"档案袋使用与评价说明(教师版)
一、达成能力指标
二、学习目标
三、使用与评价方法
1.本使用与评价说明用的达成"上述语文学习领域能力指标"与学习目标的教学内涵一致。2.教师先讲解学习档案制作重点、过程与注意事项,若学生无制作档案的经验,宜详细说明,适时提供必要协助,或提供范例供学生参考
3.本学习档案用于单元教学中实施的形成性评价,作为单元教学后的总结性评价,或诊断学生错误的依据,教师宜视教学目标与需要衡量
4.教师直接在学习单的"评价"部分评定等级或打分数,本说明中的评价项目、标准、计分方法仅提供参考,教师可依据教学需要作调整
5.教师评价后写下"教师的话",再由学生携回让家长写下"家长的话",最后由学生送交教师。优秀作品建议展示供同学观摩,并予制作者奖励。
四、评价标准
1.教师从"能力"、"努力"两个向度在学习单的"评价"栏内进行评价
"能力"以符号表示:很好(O)、不错(√)、加油(△)、改进(?)、补做(×)。
"努力"以符号"＋、－"表示"进步、退步。"
2.若评价等级、亦可运用其他符号或评语,但仍然需要事先与学生沟通,且力求符号的一致性。
3.很好(O)、不错(√)、加油(△)、改进(?)、补做(×)等各项符号的评价标准见评分规则表,评价前必须告知学生符号所代表的意义。
五、计分方式
1.教师可依据教学目标、工作负担、学生或家长需要,采取"评定等级"或"核算等级评分"的方式。
2.教师评定等级后,宜视需要辅以文字深入说明。
3.若采用"核算等级评分"方式,可以依据"学习档案"的六项学习单逐一计分,每项学习单均以 100 分计。

4.每个评价项目之能力向度计分,如下表:

评价计分表

学习单名称	评价项目	很好(○)	不错(√)	加油(△)	改进(?)	补做(×)	基本分
档案目录	3	10	9.5	6	2	0	70
我的家庭故事	5	6	5.5	2	1	0	70
给家人的一封信	5	6	5.5	2	1	0	70

5.努力向度:"＋"出现一次加1分,"－"出现一次减1分
6.若学习单未交,则以零分计算,补交则给基本分,补交时间由教师规定
7.教师评价上述6个项目后,加总分除以6,可以求得总平分数。

六、补救教学

1.本档案为求简化,乃将"使用方法"、"评价单"纳入"学习档案或学习单"中,若为求完整,可将三者区分
2.若拟将一系列相类似的说明置于一手册,可将"适用与评价方法"、"评价标准"、"评等或计分方式"、"补充说明"置于手册前言,如纳入"给家长的话"或"给同学们的话"中
3.本说明可配合相关资料,仅呈现5个部分:(1)学习目标(2)使用与评价方法(3)评价标准(4)评等或计分方式(5)参考答案
4.为将评价单纳入学习单,评价项目要精简。若为详细评价,可参考有关较详细评价项目的文献数据。如下列简化模式,可予以更详细地呈现
A. 将"段落分明,善用佳句、佳词"改为四项评价项目:
(1)组织段落分明,清晰易解
(2)善用佳句,句型富有变化
(3)词汇丰富、优美、衔接顺畅
(4)善用语气、语调强化主题
B. 将"用字、标点符号正确"改为三项评价项目:
(1)用字有趣、准确、自然,表达主题
(2)用字正确,很少错别字
(3)标点符号运用合理
5.本档案各学习单版面可力求活泼化、生活化,低年级则必须加注音
6.本学习档案采用结构式成长记录袋评价、非结构式成长记录袋评价,以激发学生自我规划、自主学习能力

现在你已经知道如何设计一个档案袋了,如果你要评价自己在"课堂评价"这门课中的学习,你也可以设计一个档案袋来记录自己的学习。

请你设计一个"课堂评价"学习的档案袋。

三、成长记录袋评价的实施

成长记录袋评价的实施是一件较为复杂的事情,费时费力且不是很容易能达到所期望的目的。因此,如何实施成长记录袋评价以及实施的必要性需要教师在使用成长记录袋评价前一定要充分考虑。也就是说如果其他方式可以解决,就优先选择其他方式。如评价学生学习掌握情况的决策信息可用纸笔测验、表现性评价等一次性收集到,就不必要制作成长记录袋了。如果必须选择实施成长记录袋评价,那么为了保证成长记录袋评价质量,需要按照以下程序:

（一）准备创建成长记录袋阶段

在实施成长记录袋评价前,教师要掌握学生所需的已有知识与能力,并予以提供必要的说明和指导,确保学生理解他们将要创建一个怎样的成长记录袋,以及创建一个成长记录袋的方法策略。

1. 说明创建成长记录袋的目的与意义,提高他们的参与热情。
2. 理解成长记录袋将要评价的目标、成长记录袋的评分规则。
3. 理解评价和使用说明。
4. 帮助学生准备成长记录袋评价所需的资料物品等。
5. 帮助学生理解最后完成的成长记录袋应的形式。

（二）学生收集和存放信息阶段

学生明确任务之后,需要将确定要收集的内容放进一个档案袋或者文件夹等合适的容器里。作为教师要首先确保每个学生都拥有自己的成长记录袋。在学生收集信息过程中,教师要提供必要的指导和帮助,一方面让学生知道什么内容是要求收集的,还应当让学生明确成长记录袋内容收集的最低或最高限度的内容以及具体数量、时间限制、成长记录袋的最终形式(如,装入装订的小册子还是计算机的磁盘)等。所收集的项目从形式(如信件、叙事性短文、书评、说理性短文)和内容(如报告、历史研究)上看,是多种多样的,教师都要在指导中予以细致说明,帮助学生区分必做和选做的内容。另外一方面不要束缚学生。成长记录袋的优势之一在于它的灵活度,可以充分发挥学生的创造性,过多的规定反而会抑制并会阻碍学生自我反思,以及对自己学习负责的态度。

(三)调动家长参与阶段

在创建伊始,家长的支持与参与会起到很好的作用,教师先要帮助家长理解成长记录袋评价的性质和过程,还要鼓励家长参与评价,取得他们的积极合作与支持。一方面,如果家长在开始时了解了这个单元的内容,他们就有机会以他们所选择的方式来促进学生的学习,而且家长对某个单元有了充分的认识,他们就会期待看到这个单元和成长记录袋的最终完成情况,同时他们也会积极地参与到整个过程中来。另一方面,家长的参与会让学生会更重视成长记录袋评价。

(四)评价的实施阶段

成长记录袋评价的两大突出特点是能进行形成性评价和自我评价。成长记录袋评价的主体主要有以下几类:一是教师评价。如果是过程型成长记录袋,那么教师要在学生完成一个阶段的任务后给予及时的评价。二是自我评价。建立成长记录袋的主要意图之一是学生要能根据事先确定的评价标准对自己的成长记录袋内容进行评价,要让学生将自我评价习惯变为自己的日常工作。教师还可以请学生写下自我评价的结果,包括优点和不足,以及后期如何改进的设想。并让学生在自我评价单上签字记录下日期。

(五)开展讨论会阶段

成长记录袋的讨论对发挥成长记录袋评价的潜在功能有着重要的意义。在讨论的过程中,教师在适当的时候要作出适当的评价,来规范学生之间的评价,并进行适时的引导。同时,在讨论中要充分发挥学生的互评能力,在这个过程中互相学习,取长补短。教师还可以邀请家长参加讨论会。在讨论会上,学生成长记录袋里的内容可以成为教师在分析学生表现时的重要依据。

第三节 成长记录袋评价的案例介绍

成长记录袋评价在学科教学中使用时,也依然要遵循记录袋的设计和使用步骤,这里提供一些学科教学中使用成长记录袋评价的范例以供思考与借鉴。

案例1:阅读成长记录袋的创建和使用[①]

阅读成长记录袋的正式启用是在 2000 年 10 月末。在班会课上,我首先

[①] 李慧燕.教学评价[M].北京:北京师范大学出版社,2013:77-81.

用讲故事、小组讨论等方式，告诉学生课外阅读的重要性，然后让大家针对如何扩大阅读范围、提高阅读能力献计献策。让我十分惊喜的是，学生在七嘴八舌的讨论中，竟然也提出登记阅读书目、开展讲故事比赛等想法，与我创建成长记录袋的想法不谋而合，所以，当我提出我的计划时，学生都积极响应。

于是，我让每个学生当晚回家后把班会课上的体会讲给家长听，让家长也认识到课外阅读的重要意义，支持我们的阅读成长记录袋计划。而且，我还和学生一起讨论开展课外阅读活动可能遇到的困难及解决办法，最后以学生集体的名义给家长写了一封信，希望家长支持和配合我们的阅读成长记录袋计划。

致家长的一封信

尊敬的家长：

你们好！

"读书破万卷；下笔如有神"。课外阅读不仅可以帮我们开阔视野、陶冶情操，更重要的是它能培养我们的阅读能力和语言表达能力，所以我们决定每个人设立一个阅读成长记录袋，把我们的读书记录卡和相关资料收集起来，开展读书比赛，看谁读的书多。为了成功地开展这一活动，我们决心做到以下几点，请家长给予耐心的督促。

1. 准备一个文件夹或文件袋，并自制封面，自行装饰；
2. 每天放学后主动完成当天作业，熟读要快，质量也要保证；
3. 减少看电视的时间，坚持每天读书20分钟以上；
4. 每读完一份读物，及时地、认真地填写课外阅读记录卡；
5. 经常回顾自己的阅读成长记录袋，并把最喜欢的故事或文章讲给家长听，与家人一起分享读书的快乐。

此外，我们还诚恳地希望你们能在以下几方面给我们以支持：

1. 适当减少上课外辅导班的时间，减少或取消额外作业，让我们有足够的时间在书海中遨游；
2. 和我们一起读书看报，创造一个适于阅读的良好的家庭气氛；
3. 在我们有阅读困难时，请给予必要的帮助。

衷心感谢你们，也祝愿我们的阅读成长记录袋计划能圆满成功，如果你们还有什么疑问或建议，请与我们的老师联系

四(3)班全体同学 2000年10月24日

半个月过后，我利用语文课时间举办了一次课外阅读检查，一是想看看学生读书的多少；二是想让大家交流一下读书的体会。没想到，学生把自己的成长记录袋带到现场，检查活动成展示交流，气氛十分热烈，除了比赛看谁积累

的课外阅读卡多之外,不少学生还在活动中谈了自己的体会。课后学生纷纷交换着看其他同学的阅读成长记录袋,还互相借阅自己感兴趣的书,在班里掀起了一个读书高潮。在这次检查活动中,我发现了一些操作上的细节问题,主要有:①有的学生选择的书薄,很快读完了;有的学生选择的书厚,读完需要很长的时间;②个别学生阅读的积极性尚未被充分地调动起来;③个别同学在报告时不能准确地、简练地描述所读书目的内容,同时也缺乏自信。针对上述情况,我一方面完善了原来的课外阅读记录卡,增加了读物是否有拼音、估计阅读的字数、阅读所花的时间等信息(见下表);另一方面与个别学生谈话,鼓励他们积极参与,并在方法上给他们提供一些有针对性的指导。

课外阅读记录卡

1. 学生姓名:　　　　　班级:
阅读时间;　　　　　记录时间:
读物名称:　　　　　字数:
作者　　　　　读物出处:　　　　　是否为注音读物
2. 读物的类别:
童话寓言　　世界名著　　历史地理　　　科幻小说
卡通故事　　自然科学　　学习辅导材料　其他请写明:
3. 这份读物的主要内容是:
4. 阅读完这份读物,我最大的收获和体会是:
5. 在阅读过程中,我认识了几个生字词,分别是(没有不用写):
6. 这份读物中给我印象最深刻的优美句段是:

11月末,我们的阅读成长记录袋计划已经实施了整整一个月,我设计了一份学生课外阅读自我评价和反省表,让学生们在回顾一个月来所读读物的基础上认真填写。我从中选择了几个自我反省比较深刻的学生,让他们谈体会,并把所有的自我评价和反省表张贴在教室后面的展板上,通过这次交流,很多学生都在比较中发现了自己的优势,自信心增强了,也有学生发现了自己的薄弱之处,并找到了具体方法。经常性的鼓励和监督对于学生保持课外阅读的兴趣非常重要。除了半个月一次的小型交流之外,我还利用各种机会与学生讨论课外阅读并给予及时指导,期末做了一次读书报告会。

自我评价和反省表

学生姓名：　　　　填表日期：

我认真地回顾了从　月　日到　月　日期间阅读过的课外读物和记录卡，发现我总共阅读了（　）份读物，合计（　）字左右，我的收获还真不少。

1. 在阅读习惯和阅读能力方面，我的成绩和进步主要体现在：
2. 之所以会有上述的成绩和进步，我认为是因为：
3. 在阅读过程中，我还有一些需要改进或克服的问题，它们是：
4. 我对老师、家长或同学的希望和建议还有：
5. 最后，我想告诉大家：

通过一个学期的阅读成长记录袋计划的实施，我们班同学与其他班同学相比，理解力、写作积极性、表达水平都要好很多。

这学期阅读成长记录袋的创建和使用为班级营造了一种良好的读书氛围。好的开端是成功的一半，另一半的成功还有待于教师和学生的坚持与发展。在反思本学期阅读成长记录袋创建和使用过程的基础上，我提出了以下三点改进和调整设想。

1. 将阅读成长记录袋与语文教学有机地结合起来，改变原来以收集课外阅读记录卡为主的方法，把阅读教学中的过程性资料也收入成长记录袋，比如在课前独立阅读课文所做的记录、为加深课文理解而通过各种途径查阅的资料、朗读课文的录音等。

2. 突出阅读成长记录袋的语言训练功能。

除了填写记录卡之外，学生自己可以撰写读书心得、读书笔记，充分表达自己的见解，可以编辑图文并茂的阅读手抄报。丰富多彩的读书活动，会增加阅读成长记录袋的趣味性和吸引力，进而提高学生的独立阅读能力和语言表达能力。

3. 建立每天一次的读书报告会制度。

每天用一个相对固定的时段，安排一个学生在教室前面展示自己的阅读成长记录袋，并介绍自己最喜欢的一个故事或一本书。

案例 2　某初三学生化学档案袋评价目录[①]

蜡烛燃烧的实验方案设计及观察记录

实验设计：铁钉锈蚀条件的探究

科学小品：我想象中的原子结构

调查报告：某居民小区生活用水的调查

资料综述：二氧化碳的是非功过

观测记录：本地 3~6 月份降雨的 pH 数据记录

单元知识总结：盐的化学性质

教师写的激励性评语

小组编写的小报：爱护我们的地球

历次试卷及自我订正与分析

反思性小结："面粉爆炸实验"失败原因分析

社区防火情况调查计划

实验报告：空气中二氧化碳浓度的测定

实验报告：几种花在不同 pH 溶液中的变色情况

收集的资料：微量元素与人体健康

小组同学的评价

案例 3　地理成长记录袋评价的实施流程[②]

一、确定评价对象，涉及学科、年级、学生范围

确定评价对象要做好三件事。第一，指向评价对象；第二，在研究的基础上假设评价对象处于什么水平；第三，预计任务能够完成的程度。本研究旨在结合地理新课程教学研究学生地理学习的档案袋评价方法和策略，因此，评价对象拟定为高一年级新生。

二、向学生和家长介绍成长记录袋

编制成长记录袋评价宣传手册，使其充分认识成长记录袋评价的基本方

[①] 龙琪.中学化学课程与教学论[M].长春：东北师范大学出版社，2006：165.
[②] 黄郑尧.高中地理实践中的档案袋评价研究[D].华中师范大学硕士学位论文. 2007：21—24.

法和重要意义。由于成长记录袋评价是新事物,很多学生和家长对成长记录袋评价不甚了解,为了使学生和家长理解和支持地理学科成长记录袋评价,编制了一个简单易学的《成长记录袋评价宣传手册》,使学生充分认识到成长记录袋评价对自己个人发展的重要意义,从而积极主动地参与成长记录袋评价。《成长记录袋评价宣传手册》主要包括以下内容:

1. 什么是成长记录袋评价,成长记录袋评价与传统评价方法相比有哪些好处?
2. 成长记录袋评价的目的是什么?
3. 成长记录袋评价的主要项目有哪些?怎样建立自己的成长记录袋。
4. 如何参与成长记录袋评价?
5. 示例

学生个人资料

姓名		性别		出生年月	
特长					
爱好					
最喜欢的地理学家					
座右铭					
备注					

地理学科成长记录袋材料目录

记录编号	收集时间	材料或作品名称	说明
2006101	20060905	地理学习计划	
2006201	20061009	地理作业	
2006301	20061015	课堂表现	
2006401	20061125	测试与反思(期中)	
2006501	20061130	小组合作学习	
2006601	20061220	地理问题研究	
2006202	20061225	地理作业	
2006701	20061230	地图绘制与使用	
2006402	20070305	测验与反思(期末)	

地理学科成长记录袋学习材料

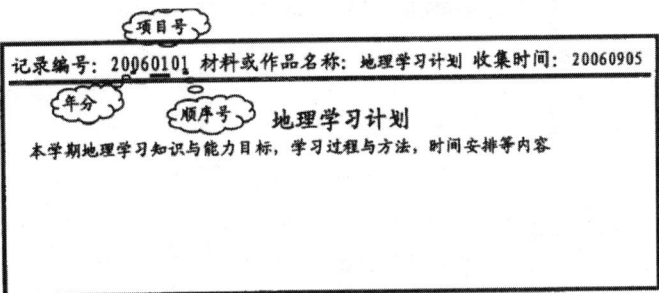

三、制定并公布成长记录袋评价工作计划

建立成长记录袋评价组织实施机构。针对地理学科特点和地理课程标准及学校地理课程实施方案，建立成长记录袋评价组织实施机构。地理课程成长记录袋评价小组主要成员由地理教师和若干名班干或学生代表组成。班干或学生代表由学生民主产生。以利于充分调动和指导学生积极参与项目，鼓励学生发挥自主性及创造性。确定地理成长记录袋评价的评价主体多元化，采用学生自评、同伴互评、任课教师评价、班主任评价、学校评价等多样化评价方式。

四、确定要收集材料的类型以及收集的时间和次数

收集材料的类型以及收集的时间和次数要充分考虑学生的实际能力、操作水平、学生的课业负担和可支配的时间。收集材料的类型以文本为主，同时也鼓励学生收集丰富多彩展示自己地理知识和技能的作品。鉴于当前高一学生是新课程实施的第一年，教学理念、教学材料、教学方法、课程管理、学习评价等都与过去发生很大变化。教师和学生时间与精力都有限。因此学生成长记录袋收集的材料数量力求少而精。建议学生成长记录袋收集的材料主要为以下几个方面：地理学习计划、课堂表现、地理作业本、自己绘制的地图和地理填图册、测试与反思、地理调查报告、小组探究资料、学科竞赛、地理模型制作等。一般而言地理成长记录袋的主要内容如下图所示：

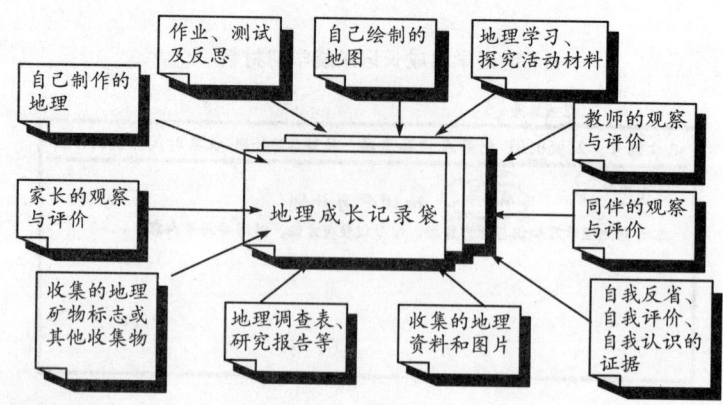

五、确定成长记录袋评定的方法

根据地理成长记录袋评价的目的,确定成长记录袋评定的方法包括对成长记录袋中的资料评定和对成长记录袋整体评定。记录袋中的材料可分为若干主题:课堂表现、作业情况、调查报告、地理探究、学科竞赛、地理制作、测试与反思、第二课堂等。每个一级主题下也可设立若干二级主题,采用文件夹形式对每个主题进行资料收集和评价反思,从而具有可操作性。

六、确定定期评定和反馈时间

定期进行地理成长记录袋评价,并制定评价结果的交流和分享计划,举行优秀作品展示计划等。通过地理成长记录袋的评价和结果反馈实现促进学生发展的功能和目的。地理成长记录袋评价应该自始至终贯穿地理教学全过程,但地理成长记录袋评价的组织与安排,应充分考虑现阶段高中地理教学实际。成长记录袋评价既不能流于形式,也不能占用学生过多的时间与精力,否则影响学生参与成长记录袋评价的积极性,反而影响成长记录袋评价的效果。一般每个月安排2—3次成长记录袋评价与交流活动为宜。

为此,我结合本校教学实际,在充分征求学生意见的基础上,制订了成长记录袋评价的初步计划。学期初,以小组为单位进行学习计划交流与评定。每学段(10周)组织2次课堂表现交流与评价,2次地理作业展示与交流评价;每学段(10周)一次测试与反思评价与交流;每学期一次合作学习情况评价与交流;每学期一次地理问题探究评价与交流。通过一系列的地理成长记录袋的评价和结果交流以达到预期目标。

案例 4　综合性成长记录袋：《成长的足迹：进步的点滴》[①]

颜色

学校根据小学阶段的六个年级，将成长记录袋设计成六中不同的颜色黄、橙、红、绿、蓝、紫，表现孩子成长的不同阶段。

封面

教师允许学生采用自己喜欢的方式装饰，有的学生设计了小树苗，有的学生设计了智慧树，有的学生设计了小舟，然后起一个好听的名字，如"文海拾贝"、"小脚丫"、"智慧泉"等。

取好记录袋的名字后，学生可用一句话说说自己。有的学生吐露爱好，有的学生写上喜爱的名言，有的学生提出奋斗目标……

内页

第一张记录卡"瞧瞧我吧"，是学生个人基本资料，包括学生的爱好、气质、性格等项；并附学生近照；

第二张记录卡"芝麻开花"，记录学生各科成绩；

第三张记录卡"天生我材必有用"，记录学生最擅长的课程或暂时成绩较差的课程，并写出自己对这门学科的想法；

第四张记录卡"尝尝我的金苹果"，记载学生的成功体验，包括学习、文体和其他方面的获奖情况及收获；

第五张记录卡"小帆起航"是每月"四心相连式"评语，包括学生的自说自话、同学的真情告白、教师的鼓励和学生家长的期盼；

附件

教师可以指导学生把自己认为有纪念意义的、有代表性的作品放在里面，比如，针对学生作业潦草的情况，教师指导他们从不同的角度收集作业，包括：你认为最差的作业，你认为最好的作业，教师认为你写得最好的作业，还可以找来班上同学的作业，通过比较，引导学生发现不足，确立进步目标；

封底

配有同学的合影，以及学校联系电话和网址。

[①] 李慧燕. 教学评价[M]. 北京：北京师范大学出版社，2013：72—73.

主要参考文献

[1] B. S. 布卢姆等著,邱渊等译. 教育评价[M]. 上海:华东师范大学出版社,1987.

[2] B. S. 布卢姆等著,罗黎辉等译,施良方校. 教育目标分类学(第一分册):认知领域[M]. 上海:华东师范大学出版社,1986.

[3] 比尔·约翰逊著,李雁冰译. 学生表现评定手册[M]. 上海:华东师范大学出版社,2001.

[4] 蔡敏. 当代学生课业评价[M]. 上海:上海教育出版社,2006.

[5] 陈玉琨. 教育评价学[M]. 北京:人民教育出版社,1999.

[6] 陈玉琨. 课程改革与课程评价[M]. 北京:教育科学出版社,2001.

[7] 程书肖. 教育评价方法技术[M]. 北京:北京师范大学出版社,2004.

[8] 戴海崎. 心理与教育测量[M]. 广州:暨南大学出版社,2011.

[9] 丁朝蓬. 新课程评价的理念与方法[M]. 北京:人民教育出版社,2003.

[10] E·韦伯. 有效的学生评价[M]. 北京:中国轻工业出版社,2003.

[11] 候光文. 教育评价概论[M]. 石家庄:河北教育出版社,1996.

[13] 黄光扬. 教育测量与评价[M]. 上海:华东师范大学出版社,2012.

[14] 雷新勇. 大规模教育考试:命题与评价[M]. 上海:华东师范大学出版社,2006.

[15] 金娣,王钢. 教育评价与测量[M]. 北京:教育科学出版社,2007.

[16] 李雁冰. 课程评价论[M]. 上海:上海教育出版社,2002.

[17] 李慧燕. 教学评价[M]. 北京:北京师范大学出版社,2013.

[18] 刘本固. 教育评价的理论与实践[M]. 杭州:浙江教育出版社,2000.

[19] 刘新平,刘存侠. 教育统计与测评导论[M]. 北京:科学出版社,2003.

[20] 刘志军. 课堂评价论[M]. 桂林:广西师范大学出版社,2002.

[21] L. W. 安德森等编著,皮连生主译. 学习、教学和评估的分类学:布卢姆教育目标分类学修订版(简缩本)[M]. 上海:华东师范大学出版社,2008.

[22] L. W. 安德森等主编,谭晓玉等译. 布卢姆教育目标分类学——40年回顾[M]. 上海:华东师范大学出版社,1998.

[23] 裴娣娜. 教育科研方法导论[M]. 合肥:安徽教育出版社,1995.

[24] 瞿葆奎主编. 教育学文集. 教育评价[M]. 北京:人民教育出版社,1989.

[25]沈玉顺.现代教育评价[M].上海:华东师范大学出版社,2002.
[26]沈振佳.中小学教育评价[M].广州:广东高等教育出版社,2000.
[27]唐晓杰.课堂教学与学习成效评价[M].南宁:广西教育出版社,1999.
[28]王斌华.教师评价:绩效管理与专业发展[M].上海:华东师范大学出版社,2005.
[29]王汉澜.教育评价学[M].开封:河南大学出版社,1995.
[30]王少非.课堂评价[M],上海:华东师范大学出版社,2013.
[31]王孝玲.教育评价的理论与技术[M].上海:上海教育出版社,1999.
[32]吴钢.现代教育评价基础[M].上海:学林出版社,1996.
[33]W·J·波帕姆.促进教学的课堂评价[M].北京:中国轻工业出版社,2003.
[34]许建钺等译.简明国际教育百科全书·教育测量与评价[M].北京:教育科学出版社,1992.
[35]张玉田等.学校教育评价学[M].北京:中央民族学院出版社,1994.
[36]赵必华,查晓虎.课程改革与教育评价[M].合肥:安徽教育出版社,2007.

附表1 标准正态曲线下的面积表

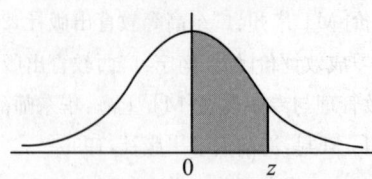

z	0	1	2	3	4	5	6	7	8	9
0.0	.0000	.0040	.0080	.0120	.0160	.0199	.0239	.0276	.0319	.0359
0.1	.0398	.0438	.0478	.0517	.0557	.0596	.0636	.0675	.0714	.0754
0.2	.0793	.0832	.0871	.0910	.0948	.0987	.1026	.1064	.1103	.1141
0.3	.1179	.1217	.1255	.1293	.1331	.1368	.1406	.1443	.1480	.1517
0.4	.1554	.1591	.1628	.1664	.1700	.1736	.1772	.1808	.1844	.1879
0.5	.1915	.1950	.1985	.2019	.2054	.2088	.2123	.2157	.2190	.2224
0.6	.2258	.2291	.2324	.2357	.2389	.2422	.2454	.2486	.2518	.2549
0.7	.2580	.2612	.2642	.2673	.2704	.2734	.2764	.2794	.2823	.2852
0.8	.2881	.2910	.2939	.2967	.2996	.3023	.3051	.3078	.3106	.3133
0.9	.3159	.3186	.3212	.3238	.3264	.3289	.3316	.3340	.3365	.3389
1.0	.3413	.3438	.3461	.3485	.3508	.3531	.3554	.3577	.3599	.3621
1.1	.3643	.3665	.3686	.3708	.3729	.3749	.3770	.3790	.3810	.3830
1.2	.3849	.3869	.3888	.3907	.3925	.3944	.3962	.3980	.3997	.4015
1.3	.4032	.4049	.4066	.4082	.4099	.4115	.4131	.4147	.4162	.4177
1.4	.4192	.4207	.4222	.4236	.4251	.4265	.4270	.4292	.4306	.4319
1.5	.4332	.4345	.4357	.4370	.4382	.4394	.4406	.4418	.4429	.4441
1.6	.4452	.4463	.4474	.4484	.4495	.4505	.4515	.4525	.4535	.4545
1.7	.4554	.4564	.4573	.4582	.4591	.4599	.4608	.4616	.4625	.4633
1.8	.4641	.4649	.4656	.4664	.4671	.4678	.4686	.4693	.4699	.4706
1.9	.4713	.4719	.4726	.4732	.4733	.4744	.4750	.4756	.4761	.4767
2.0	.4772	.4778	.4783	.4788	.4793	.4798	.4803	.4808	.4812	.4817
2.1	.4821	.4826	.4830	.4834	.4838	.4842	.4846	.4850	.4854	.4857
2.2	.4861	.4864	.4868	.4871	.4875	.4878	.4881	.4884	.4887	.4890

2.3	.4893	.4896	.4898	.4901	.4904	.4906	.4909	.4911	.4913	.4916
2.4	.4918	.4920	.4922	.4925	.4927	.4929	.4931	.4932	.4934	.4936
2.5	.4938	.4940	.4941	.4943	.4945	.4946	.4948	.4949	.4951	.4952
2.6	.4953	.4955	.4956	.4957	.4959	.4960	.4961	.4962	.4963	.4964
2.7	.4965	.4966	.4967	.4968	.4960	.4970	.4971	.4972	.4973	.4974
2.8	.4974	.4975	.4976	.4977	.4977	.4978	.4979	.4979	.4980	.4981
2.9	.4981	.4982	.4982	.4983	.4984	.4984	.4985	.4985	.4986	.4986
3.0	.4987	.4987	.4987	.4988	.4998	.4989	.4989	.4989	.4990	.4990
3.1	.4990	.4991	.4991	.4991	.4992	.4992	.4992	.4992	.4993	.4993
3.2	.4993	.4993	.4994	.4994	.4994	.4994	.4994	.4995	.4995	.4995
3.3	.4995	.4995	.4995	.4996	.4996	.4996	.4996	.4996	.4996	.4997
3.4	.4997	.4997	.4997	.4997	.4997	.4997	.4907	.4997	.4997	.4998
3.5	.4998	.4998	.4998	.4998	.4998	.4998	.4998	.4998	.4998	.4998
3.6	.4998	.4998	.4999	.4999	.4999	.4999	.4999	.4999	.4999	.4999
3.7	.4999	.4999	.4999	.4999	.4999	.4999	.4999	.4999	.4999	.4999
3.8	.4999	.4999	.4999	.4999	.4999	.4999	.4999	.4999	.4999	.4999
3.9	.5000	.5000	.5000	.5000	.5000	.5000	.5000	.5000	.5000	.5000

附表

附表2 t值表

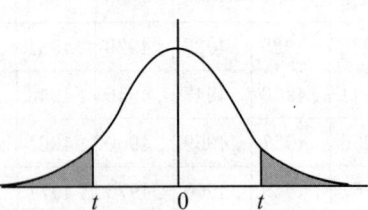

df	P(2):	0.50	0.20	0.10	0.05	0.02	0.01	0.005	0.002	0.001
1		1.000	3.078	6.314	12.706	31.821	63.657	127.321	318.309	636.619
2		0.816	1.886	2.920	4.303	6.965	9.925	14.089	22.327	31.599
3		0.765	1.638	2.353	3.182	4.541	5.841	7.453	10.215	12.924
4		0.741	1.533	2.132	2.776	3.747	4.604	5.598	7.173	8.610
5		0.727	1.476	2.015	2.571	3.365	4.032	4.773	5.893	6.869
6		0.718	1.440	1.943	2.447	3.143	3.707	4.317	5.208	5.959
7		0.711	1.415	1.895	2.365	2.998	3.499	4.029	4.785	5.408
8		0.706	1.397	1.860	2.306	2.896	3.355	3.833	4.501	5.041
9		0.703	1.383	1.833	2.262	2.821	3.250	3.690	4.297	4.781
10		0.700	1.372	1.812	2.228	2.764	3.169	3.581	4.144	4.587
11		0.697	1.363	1.796	2.201	2.718	3.106	3.497	4.025	4.437
12		0.695	1.356	1.782	2.179	2.681	3.055	3.428	3.930	4.318
13		0.694	1.350	1.771	2.160	2.650	3.012	3.372	3.852	4.221
14		0.692	1.345	1.761	2.145	2.624	2.977	3.326	3.787	4.140
15		0.691	1.341	1.753	2.131	2.602	2.947	3.286	3.733	4.073
16		0.690	1.337	1.746	2.120	2.583	2.921	3.252	3.686	4.015
17		0.689	1.333	1.740	2.110	2.567	2.898	3.222	3.646	3.965
18		0.688	1.330	1.734	2.101	2.552	2.878	3.197	3.610	3.922
19		0.688	1.328	1.729	2.093	2.539	2.861	3.174	3.579	3.883
20		0.687	1.325	1.725	2.086	2.528	2.845	3.153	3.552	3.850
21		0.686	1.323	1.721	2.080	2.518	2.831	3.135	3.527	3.819
22		0.686	1.321	1.717	2.074	2.508	2.819	3.119	3.505	3.792

23		0.685	1.319	1.714	2.069	2.500	2.807	3.104	3.485	3.768
24		0.685	1.318	1.711	2.064	2.492	2.797	3.091	3.467	3.745
25		0.684	1.316	1.708	2.060	2.485	2.787	3.078	3.450	3.725
26		0.684	1.315	1.706	2.056	2.479	2.779	3.067	3.435	3.707
27		0.684	1.314	1.703	2.052	2.473	2.771	3.057	3.421	3.690
28		0.683	1.313	1.701	2.048	2.467	2.763	3.047	3.408	3.674
29		0.683	1.311	1.699	2.045	2.462	2.756	3.038	3.396	3.659
30		0.683	1.310	1.697	2.042	2.457	2.750	3.030	3.385	3.646
31		0.682	1.309	1.696	2.040	2.453	2.744	3.022	3.375	3.633
32		0.682	1.309	1.694	2.037	2.449	2.738	3.015	3.365	3.622
33		0.682	1.308	1.692	2.035	2.445	2.733	3.008	3.356	3.611
34		0.682	1.307	1.091	2.032	2.441	2.728	3.002	3.348	3.601
35		0.682	1.306	1.690	2.030	2.438	2.724	2.996	3.340	3.591
36		0.681	1.306	1.688	2.028	2.434	2.719	2.990	3.333	3.582
37		0.681	1.305	1.687	2.026	2.431	2.715	2.985	3.326	3.574
38		0.681	1.304	1.686	2.024	2.429	2.712	2.980	3.319	3.566
39		0.681	1.304	1.685	2.023	2.426	2.708	2.976	3.313	3.558
40		0.681	1.303	1.684	2.021	2.423	2.704	2.971	3.307	3.551
50		0.679	1.299	1.676	2.009	2.403	2.678	2.937	3.261	3.496
60		0.679	1.296	1.671	2.000	2.390	2.660	2.915	3.232	3.460
70		0.678	1.294	1.667	1.994	2.381	2.648	2.899	3.211	3.436
80		0.678	1.292	1.664	1.990	2.374	2.639	2.887	3.195	3.416
90		0.677	1.291	1.662	1.987	2.368	2.632	2.878	3.183	3.402
100		0.677	1.290	1.660	1.984	2.364	2.626	2.871	3.174	3.390
200		0.676	1.286	1.653	1.972	2.345	2.601	2.839	3.131	3.340
500		0.675	1.283	1.648	1.965	2.334	2.586	2.820	3.107	3.310
1000		0.675	1.282	1.646	1.962	2.330	2.581	2.813	3.098	3.300
∞		0.6745	1.2816	1.6449	1.9600	2.3263	2.5758	2.8070	3.0902	3.2905

注:表上右上角图中的阴影部分表示概率 P,P(2)是双侧的概率,df 是自由度。

后 记

当前,伴随着基础教育课程改革的持续深入推进,传统的教学评价理念和方法正经受着前所未有的冲击。为帮助广大基础教育一线教师更好地适应和参与课程教学改革,促进中小学教学评价工作更好地开展,我们编写了《中小学教学评价》一书。

本书由安徽师范大学教育科学学院龙文祥教授、查晓虎教授构思总体框架,拟定编写的详细纲目和要求,并由相关人员分别执笔撰写,最后由龙文祥教授、查晓虎教授对全书进行了统稿和定稿工作。

参与本书撰写的有:安徽师范大学教育科学学院龙文祥教授、查晓虎教授、李卯博士,安徽工程大学教务处余承海副教授,安徽中医药大学宫黎明讲师。

在本书的撰写过程中,参阅和引用了不少同行专家的研究成果和文献,有的已在书中作了明确注释,有的则由于诸多原因未能一一注明,敬请各位同仁见谅,并在此谨表衷心感谢!

本书的出版还得到了安徽师范大学教育科学学院赵必华教授和安徽教育出版社殷振群副编审的大力支持,在此一并致以诚挚的谢意!

编者

2015 年 2 月于安徽师范大学